예비 직업인을 위한

직업과 윤리

김숙복 정윤화 정일동 공저

PROFESSION and ETHICS

양 성 원

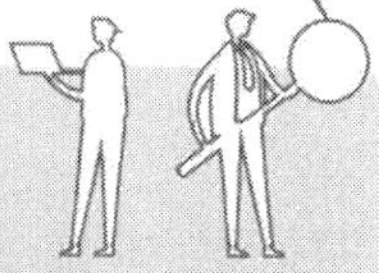

머리말

얼마 전 어느 한 경찰관이 시내 한 도로에서 음주 차량 검문을 하다가 아까운 목숨을 잃었다. 그리고 얼마 지나지 않아 소방관이 공장에서 불을 진화하다가 화염 속에 아까운 목숨을 잃었다. 간호사들도 마찬가지이다. 코로나19가 한창 유행일 때 자기희생으로 국민의 건강을 지켜왔다. 이들을 보며 “무엇 때문에 자기 목숨을 버리면서 목숨을 버리게 되었을까?”를 다시금 떠올리게 된다. 결론적으로 위의 사례는 투철한 직업의식의 사명감이라 할 수가 있다.

오늘날 우리는 직업을 선택할 시 가장 먼저 생각하는 것이 연봉이고, 편안함을 추구하고 있다. 즉, 자기의 적성이나 특성, 소질이나 사명감 없이 무작정 선택하는 경우를 흔히 주위에서 보고 있다. 이에 따른 결과는 자기 유리한 대로 직장을 옮겨 가는 현상으로 나타난다.

위의 경찰관이나 소방관들은 매일매일 주민의 생명과 안전을 위해 죽음을 앞에 두고도 자기 직업에 최선을 다하고 있다. 이러한 최선을 다하는 모습과 죽음을 두려워하지 않고 묵묵히 자기의 일을 다하는 직업의식이 있다는 것에 존경을 표하고 싶다. 이들의 직업의식이나 윤리관은 현대사회를 살아가는 우리에게 많은 시사점을 주고 있다.

우리가 직업을 선택하는 것에는 많은 이유가 있다. 예를 들면, 먹고살기 위해서, 사회적 공헌을 위해서, 가족을 위해서 등 많이 있지만 분명한 것은 이를 통해 사회 구성원으로서 역할을 다하고자 한다는 것이다. 따라서 단순한 이유가 아닌 신중히 직업 탐색을 통해 직업 선택을 할 필요성이 있다. 이를 위해서는 직업에 관한 가치관이 분명하여야 한다.

본서(本書)는 졸업 후 사회로 진출하는 예비 학생들에게 직업 선택 시 가져야 할 윤리 의식과 예절 등의 학습에 보탬이 되기 위한 목적으로 저술되었다. 따라서 이 책의 저자들은 군에서 혹은 병원에서 그리고 학교에서 많은 경험을 바탕으로 저술하였다. 따라서 사회 진출을 위하여 기본적으로 가져야 할 덕목과 예절을 중심으로 저술하였기에 많은 도움이 되리라 믿고 싶다.

이 책은 제1~5장까지는 직업의 개념, 윤리의 개념 그리고 직업윤리란 무엇이며 살아가면서 윤리적 갈등을 해결하는 기본적 가치를 중심으로 저술하였고, 제6장에서는 한국 사회가 앓고 있는 윤리적 문제를 중심으로, 제7장은 윤리적 갈등을 해결하기 위한 도덕성 문제를 의무론적인 관점과 공리주의를 중심으로 기본적인 지식에 관하여 서술하였다. 따라서 갈등에 직면하였을 때 "어느 것이 가치가 있는가?"를 선택하는 데 많은 도움을 줄 것이다.

제8장에서는 직업 생활에 있어서 인간관계를 중심으로 직장생활에서 기본적으로 가져야 할 언어적 비언어적 의사소통의 실제를 중심으로 설명하였다. 따라서 첫인상, 표정, 시선 처리, 옷맵시 등을 비롯하여 대화 시 경청과 화법을 할 경우 실제에 도움이 되도록 주안점을 두었다.

현대사회는 급속하게 변화하고 있어서 한순간을 놓치면 뒤쳐지게 된다. 어느 때보다 많은 시대적 요구에 대응할 필요가 있다. 이러한 요구는 어렵지 않다. 인간으로서 살아가는 가치가 있는 방법을 생각하면 된다. 즉, 타인을 위한 배려, 공동체 의식, 책임감, 바람직한 인간성 등이 요구되는데 이는 어려운 것이 아니다. 가장 기본적으로 인간으로서 가져야 할 덕목이다.

"행복한 삶은 어떤 것인가?" 이 질문은 예비 직업인이나 저자들에게 많은 고민을 던져주고 있다. 그러나 이러한 물음에 답하기는 매우 어렵다. 왜냐하면 개인의 행복 추구는 다양성을 가지고 있기 때문이다. 예를 들면, 결혼하지 못한 남녀는 결혼을 하는 것이 행복일 것이고 대학 4년 졸업을 앞둔 학생에게는 취업하는 것이 행복일 것이고 골방에 사는 사람들은 추위를 이기고 배불리 먹는 것이 최고의 행복일 것이다. 따라서 행복을 추구하는 상황이 다르더라도 한 가지 공통점은 자기가 원하는 것을 취했을 경우 행복감을 느끼게 된다는 것이다. 문제는 자기의 행복을 위한 목적으로 타인의 행복을 빼앗는 것이며 이는 비윤리적이다. 본서는 여러분의 행복을 찾는 데 많은 도움을 주는 윤리 지침서이다. 많은 도움이 되기를 바란다. 그리하여 원하는 직업을 선택하여 직장생활을 통해 즐거움을 획득하고 삶의 의욕을 찾기 바란다.

2024년

저자 일동

차례

Chapter

01

현대사회와 직업

01

Chapter

현대사회와 직업

1. 직업과 인간

일상생활을 하고 살아가는 인간은 일과는 불가분의 관계이다. 다시 말하면, 인간의 궁극적인 목적인 행복을 추구하는 데 있어서 노동 및 일은 떨어질 수가 없는 관계라는 것이다. 행복한 삶이란 어떠한 삶을 말하는가? 이 물음에 관한 답은 다양하게 말할 수 있어서 어느 답이 정확하다고 말하는 사람은 없다.

여러분들은 명절 때 고향에 가서 친구나 친척을 만나면 반갑지만은 않을 것이다. 심지어는 고향 방문을 꺼려 혼자서 지내는 젊은이들이 많다고 한다. 주로 취업준비생들이다. 왜냐하면, 고향을 방문하면 반드시 묻는 “어느 대학에 갔느냐?, 공부 잘하느냐?, 취업했느냐?, 결혼은 언제 하나?” 등의 질문에 시달려서 명절에 고향 가는 것을 포기하곤 하는 시대가 요즘이다.

대학 졸업을 앞에 두고 있는 대학생들은 앞의 질문 중에서 “취업했느냐?, 결혼은 언제 하나?"가 대부분 여러분들을 괴롭히는 말일 것이다. 두 가지의 질문을 곰곰이 살펴보면 결국은 직업과 관련된 물음이다. 오늘날 직업이 없다는 것은 대체로 사회적 시각으로 보면 어딘지 모르게 낙오된 인간이다. 왜냐하면, 행복과 직업을 연관해서 생각하는 것이 오늘날 급변하는 시대의 현실이기 때문이다.

일, 즉 직업은 사람이 살아가는 데 있어서 필요하고 이를 통해 인간의 생활을 윤택하게 하며 결국은 행복이라는 관문을 통과하는 일종의 입문식(入門式)이 된다. 여러분에게 "행복합니까?"라고 질문한다면 다양한 해답을 내어놓을 것이다.

인간은 누구나 행복하게 살아가고자 할 것이다. 또한, 인간이라면 행복을 추구하는 권리가 보장되어야 한다. 따라서 이러한 행복추구권을 보장받기 위해서는 반드시 직업이 필요하다.

2. 인간의 본질

프랑스 철학자 파스칼(Pascal)은 "인간은 생각하는 갈대"라고 하였고, 네덜란드의 철학자인 스피노자(Spinoza)는 인간의 본질은 욕망이라고 하였다. 다시 말하면, 욕망을 통해 서로 의존적인 관계를 맺으면서 존재하며 한편으로는 바람따라 휘날리는 갈대처럼 나약한 존재를 말하는 것이다. 예를 들면, 조그만 바이러스 하나에 목숨을 잃어버리는 나약한 존재를 의미한다. 정리하자 면 욕망을 통한 강한 존재이면서 나약한 존재라는 의미이다.

그러나 "인간은 생각하는 갈대"에서 주목할 것은 생각이라는 용어이다. 즉, 나약하지만, 이성을 통해 다른 동물보다도 월등한 삶을 살아가면서 자연을 지배하는 특성이 있다. 오늘날 현대사회에서 일어나고 있는 놀랄 만한 위대한 업적들은 이성을 통해 스스로 삶을 개척하고자 하는 열정적 욕망과 관련이 있다. 이러한 열정적 욕망은 하이데거(Heidegger)가 말했듯이 이 세상에 비록 내던져졌지만 본래적 삶을 위해 주변의 환경을 개선 및 변화를 통해 세상을 지배하고 자신이 선택적 삶을 살아가는 존재이다.

우리는 인생을 살아가면서 '삶이란 무엇인가?'라는 질문을 하면서 스스로 살아가고 있다. 따라서 인간은 '어떠한 삶이 가치가 있는가?'를 자문(自問) 자답(自答)하면서 살아가는 속성을 지니고 있다. 여기에서 중요한 의미를 찾을 수가 있다. 그 의미는 스스로 운명적인 존재가 아니라 생각하고 선택하면서 살아가며 그러한 연유로 인간은 동물과 달리 무한한 가능성이 펼쳐진 존재이다. 그러면 인간의 속성은 어떠한 면을 가지는지를 살펴보기로 한다. 이러한 속성은 대체로 인간은 이성적 존재라는 가정하에 구분할 수가 있다.

첫째는 인간은 이성적 존재라는 점이다. 인간이라는 학명(學名, 동식물의 세계적인 공통의 이름)은 Homo sapiens(생각하는 인간)와 진화한 Homo sapiens sapiens라고 하는 이유가 사고하는 것을 넘어서서 슬기롭고 슬기로운 사람이라는 데서 생겨났다. 인류의 진화는 이성인(理性人: Homo-Sapience)에서 공작인(工作人: Homo-Faber)으로 변모하면서 새로운 역사를 도출해 냈다.

인간은 동물과 가장 구분할 수 있는 특질로써 사고나 사유를 통해 합리적인 삶을 살아간다. 철학자 데카르트(Descartes)의 "생각한다. 고로 존재한다.", 아리스토텔레스(Aristoteles)의 가장 행복한 삶은 "생각하는 삶, 철학하는 삶, 관조하는 삶"이라는 말과 같이 합리적 삶은 본능과 감정을 절제와 통제를 함으로써 더불어 가는 존재이다. 따라서 이러한 이성은 보편적 윤리 의식을 가지게 되며 조화로운 세계에 안착할 수가 있는 안목을 형성하게 한다.

그러나 한편으로는 이성에 반(反)하는 욕망이나 감정을 전혀 무시하지는 못한다. 왜냐하면, 인간은 이성적이지만 한편으로는 감정의 동물이기도 하기 때문이다. 욕망을 너무 억제시킨다는 것은 오히려 인간성을 상실시키는 결과를 가져온다. 욕망이나 감정의 억제를 등한시한다는 것은, 오히려 이성을 앞세워 동물과 구별하기 위한 방편일지도 모른다. 이에 대하여 인간은 대립하는 두 가지의 욕망이 존재한다는 것이다(김봉근 외, 2003; 한겨레).

> 파우스트의 마음속에는 서로 대립하고 서로 모순되는 두 개의 욕망이 늘 싸우고 있다. 하나는 높이 천상의 세계로 올라가려는 욕망이요, 또 하나는 이 지상의 현실의 세계에 연연하게 집착하려는 욕망이다. 파우스트의 마음은 또한 우리의 마음이다. 우리의 마음속에는 언제나 두 개의 자기가 서로 싸우고 있다.
>
> 파우스트는 이렇게 말한다. "아아, 두 개의 혼이 나의 가슴 속에 살고 있다. 그리고 서로 멀어지고 서로 반발한다. 하나는 강한 집념으로 애욕에 사로잡히어 현세에 집착한다. 또 하나는 억지로 이 속세를 떠나서 높은 서조의 영계로 올라간다." 하늘을 동경하는 의지와 땅에 집착하는 의지, 이상으로 향하는 정열과 현실로 향하는 정열, 천상의 정복(淨福)의 희구와 지상의 쾌락의 갈망, 그것은 누구의 가슴 속에나 깃들이는 인간의 이원적 충돌이다.

인간은 이성적이면서도 악한 면을 동시에 가지고 있다. 동물보다도 나은 점이 이성이지만 오히려 욕망에 사로잡혀 이성을 잃어버리는 것도 인간이다. 예를 들면, 동물은 자기가 배불리 먹으면 다른 동물이 먹어도 신경을 쓰지 않지만, 인간은 자기 욕심을 모두 충족할지라도 타인에 관해 배려가 없는 면도 있다는 것이다.

둘째는 인간은 아리스토텔레스가 말했듯이 "정치적인 동물"이라는 것이다. 즉, 타인과의 더불어 살아가면서 필요한 행동 양식과 규범, 가치 등을 습득하면서 살아가는 존재라는 뜻이다. 이를 '사회화'라고 한다.

인간은 "정치적인 동물"이라는 용어는 '인간은 본성적으로 정치공동체를 이루면서 살아갈 수밖에 없는 존재이다.'라는 의미를 지니고 있다. 그 이유는 생존을 위해서 공동체를 이룰 수밖에 없다는 현실적 이야기이다. 또한, 국가는 단지(자급자족하기 위한) 필요의 산물만은 아니다. 아리스토텔레스는 국가를 통해 비로소 개인이 완전한 인간이 될 수 있다고 생각했다. 국가라는 정치공동체에 소속되지 않는다면, 개인은 자급자족하지 못할 뿐 아니라 완전한 인간이 되지도 못한다. 그래서인지 아리스토텔레스는 조금 극단적인 말을 했다. 정치공동체에 소속되지 않은 인간은 제대로 된 인간이 아니라는 것이다.

이에 대하여 아리스토텔레스는 다음과 같이 주장했다(Aristoteles, 2009).

> "맨 먼저 생겨난 것이 가정이다. (…) 날마다 되풀이되는 필요를 충족하기 위해 자연적으로 형성된 공동체가 이렇듯 가정인데, 그 구성원을 카른다스는 '식탁의 동료들'이라고 부르고, 크레테의 에피메니데스는 '식구'라고 부른다. 날마다 되풀이 되는 필요 이상을 충족하기 위해 여러 가정으로 구성된 최초의 공동체가 마을이다. 마을이 형성되는 가장 자연스러운 형태는 한 가정에서 아들들과 손자들이 분가해 나가는 것이다. (…) 여러 부락으로 구성되는 완전한 공동체가 국가인데, 국가는 이미 완전한 자급자족이라는 최고 단계에 도달해 있다고 할 수 있다. 국가는 이전 공동체들의 최종 목표이고, 어떤 사물의 본성은 그 사물의 최종 목표이기 때문이다. 사람이든 말이든 집이든 각 사물이 충분히 발전했을 때의 상태를 우리는 그 사물의 본성이라고 하니 말이다. 그 밖에도 사물의 최종 원인과 최종 목표는 최선의 것이며, 자급자족은 최종 목표이자 최선의 것이다. (강조는 인용자)"
>
> "국가는 자연의 산물이며, 인간은 본성적으로 국가 공동체를 구성하는 동물임이 분명하다. 따라서 어떤 사고가 아니라 본성으로 인하여 국가가 없는 자는 인간 이하거나 인간 이상이다. 그런 자를 호메로스는 "친족도 없고 법률도 없고 가정도 없는 자"라고 비난한다. 본성이 그러한 자는 전쟁광이며, 장기판에서 혼자 앞서 나간 말처럼 독불장군이다. 이로써 인간이 벌이나 그 밖의 군서(群棲) 동물보다 더 국가 공동체를 추구하는 동물임이 분명해졌다. 자연은 어떤 목적 없이는 아무것도 만들지 않는다는 것이 우리 주장이다. 그런데 인간은 언어(logos) 능력을 가진 유일한 동물이다. (…) 언어는 무엇이 유익하고 무엇이 유해한지, 그리고 무엇이 옳고 무엇이 그른지 밝히는 데 쓰인다. 인간과 다른 동물들의 차이점은 인간만이 선과 악, 옳고 그름 등을 인식할 수 있다는 것이다. 그리고 이런 인식의 공유에서 가정과 국가가 생성되는 것이다." (『정치학』 중에서)

따라서 생존과 자기 욕구를 충족하기 위하여 공동체를 이루고 그 공동체를 유지하는 사회화 과정을 거쳐 살아갈 수밖에 없는 존재로 이해하면 된다.

셋째는 인간은 심성(心性)으로 살아가는 존재이다. 이는 이성에 의해서 삶을 살아가는 존재가 아니라 '심성으로 무언가를 사랑해서 살아가는 존재'라는 것이다. 우리는 자신을 알아주는 사람이라면 '타인은 당연히 자신을 사랑해야 한다.'라는 아니 '사랑해 주기를 바라는 존재'라는 것이다. 역으로 남이 나를 좋아하거나 사랑하는 것은 내가 타인보다 좀 더 많은 특질이나 특성이 있다는 것으로 생각한다.

예를 들면, 부자이든가, 권력을 가졌다든가, 미남이든가, 공부를 잘한다든가, 미녀이든가 등이 평범한 사람 이상(以上)으로 가졌다고 생각하는 것이다. 따라서 남들보다 이러한 것을 더 가지려는 소유욕에 휘둘려 남들에게 시선과 존경을 받으려는 욕망에 사로잡혀 있다. 따라서 이러한 소유욕, 즉 허영(虛榮, 필요 이상의 겉치레)이 우리의 곁에 항상 머물러 있게 된다. 이것을 역으로 생각하면 이성적인 동물보다도 허영, 탐욕, 잔인으로 가득 차 있는 존재로서 맹자의 성선설을 비웃게 된다. 이 같은 인간의 모습은 파스칼의 『팡세』에 잘 나타나 있다.

> 허영은 사람의 마음속에 너무도 깊이 뿌리 박혀 있는 것이라서 병사도, 아랫것들도, 요리사도, 인부도 자기를 자랑하고 찬양해 줄 사람을 원한다. 심지어 철학자들도 자신의 찬양자를 갖기를 원한다. 이것을 반박해서 글을 쓰는 사람들도 훌륭히 썼다는 영예를 얻고 싶어 한다. 이것을 읽는 사람들은 읽었다는 영광을 얻고 싶어 한다. 그리고 이렇게 글을 쓰고 있는 나 자신도 아마 그런 바람을 가지고 있는지 모르겠다. 또한 이것을 읽을 사람들도 아마 그러할 것이다.

사람들은 과거 화려했던 자기의 모습을 그대로 믿고 싶어서 모든 가진 것을 내려놓으면 극단적인 선택을 하는 경향이 있다. 예를 들면, 젊은 시절에 아름답던 그 모습이 늙어서 자기의 모습을 보았을 때 인정하지 않고 우울증, 약물중독, 자살이라는 스스로 극약처방을 내린다는 것이다. 왜냐하면, 젊었을 때의 그 모습이 참모습이며 변하지 않는다는 신념이 내재해 있기 때문이다.

반대의 예를 들면 젊었을 때도 추녀였던 이들도 허영에 빠져 있다는 것이다. 이들은 자기합리화에 도취가 되어 미모가 인생의 전부가 아니며 아름다운 마음씨가 인생을 좌우한다고 믿고 있다. 그러한 자기도취와 악마의 속삭임으로 자기를 승화시키기 때문이다. 이러한 면에서 우리 인간은 미인이나 추녀도 자기 방식대로 허영 속에서 살고 있다는 것이다. 추녀는 아름다운 마음씨로서 허영 속에 살아가고 있으며 미녀는 아름다움이 영원하여 타인들로부터 찬양받게 된다는 허영 속에 사는 존재라고 생각하고 있기 때문이다. 과도한 칭찬과 찬양을 원하고자 하는 것 또한 문제라 할 수가 있다.

넷째는 인간은 도구적 존재이다. 이는 인간만이 기술을 가지고 생활하는 존재라는 뜻이다. 이 용어는 어렸을 때부터 항상 들었던 말로 귀가 아플 정도였을 것이다. 인간은 거대한 자연 앞에 항상 무기력한 존재였으나 도구를 사용했다는 점에서 '인간'이라는 존재가 역사에 등장하기 시작했다. 도구의 사용이 우리를 현대 과학 시대를 이끌었으며 이제는 한순간도 도구가 없이는 살아갈 수 없는 존재로 전락시켰다.

인간은 생존 수단으로서 도구를 사용하는데 여기에는 유형의 도구와 무형의 도구가 존재한다. 유형의 도구인 우리가 사용하는 책, 옷, 핸드폰과 같은 것과 사상, 경험 등 인간이 살아가는 모든 총체가 도구인 셈이다. 여기서 재미있는 사실은 1800년대 실학자인 정약용은 『여유당전서, 기예론』에서 도구의 중요성에 대하여 설명하였다는 것이다.

하늘이 금수(禽獸)에게는 발톱[爪]을 주고 뿔[角]을 주고 단단한 발굽[硬蹄]을 주고 날카로운 이[利齒]를 주고 독(毒)을 주어서, 그들로 하여 각기 하고 싶은 것을 얻게 하고, 사람에게서 받게 되는 환난(患難)을 방어하도록 하였다.

(天之於禽獸也, 予之爪. 予之角, 予之硬蹄利齒, 予之毒, 使各得以獲其所欲而禦其所患).

그런데 사람에게는, 벌거숭이로 태어나서 연약하여 마치 그 생활을 영위해 나갈 수 없을 것처럼 만들었으니, 어찌하여 하늘은 천하게 여길 데는 후하게 하고 귀하게 여길 데는 박하게 하였을까. 그것은 바로 사람에게는 지려(智慮)와 교사(巧思)가 있음으로써 그들로 하여금 기예(技藝)를 습득하여 스스로 자기의 생활을 영위하도록 한 것이다.

(於人也, 則倮然柔脆, 若不可以濟其生者, 豈天厚於所賤之而薄於所貴之哉? 以其有知慮巧思, 使之習爲技藝以自給也).

여기서 철학적 도움이 필요하다. 중요한 것은 도구는 수단으로 사용한다는 점을 잊어서는 안 된다. 우리가 생각하는 책이나 사상 같은 도구는 마음대로 사용할 수 있고, 이용하고, 즐길 수 있어야 한다. 그러나 오늘날 아쉽게도 인간은 도구에 종속된 삶을 살아가는 데 문제가 생긴다. 예를 들면, “여러분은 세상에서 가장 무엇이 중요합니까?”라고 질문을 받는다면 대부분 여러 가지 중에서 ‘돈’이나 ‘귀금속’ 등을 선택할 것이다.

물론 여러 가지 도구 중에서 ‘돈’이나 ‘귀금속’과 같은 물질은 우리 생활에서 매우 유용하나 여기에 너무 집착하다 보니 인간은 물질에 노예로 전락하는 실정이다. 다시 말하면, 이 세상에서 인간을 제외한 모든 사물을 도구로 사용하지만, 현대사회에 존재하는 인간은 무엇이 도구이고 무엇이 인간인지를 참으로 구별하지 못하는 실정이다. 인간이 사용하고 있는 모든 도구에 집착하여 자신이 노예로 사는 어처구니없는 ‘인간소외(人間疎外)’ 현상이 발생하고 있는 것이 안타까울 지경이다.

즉, 인간소외는 비인간화로 진행하는 과정으로서 점점 도구에 예속되어 황금만능주의, 인간의 합목적성, 비도덕성으로 흘러가고 있다. 예를 들면, '돈'이라는 물질은 우리 실생활에 있어서 필요한 것은 사실이지만 이에 집착하여 강도, 살인, 사기 등 온갖 비도덕적인 행위를 자행하고 있다는 것이다.

Homo habilis(호모 하빌리스, 손을 쓰는 사람)에서 진화한 Homo faber(호모 파베르, 도구적 인간), 즉 인간은 도구를 사용하여 동물과 구별되는 최초의 '인간'이라는 '명칭'으로 역사 속에 등장했다. 이러한 도구의 사용은 오늘날 과학발달로 인하여 문명을 누리는 영예를 얻을 수가 있었으며 이제는 이러한 도구가 없이는 세상에 살고 있을 의미가 없을 정도로 우리의 실생활에 자리 잡고 있다. 예를 들면, 여러분은 1시간이라도 핸드폰이 없다고 상상해 보면 이 말이 실감이 날 것이다.

그러나 이러한 도구의 과다한 사용으로 오히려 인간에게 재앙으로 다가오고 있다는 것을 알아야 할 시대가 오늘날이다. 인간은 도구를 이용하여 자연을 극복하고자 너무 과도한 사용으로 오히려 자연으로부터 보복받고 있는 사실을 알아야 한다. 그 예가 지구온난화, 자연재해, 질병의 역습 등이며, 도구의 사용으로 인간이 존재하지 못할 지경에 이르렀다는 것을 명심해야 한다.

다섯째, 인간은 종교적(영성) 존재이다. 인간은 삶을 살아가면서 절대자에게 의지하려는 경향이 있다. 즉, 인간존재는 이성을 가졌다고는 하지만 어딘가 모르게 나약하고 불완전한 존재로서 태어났기 때문에 종교에 의지하려는 본능을 가지고 있다는 것이다.

이는 죽음이라는 불안감, 불완전한 삶, 생활의 불충족(充足)에 의한 미래의 불안 등으로 절대자를 추구하며 그들의 삶 속으로 가려는 경향이다. 그 단편적인 예로서 고대 종교의 탄생이 시작되었고 오늘날 다양한 종교에 광분하고 있다.

인간은 죽음에 자유로운 존재는 아니다. 인간이 하루하루 산다는 것은 죽음을 향해 달려 가는 열차에 옮겨 타고 있는 것이다. 따라서 죽음은 인간과 불가분의 관계이다. 따라서 어느 순간에 공허함과 허탈함, 그리고 불안이 자신에게 파고 들어 오는 것을 느낄 것이다.

흔히 우리는 신과 같은 절대자는 없으며 용감한 척 살아가는 존재라는 착각 속에서 살고 있다. 선사시대 이전부터 오늘날까지 종교가 없는 시대가 없었다. 인간의 본능은 종교에 의지할 수밖에 없다는 것이며, 너무 도가 넘쳐 여전히 종교적 갈등에 휩싸이고 있다. 대표적으로 십자군 전쟁, 중동전쟁 등이 여기에 속한다.

여섯째, 인간은 윤리적 존재이다. 따라서 스스로 도덕법칙을 만들고 실천하는 실천적 인간이다. 다시 아리스토텔레스의 예를 들자면, 인간은 스스로 선을 추구하는 존재로서 인간다운 삶은 윤리적인 삶을 살아갈 때 가능하다는 것이다. 그는 저서 『니코마코스 윤리학』에서 '탁월성의 덕'을 강조하였다. 이러한 탁월성의 덕을 실천적(實踐的)이라 하며 '중용의 덕', 즉 "넘치지도 모자라지도 않은 중용의 덕"이 우리를 행복의 길로 인도한다는 것이다.

윤리적인 존재는 다양한 학설이 존재하는데 대부분 성선설(性善說), 성악설(性惡說) 그리고 성무선악설(性無善惡說)로 나누고 있다.

대표적인 동양의 철학자인 맹자는 인간은 천성적으로 선함을 가지고 태어났다는 성선설을 주장했으며 서양 철학자인 루소의 사상과 일치한다. 다음 소개하고 있는 고자의 성무성악설과 자주 비교되고 있는 맹자는, '물은 항상 아래에서 위로 흐르지는 않는다. 따라서 인간은 태어나면서부터 선할 수밖에 없으며 인간이 악한 행위를 한다면 제도, 욕망, 환경이 인간을 병들게 한다는 것으로써 후천적 영향이 인간을 변화한다는 것'이라고 하였다. 이는 이러한 후천적인 영향이 인간을 피폐하게 만들기 때문에 기존에 있던 모든 법을 폐기하고 일반의지가 있는 새로운 법을 만들자고 제안한 서양 철학자인 "인간은 자유롭게 태어났으나 어딘지 모르게 쇠사슬에 묶여 있다"라고 말한 루소(Rousseau, 1712~1778)의 사상과 일치하고 있다. 결론적으로 정리하자면 프랑스 대혁명 사상의 기반이 된

루소는 "자연으로 돌아가라"라는 말로 인간의 본성은 원래 선하나 문명, 제도 등의 영향으로 악하게 변했다고 보는 성선설의 입장이다(김숙복 외, 2020). 이에 대하여 맹자는 그의 저서 『맹자』에서 다음과 같이 말하고 있다.

"사람은 모두 다른 사람의 고통을 차마 보지 못하는 선한 마음을 지니고 있다. 만약 한 어린아이가 우물에 빠지려 하는 것을 본다면 누구나 깜짝 놀라며 측은하게 여기게 된다. 이같이 남의 고통을 측은하게 여기고(惻隱之心, 측은지심), 악을 부끄러워하며(羞惡之心, 수오지심) 남에게 양보할 줄 알고(辭讓之心, 사양지심), 옳고 그름을 분별하는 선한 마음(是非之心, 시비지심)은 사람이 팔다리를 가지고 있는 것과 같다."

순자(荀子, 기원전 298년? ~ 기원전 238년?)는 인간은 태어나면서 이기적이고 잔인하게 태어났으나 후천적 교육으로 인간의 본성을 억누르고 선함을 추구한다는 성악설을 주장하였다. 이 사상은 홉스(Hobbes)도 그의 저서 『리바이어던』에서 "만인을 위한 만인의 투쟁"으로 인간의 본성을 표현했다. 인간은 자기 보존의 욕망을 지닌 잔인하고 이기적 존재이기 때문에 리바이어던 같은 절대 권력자가 없으면 남을 해치더라도 자신의 이익을 추구하고 안전을 지키고자 하는 악한 본성이 있다는 성악설을 지지한다(김숙복 외, 2020). 이에 대하여 두 학자의 주장을 비교해 보자.

"나무가 곧아 먹줄에 맞는다 해도 구부려야 바퀴가 되고, 쇠는 숫돌에 갈아야 날카로워진다. 그러니 본성을 변화시켜 인위를 일으켜야 인간은 비로소 선해진다. 사람들이 본성을 그대로 따르게 되면 틀림없이 혼란한 상태에 이르게 된다."

"인간의 본성은 악하며 선은 인위적인 노력에서 비롯되는 것이다. 사람은 태어날 때부터 이익을 좋아하고 손해를 싫어한다. 이런 본성을 따르기 때문에 다툼이 일어나고 서로 사양하는 미덕이 사라지는 것이다. 그 때문에 반드시 교화와 예의로 인도한 뒤 서로 사양하고 아름다운 형식을 갖추게 되어 세상이 다스려지는 것이다."

"자연 상태에서는 예술도 없고 문학도 없으며 사교도 없다. 그리고 무엇보다도 불행한 일은 공포가 떠날 사이도 없으며 잔인한 죽음의 위협이 있다는 사실, 그리고 인생은 외롭고 가난하며 더럽고 잔인한데 그나마 짧다는 것이다(홉스, 『군주론』; 김숙복 외 2020에서 재인용)".

고자(告子, ?~?)는 인간은 태어날 때 단순하게 기본적인 욕구인 일차적 본능으로서 성욕, 식욕 등만을 가지고 이 세상에 태어났으며 인간답게 살아가기 위해서 노력이 필요하다는 성무성악설(性無善惡說)을 주장했다. 이러한 관점은 인간의 본성은 선과 악이 결정되어 태어난 것이 아니라 후천적인 교육을 통해서 결정된다는 것이다. 이에 대하여 고자는 다음과 같이 말했다.

"사람의 본성은 여울물과 같아서 동쪽을 터 주면 동쪽으로 흐르고 서쪽을 터 주면 서쪽으로 흐른다. 사람의 본성을 선이나 악으로 구분 지을 수 없음은 여울물에 동서의 구분이 없는 것과 같다." 그러자 맹자가 말하길 "물에 진실로 동서의 구분이 없지만 위아래의 구분도 없단 말인가? 사람의 본성이 날 때부터 착한 것은 물이 항상 아래로 흐르는 것과 같으니, 사람이란 날 때부터 악한 사람이 없으며 물 또한 아래로 내려가지 않는 법이 없다."

(『맹자』 고자 장구 상, 하편)

이는 물은 위에서부터 아래로 흘러가지만, 누군가 길을 내 주는 쪽으로 흐르게 된다는 것이다. 따라서 태어날 때 선과 악이 결정되는 것이 아니라 자신이 결정하고 후천적인 영향을 받은 결과로 두 동양의 학자들과는 다르게 주장하고 있다. 이에 대하여 두 동양, 서양 사상가들의 주장을 소개한다.

> "인의(仁義)란 후천적 교육이나 학습을 통해서 만들어지는 것이지, 본래부터 고유하게 가지고 나오는 것이 아니다. 이는 장인이 버드나무로 바구니를 만드는 것과도 같은데, 버드 나무 속에 바구니가 들어 있지 않은 것과 마찬가지다."
>
> "인간은 태어날 때부터 백자로 태어났으며 하얀 종이와 같으므로 이러한 백지상태는 경험을 통해 가능하다." 즉 인간은 아무것도 그려지지 않은 빈 서판과 같다는 것이다(로크, 『정부론』; 김숙복 외, 2020에서 재인용)."

이는 인간의 어짊과 의(義)는 태생으로부터 부여받는 것이 아니라 버드나무로 바구니를 만드는 것 같이 어떠한 환경이냐?에 따라 다르게 나타난다는 것이다.

Chapter 02

현대사회에 있어서 인간과 일

02
Chapter

현대사회에 있어서 인간과 일

1. 현대사회의 특징과 변화

현대사회의 구분을 명확하게 한다는 것은 어려운 문제이다. 정치, 경제, 문화 등의 많은 난제들이 있어서 분명하게 선을 긋는다는 것이 매우 힘들기 때문이다. 그러나 분명히 근대사회와는 다른 특징들이 있어서 이를 기준으로 설명하고자 한다.

현대사회는 합리성, 기계화, 자동화, 정보화, 인간소외 등부터 최근의 사회에서는 지식의 변화, 고령화, 인간 문제의 재설정, 환경오염, 기후변화, 우리나라와 같은 저출산 및 의료문제, 공동사회에서 이익사회로의 전환, 인공지능 등이 다양하게 나타나고 있다.

이 같은 다양한 현대사회의 특징은 우리에게 유익한 생활로 접근하는 데 도움을 주지만 이로 인한 많은 문제점이 노출되어 있다. 오늘날 현대사회는 위기에 처해 있다고 많이들 이야기하고 있다. 다시 말하면, 안정화된 정적인 사회에서 동적인 사회로의 전환은 우리를 비인간화 현상인 소외, 소득의 불균형, 인간성 상실, 물질만능주의 등 다양한 사회적 위기로 몰아가는 것만은 사실이다. 따라서 사상적, 경제적, 정치적 이념의 고착화로 인하여 각국은 위험이 도사리고 있다.

그러나 한편으로는 또 다른 사회를 지향하고 있는데 그것이 공동체적 삶을 중시하고 있다는 것은 고무적(鼓舞的)이다. 포에르바흐(Feuerbach Ludwig Andreas von Feuerbach, 1804~1872)는 "인간은 그 본질에 있어서 도덕적 존재라든지 혹은 이성적 존재라고 하든지 어느 쪽이든 그것은 고립된 개인을 의미하는 것이 아니다. 인간의 본질은 인간과 인간을 연결하는 공동체 안에 있다."라고 하였다.

그러나 그가 주장한 공동체적 삶에 위기가 오고 있다는 것이다. 즉, 현대사회에서 누려야 할 인간의 행복은 현대 과학기술의 발전에도 불구하고 우리에게 악영향을 미치고 있다는 것이다. 따라서 "우리 사회는 위기에 처해 있다."라고 말한 것이다(정석용 외, 2016). 잠시 그에 대하여 간략하게 설명하고 현대사회에 관하여 설명하고자 한다.

그는 특히 우리 상식에 벗어나는 종교에 대하여 유물론적 입장에서 설명하였다. 유물론적 입장에서 종교는 인간의 본능에서 생겨났다는 것이다. 그 이유로는 인간은 누구나 행복추구권이 있어서 신을 믿을 수밖에 없다는 것이다. 즉, 인간은 개인적 소망 때문에 '신'이라는 거대한 괴물을 만들었다는 것이다. 인간은 신을 통해서 자기가 실현할 수 없는 영원한 행복을 누리고자 한 것이다. 따라서 신이 우리를 창조한 것이 아니라, 인간이 만들었기 때문에 종교의 환상 속에서 빠르게 벗어나 실천적 행동을 통하여 소망을 이루어야 한다는 것이다. 이는 맹신적 종교에서 벗어나 스스로가 행복한 삶을 누리는 것 이외는 달리 방도가 없다는 것이다.

인간학적 면에서 고찰하면 신이 존재하느냐 아니냐의 문제가 아니라, 즉 유신론적 입장에서 설명하는 것이 아니라, 구체적으로 유물론적(唯物論的－우주 만물의 실재는 물질로 구성)인 관점으로써 설명되어야 한다는 것이다. 이는 추상적인 관념이 아니라 행동, 감정적 존재로 구체적으로 논의가 되어야 한다는 것이다(강성률, 2016).

따라서 종교가 인간의 산물임에도 불구하고 인간 정신의 주인으로 행세하고 있는 '소외'의 개념을 정립하였다. 이러한 한 예로서, 현대사회가 위기를 맞고 있다는 것이다. 처음에 우리가 알고 있는 신은 성경에서는 형상에 따라 인간을 창조했다지만 여러 지역 여러 시대 여러 국가에서 신의 모습은 달리 등장하고 있고 인간의 종에 따라 다양하게 만들었다는 점에서 신이 만들었다는 것이 아니라 인간이 신을 창조했다는 인간학적인 관점에서 비판을 가하고 있다.

현대적인 이러한 변화로 인간다운 삶에 많은 변화가 오고 있다. 따라서 이러한 변화를 감지하지 못한다면 현대사회에서 직면한 문제들에 혼란을 가중하게 하여 사회에서 도태될 것이다.

오늘날은 하루하루 다르게 살아가고 있는 세상이다. 또한 내일의 일들을 누구도 예측하지 못하는 사회이고 세상이다. 이러한 현대인들의 변화는 사고의 전환을 가져와야 한다. 과거의 정적인 활동에서 머무르게 되면 자기뿐만 아니라 타인의 희생을 요구하게 된다. 이는 기존의 낡은 지식과 사고는 더 이상 필요가 없다는 것이다. 박형근은 그의 저서에서 "세상은 자이로드롭만큼 빠르게 변화한다."라고 비유하였다(박형근 외, 2023).

여러분은 자이로드롭을 타 본 경험이 있을 것이다. 영어로는 Drop Tower로 불리는데 말 그대로 높은 곳에 올라간 다음 뚝 떨어지는 단순한 놀이기구로써 자이로드롭은 이 드롭 타워(Drop Tower)에 변형을 가해 즐거움을 극대화한 모델이다. 탑승물이 상승하며 회전하게 만들고, 발판을 없애 탑승객의 긴장과 불안을 극대화한 것이다. 1998년에 개장한 이 기구는 70m에서 올라갔다가 시속

거의 100km 속도로 떨어지는 놀이기구로 높이는 아파트 25층, 떨어지는 시간은 불과 3초가 걸린다. 이 기구를 탄 사람의 반응을 보면 겁을 먹기 전까지는 조짐을 서서히 느끼다가 갑작스럽게 일어나는 경험을 즐기는 기구이다.

현대사회는 마치 자이로드롭과 같다. 이러한 변화를 우리는 알지 못할 정도로 미약하게 느끼다가 갑작스럽게 위험이 다가온다는 것이다. 이 같은 논리로 우리의 사회는 정치, 경제, 문화 등에서 다양하게 위험을 감지하도록 징조를 보냈으나 이를 감지하지 못하고 급작스럽게 받아들이는 것이 현대사회이다.

정치의 한 면을 살펴보자. 저자가 어린 시절만 하더라도 독재주의 대 민주주의, 사회주의 대 자본주의가 대립되면서 세상의 한 축을 이끌어 나갔다. 그러나 1990년대 이후 사회주의, 독재주의가 사라짐으로써 오늘날 새로운 시대, 다변화 시대로 접어들었다. 이러한 점에서 볼 때 기존에 가졌던 낡은 사고방식과 틀에서 벗어나 빠르게 현대사회에 적응하여야 한다.

그러나 여전히 대한민국에서는 기존의 틀을 깨트리지 못하고 단편적인 사상이나 관습, 제도의 틀에서 벗어나지 못하고 있다. 지구촌 시대는 많은 변화가 빠르게 진보하고 있다는 징조를 우리는 알지 못하고 있다. 이러한 징조가 자이로드롭처럼 급작스럽게 다가온다면 더 큰 혼란에 직면하게 될 것이다. 우리는 현대사회의 변화에 빠르게 대처할 필요가 있다. 현대사회의 특징을 요약해 보자.

1) 물질만능주의 사회이다. 대량생산으로 인한 물질의 풍요로움이 우리를 지배하고 있다. 이러한 물질의 풍요가 우리 사회에서 골고루 분배되지 않으므로 분배의 정의가 요구되는 시대이다.
2) 급속한 도시화이다. 대한민국만 하더라도 인구의 절반이 수도권에 집중되어 있다. 산업사회의 단점으로 인구의 도시 집중화가 빠르게 진행되어 비도시지역은 소멸 위기에 처해 있다. 이에 따라 국토개발의 불균형을 이루어 각종 사회제도 전반에 악영향을 미치고 있다.
3) 기술, 정보사회의 도래이다. 산업혁명 이후 대량생산으로 인하여 기술력이 향상

되면서 공업화 산업화 그리고 자동화를 넘어 정보통신의 시대에 접어들고 있다. 더욱 놀랄 만한 일은 인공지능 시대가 얼마 남지 않았다는 데서 우리에게 기쁨과 불안을 주는 시대이다.

4) 대중사회로의 진입이다. 대중이 사회 각 분야에서 많은 영향을 미치고 있다는 것이다. 즉, 모든 분야에서 개인이 아닌 소외계층을 포함하여 다양한 계층이 사회에 참여하는 기회가 확대되었다는 것이다.

5) 개방화된 사회이다. 교통시설의 발달과 사회간접자본의 확충, 정보통신의 발달과 산업의 발달과 무역으로 인하여 국내뿐만 아니라 세계화 시대로 가고 있다. 즉, 국가 간의 국경(지리적인 것이 아니라)이 사라지는 시대라는 것이다. 이러한 개방화로 과거와는 달리 문화까지도 세계가 공유하고 있다는 현실이다. 대표적인 예가 K-POP, 김치이다. 이러한 현상을 지구촌 시대라고 한다. 따라서 개방화에 일찍 대처하지 못하면 국가 간의 경쟁에서나 개인적으로나 도태된다는 사실에 긴장을 늦추어서는 안 된다.

앞으로의 다가올 시대는 누구도 예측하지 못한다. 산업화로 인하여 많은 직업들이 생성과 소멸을 거듭하고 있으며 과거에 화려했던 직업도 이제는 퇴물이 되어 가는 시대이다. 반대로 과거에 고된 노동 중심의 일들은 오늘날 새롭게 인기 직업으로 각광을 받는 시대가 오고 있다. 이 같은 변화의 예를 제시하고자 한다(한삼희, 2016. 12. 27.).

베이비 부머(baby boomer, baby boom generation, 대략 1950~1960年代 生) 세대의 인생 목표는 단순했다. 공부 잘해 좋은 대학 나와 괜찮은 일자리 잡으면 거기서 대개 평생 먹고 살 수 있었다. 그런데 세상이 바뀌어 가고 있다. 올 초 다보스 포럼에서 발표된 '일자리의 미래(The Future of Jobs)' 보고서는 인공지능·로봇공학 주도의 4차 산업혁명으로 2020년까지 선진국에서만 일자리 510만 개가 사라질 것이라고 예측을 했다. 올해 초등학교에 입학한 어린이의 65%는 지금 있지도 않은 새로운 직업에서 일하게 된다는 것이다.

〈베이비 부머〉

- 전쟁이 끝난 후 출산율이 급격히 팽창되어 이루어진 세대
- 미국은 제2차 세계대전이 끝난 후 1946~1965 사이의 출생한 세대
- 우리나라의 경우 1955~1963년 사이에 태어난 세대

얼마 전 가천대 길병원에서 의사가 아니라 미국 IBM의 인공지능 왓슨(Watson)이 60대 대장암 환자의 치료법을 결정지었다. 지금 의대생들이 10년 뒤 어떤 직업 환경에 부딪혀 있을지 보여 준다. 현재의 청소년들과 젊은이들은 기성세대와는 비교할 수 없는 불확실성을 안고 살아야 한다. 앞으로 어떤 기술이 등장해 어떻게 세상을 바꿔 나갈지 예측하기 어렵다. 잘못된 선택을 하면 technology 발전과 산업 재편에 몰려 속절없이 튕겨져 나갈 수도 있다.

현대사회는 급격히 변하는 시대라고 했다. 그러나 4차 산업혁명으로 과거에 멸시당했던 일자리에 새로운 기운을 불러 모으고 있다. 새로운 기술의 도입으로 스마트 팜(Smart Farm)과 같은 새로운 농업기술이 주목받고 있는 시대이다.

스마트 팜은 정보기술을 이용하여 농작물 재배 시설의 온도·습도·햇볕양·이산화탄소·토양 등을 측정 분석하고, 분석 결과에 따라서 제어 장치를 구동하여 적절한 상태로 변화시킨다. 그리고 스마트폰과 같은 모바일 기기를 통해 원격 관리도 가능하다. 스마트 팜으로 농업의 생산·유통·소비 과정에 걸쳐 생산성과 효율성 및 품질 향상 등과 같은 고부가가치를 창출시킬 수 있다(『IT 용어사전』). ICT 기술을 사용하는 농업 방식을 말하므로 노지, 온실, 식물공장 등에 모두 적용할 수 있는 개념이다.

2. 인간과 일

누구나 태어나면서부터 일을 시작하고 있다. 일은 우리 생활에 있어서 없어서는 안 되는 요소이다. 인간은 일을 통해 살아가는 것을 느끼며 일을 하지 않고서는 살아가기 힘들다. 왜냐하면 일은 인간의 생계 수단의 최소 노력이기 때문이다.

"인간에게 일이란 어떤 의미가 있을까요?", "혹은 당신은 무슨 일을 하고 있나요?"라는 물음을 많이 한다. 혹은 명절 때 가족들의 모임이 있을 때 "취업했느냐"라는 물음에 가장 많이 당황했을 것이다. 위의 물음은 우리에게 일의 소중함과 인간에게 일이 어떤 의미인지를 일깨워 주는 말이다. 일에 대하여 다음과 같이 적어 놓았다.

일이 즐겁다

일은 항상성이 있습니다.
일은 밥 먹고 숨 쉬는 것과 같이
평생 나와 함께 다니는 것입니다.
일은 갑자기 주어지지도 않지만 갑자기
사라지지도 않습니다. 심지어 내가 죽어도
일은 있습니다. 각자가 하고자 했던 그 무엇이
사회의 어두운 이면을 밝히고 사람과 세상을
회통(回通)하게 하는 것, 그것이 일이며, 여기에
지금 이 시절의 미래가 걸려 있습니다.

– 박병원의 『일철학』 중에서 –

우리는 곧잘

"일이 많아서 죽겠다."라고 말합니다.
행복한 비명입니다. 일이 없어 보세요.
그거야말로 죽을 맛입니다. 즐겁게 하는 것,
목숨을 걸 듯 집중하고 몰입해서 하는 것,
그것이 나에게 주어진 일을
감당하는 태도입니다.

(박병원, 2016에서 발췌).

그러나 일은 취미와는 다르다. 물론 취미도 좁은 의미에서 일에 속하기는 하지만 궁극적으로 다르다. 취미와 일의 구별하는 방법은 단순하다. '도움'이라는 잣대가 있다. 자신만을 위한 행위라면 그것은 취미이고 돈이 오가는 것이 있다면 일로 보면 구별이 가능할 것이다. 물론 좁은 소견이지만(… …). 여러분이 하는 일에 있어서 돈을 받고 있다면 당신은 그 일이 다른 사람에게 도움을 주기 때문에 일을 하고 있다는 것을 의미하고 있다.

'일'이란 단순히 생계유지의 수단으로 직업을 준비하는 것뿐만 아니라 일의 대가에 경제적 보상이 따르지 않더라도 인간의 기본적 욕구를 충족시키는 부름을 받는 '일(calling)'까지도 포함한다. 일은 두 가지로 구분하는데 하나는 경제적 보상을 받는 'Occupation'과 나머지 하나는 보상이 따르지 않은 'Vocation'으로 구분한다. 물론 여기서 일은 사회 공헌적인 측면에서 이 장에서는 'Vocation'으로 다루고 있다(권금정 외, 2023).

"일하지 않는 자여, 먹지도 마라"라는 표현은, 현대 기독교의 경전 중 하나인 데살로니가후서 3장 10절에 등장하는 대목이다. 이러한 용어를 후에 정치표어로 사용하기 시작하였는데 자본가들이 무노동의 과도한 잉여금 배분에 격분하여 사용한 말이기도 하다.

“일하지 않는 자여, 먹지도 마라”라는 원칙에 따라 소비에트 연방에서 노동이란 모든 비장애 시민의 의무이자 명예이다. 소비에트 연방에서 이 원칙은 “능력에 따른 생산, 노동에 따른 분배”라는 공산주의 원칙을 말한다(「소비에트 연방 헌법, 제12조」).

자본가든 노동자든 생산적인 활동인 일의 중요한 의미를 우리에게 전달하고 있다는 것이다. 물론 처음의 의도는 아무 생각이 없이 살아가는 인간이 일을 하지 않고 남의 일을 간섭하고 참견만 하는 일부 신자들을 위해 쓴 말이다. 즉, 묵묵히 일만 하자는 의미로서의 격언(格言, 교훈이 되는 짧은 말)이라 할 수가 있다.

일은 일의 그 자체와 일의 결과가 인간에게 기쁨을 선사하는 것으로서 인간의 삶을 풍부하게 하고 만족하게 하는 성스러운 작업이다. 따라서 인간은 일을 통해서 인간관계, 자아실현, 경제적 수단을 충족함으로써 정신적, 육체적으로 행복한 삶을 꾸려 갈 수가 있다.

‘일’이란 사전적 의미로서 “무엇인가를 향상하고 성취를 지향하는 신체적 · 정신적 노력이나 활동”이라고 했다(장현철 외, 2020에서 재인용). 이같이 일은 정신적 육체적 활동을 모두 포함하고 있으나 그 선택은 본인에 의해서 혹은 본인의 선택과 상관없이 하는 경우가 있다. 예를 들면, 경제적 목적을 위해서 본인의 의지가 없이 시키는 대로 하는 경우라 할 수가 있다.

1) 일의 양면성

일은 양면성을 가지고 있다. 어떠한 가치를 획득하기 위하여 하는 육체적 정신적 노동 활동을 ‘일’(장상필 외, 2023)이라고 정의한다면 두 가지 측면이 있다. 하나는 일이 우리에게 미치는 긍정적 영향으로, 삶의 활력을 제공해 주며 심리적 안정을 준다는 것이다.

본인이 원하는 일이나 적성, 흥미 등이 자기와 일치한다면 생활하는 데 능률을 줄 수가 있다. 다시 말하면, 세상을 바라보는 시각이 다른 이들과는 다르게 보일지도 모른다는 것이다. 심지어 "세상은 살 만하구나!"라는 긍정적 시각은 본인, 가정, 사회, 국가를 위해서 바람직한 활동이다.

일의 양면성 중 다른 하나는 부정적 영향을 미치는 것이다. 그 이유는 본인과 맞지 않는 일을 선택하거나 혹은 선택의 대안 없이 일을 하는 경우라 할 수 있다. 즉, 본인의 적성, 흥미 등이 일치하지 않거나 심지어 '목구멍이 포도청'이라는 말과 같이 '살기 위해서 일'을 하는 경우는 일의 의미가 자신에게 고통을 주기 때문이다. 따라서 일의 아름다운 노동 활동이 오히려 소중함을 상실하여 고달픈 삶의 연속이 될 것이다.

대개 일은 일부 우리에게는 고통스럽고, 오직 경제적 활동에 국한되는 것으로 생각이 되어 왔다. 다시 말하면, 일의 목적에 부합하는 활동이 아니라 수단으로서 생각되어 계급 갈등이나 유희적 활동으로 생각하는 것이 대체적이기 때문이다. 인간에 있어서 일의 의미를 정리하면 아래와 같다.

1) 생계유지의 수단이다. → 생산, 대가를 통한 일상생활 유지
2) 일을 통해 자아실현을 성취한다. → 자신의 꿈을 실현, 도덕적 가치를 습득
3) 다양한 인간관계를 통한 공동체적 삶을 누릴 수 있다. → 규칙, 협동, 배려, 분배 등을 학습
4) 결국은 이를 통해 지역사회나 국가 발전의 원동력이 된다.
5) 일은 삶의 방식과 그 내용을 결정짓는 중요한 요인으로 작용한다. – 소질, 재능, 취미는 개성을 나타내는데 이러한 개성은 일에서 비롯된다.

이제까지 일의 의미에 대하여 살펴보았다. 인간은 일을 통해 필요한 재화를 획득하고 생활할 뿐만 아니라, 일은 개인과 사회 국가를 존속 유지하는 데 필요

한 요소라 할 수가 있다.

2) 일과 관련된 격언과 명언

일의 소중함을 일깨워 주는 명언을 아래와 같다(권금정 외, 2023; OXFORD 영어사전; 표준국어대사전에서 일부 발췌).

1) 이런저런 여러 가지 일에 앞서서 그대 자신을 존경하라(피타고라스).
2) 가장 힘든 일은 아무 일도 안 하는 것이다(유대인 격언).
3) 자기 아이에게 육체적인 노동을 가르치지 않는 것은 그에게 약탈, 강도 같은 것을 가르치는 것과 마찬가지이다(탈무드).
4) 일이 없으면 모든 생활이 타락한다(카뮈).
5) 일이란 잘 진행되고 있을 때 그 자체가 큰 즐거움이다(러셀).
6) 백 년을 살 것같이 일하고 내일 죽을 것 같이 기도하라(프랭클린).
7) 일하기 싫으면 먹지도 말라. 얼굴에 땀을 흘리고 밥을 먹어라(구약성경).
8) 자신이 하는 일을 재미가 없어 하는 사람 치고 성공하는 사람 못 봤다(카네기).
9) 노동은 세 개의 큰 악, 즉 지루함, 부도덕, 그리고 가난을 제거한다(괴테).
10) 직업은 생활의 등뼈이다(니체).
11) 일이 즐겁다면 인생은 극락이다. 괴로움이라면 그것은 지옥이다(고리끼, 러시아 작가)
12) 일에서 행복을 찾으려면 다음의 세 가지가 필요하다. 그 일이 자기에게 맞아야 한다. 그 일을 지나치게 많이 하지 말아야 한다. 그리고 그 일에서 성취감을 보아야 한다(러스킨).
13) a rolling stone gathers no moss(구르는 돌에는 이끼가 끼지 않는다) (로마의 작가, 푸블릴리우스 시루스).
14) "One who constantly changes his place or employment will not grow rich(라틴어 속담)."

3) 일의 보람과 직업

사람이든 동물이든 일생을 통하여 어떤 일이라도 행하면서 하루하루 살아가는 존재이다. 일하지 않으면 생존에 위협을 받기 때문이다. 따라서 생존을 위해서 든지 아니면 일을 통해 가치를 실현한다.

대표적으로 생존을 위한 일은 물질적 기대를 얻기 위하여 일하는 경우라 할 수가 있다. 예를 들면, 우리가 흔히 일을 통해 물질이나 재화를 얻어 생활하는 경우가 대체로 그럴 것이다. 즉, 일을 통하여 경제적 수단으로 활동하는 것을 말하며 취미 생활로 그림과 음악 등 창작활동을 하는 것이 자아실현의 목적을 가진 일의 그 자체를 즐기는 활동이라 할 수가 있다.

그러면 '인간은 왜 즐거우면서 괴로운 일을 선택하는 것일까? 만약 즐거운 일이라면 그 자체에 헌신하지만, 만약 일이 고통스럽거나 적성, 흥미에 맞지 않아도 해야 하는 이유가 무엇인가?' 등을 묻고 싶다.

이유는 간단하다. 첫째는 경제적 수단으로 일을 해야 하고 선택해야 한다는 것이다. 즉, 인간은 행복추구권이 있다고 하였다. 이러한 행복추구권의 가장 선행해야 할 요소가 경제적 기반이며 따라서 부수적으로 일을 선택하고 그러한 일에 전념할 수밖에 없다. 예를 들어, 대한민국 청년들이 왜 '의대 열풍'에 광분하고 있을까? 그들은 단지 인간에게 헌신하고 사회 봉사적 차원에서 의대를 선택하고 헌신하려는가? 묻고 싶다. 물론 의학이 적성이나 흥미에 맞아 자아실현을 하는 청년들도 있을 것이다. 그러나 과연 몇 명이나 되겠는가?. 사람들은 내재적 목적을 추구하려는 경향은 외재적 목적을 추구하는 것보다도 약한 경향이 있다. 다시 말하면, 인간은 자아실현을 목적으로 하는 것보다 외재적 보상에 더 관심을 두고 있다는 것이다. 따라서 물질, 돈, 명예, 권력 등에 휩싸여 적성에 맞지 않은 것에 가치를 두고 있다. 오늘날 세태가 그렇다는 것이다. 우리가 일 그 자체에 목적을 두며 보상은 나중에 따라오는 것을 택하면 경제적 행복보다 자아실현이라는 두 마리의 토끼를 잡을 수 있을 것이다.

사람들은 누구나 가능성을 가진 존재이다. 다른 말로 표현하면 잠재력을 가진 존재이다. 이러한 잠재력을 가치적인 것에 쏟았다면 그 사람은 성공했다고 할 수가 있다. 예를 들면, 한 아이가 다른 과목에는 소질이 없어 낙제 점수를 받았지만, 체육 과목에는 소질을 보였다 치자, 과연 이 학생은 소질이 없는 학생일까? 결론적으로 말하자면 아니다. 이 학생이 후에 체육 과목의 소질을 살려 훌륭한 운동선수로 성장했다면 성공한 것이다. 다시 말하면, 아이가 가진 소질과 잠재력을 충분히 발휘해서 더 많은 존경과 가치를 습득했다면 인간으로서 자아실현에 도달했다는 것이다.

3. 삶과 일의 조화

우리는 착각하고 있다. 여러분은 대체로 인간은 일에 파묻혀 살고 있다고 한다. 잘못된 생각이다. 인간의 일과 삶은 불가분의 관계가 아니다. 직접 이야기를 하지만 우리의 삶 안에 일이 있다는 것이다. 이는 삶과 일은 항상 동반된다는 것이다. 이것을 우리는 일의 노예라고 착각하고 있다. 그러한 이유는 단순하다. 우리의 삶 속에 여러 가지 일 중에서 어떻게 조화를 맞추어야 할지를 고민해야 할 것인데 일부분의 사람은 삶이 곧 일이라고 생각하기 때문이다. 따라서 일은 우리에게 고통을 수반한다고 일반적으로 여기고 있다.

예를 들어보면 쉽게 다가올 것이다. 하루하루를 돌이켜 보면 수 가지 일을 하고 있다. 따라서 여러분은 오늘 매우 힘들었다고 푸념한다. 이러한 푸념은 결국에는 삶을 살아가면서 일과의 부조화 때문에 일어나는 현상이다. 따라서 일과의 조화를 통해 우리의 삶에 모두를 만족시키는 이러한 삶으로 방향을 전환해야 한다.

Chapter

03

직업과 직업선택의 자유

03
Chapter

직업과 직업선택의 자유

우리는 흔히 인간으로서 최소한이나 좀 더 부유한 삶을 살아가기 위한 의,식,주를 목적으로 하는 활동을 직업(Vocation)이라고 한다. 따라서 일반적인 일과 노동과는 차이가 있다. 따라서 이러한 직업은 인간에게 평생 동반하는 활동이며 이를 통해 가정, 사회, 국가의 역할의 일부를 담당하고 개인적으로는 자아실현의 근본이 된다.

1. 직업의 개념

직업은 개인적으로 사회활동, 생계유지, 자아실현을 돕는 심리적 활동을 말한다(장현철 외, 2020). 또한 국제표준직업분류(國際標準職業分類, International

Standard Classification of Occupations, 약칭: ISCO)에서 직무(Job)는 어떤 사람에 의해 실행된 임무와 과업(tasks and duties)의 묶음이나 수행되어야 하는 것을 의미하며, ISCO-88에 의해 분류된 통계적 단위(Unit)이다. 주요 임무나 과업이 높은 정도의 유사성에 의해 특징화된 일련의 직무들은 직업(occupation)을 구성한다(국제노동기구(ILO)의 「표준직업분류」, 1988년 개정).

한국산업인력공단에서는 직업은 생활에 필요한 경제적 보상을 주고 평생을 걸쳐 물질적 보수 외에 만족감, 명예 등 자아실현의 중요한 기반이 되는 것이라고 하였다(한국산업인력공단, 2016).

위의 개념으로 살펴볼 때 하나의 특징은 인간사회가 발달함에 따라 더 이상의 가족을 중심으로 하는 자급자족의 시대를 넘어 분업화가 이루어지게 된 것이다. 이로 인하여 분업화된 사회에서 한 사람이 담당하는 체계화되고 전문화된 영역으로서 생계유지의 수단 및 자아실현을 목적으로 하는 일련의 활동이다. 이러한 직업에는 단순히 돈을 벌기 위한 수단을 넘어 개인에게 중요한 의미가 있다.

따라서 직업과 유사한 용어를 구별할 필요가 있다(권금정 외, 2023에서 일부 발췌).

직무(職務-job)	어떤 직업에서 수행되는 구체적 일의 내용으로, 생산활동을 위해 계속적으로 수행되도록 설정, 교육, 훈련된 업무를 말한다. 예를 들면, 한 개인이 전산개발팀에서 본사 인터넷 서버를 담당한다면 그것이 개인의 직무가 된다.
직업(職業-occupation)	일반적으로 보수를 받는 것을 전제로 하는 일로, 계속적으로 수행하는 경제 및 사회활동이며, 동일하거나 유사한 직무의 집합체이다.
일(work)	무엇을 이루려고 몸이나 정신을 쓰는 활동으로서 자신 또는 자신과 타인에게 혜택을 주는 목적으로 하는 의식적 노력이다. 그 노력의 대가가 돈이 아니라 인간의 기본욕구를 성취하는 데 있으며 의도적으로 그 노력을 계속하는 행위를 말한다.
진로(進路-career)	일생 동안 일과 관련해서 경험하고 거쳐 가는 모든 체험들로 생애의 모든 단계에서 쌓아 가야 할 행로이다.
임무(任務-duty)	직무를 수행하기 위한 맡은 일, 즉 직무의 집합을 의미한다. 직무를 수행하기 위한 일련의 행동들로 과제(task)들의 집합을 의미한다.

노동(勞動–labor)	용어 '그대로 몸을 움직여 일한다.'라는 의미로 경제적 수단을 위하여 행하는 것으로 계속성이 없어도 노동이라 할 수가 있다.
소명(召命–vocation)	자신이 뭔가를 하도록 부름받는 일로써 개인에게 특별히 주어진 기본적인 일의 역할이며 돈을 받지 않는 일도 포함되며 구성원 각자가 사회적으로 수행하는 직업적 역할은 일종의 사명이나 본분으로서 의미를 지닌다.

여기서 중요한 것은 일과 직업의 차이점에 대하여 구별할 필요가 있다.

일	직업
• 인간이 일상생활에 있어서 행하는 모든 활동을 말하나, 여기에는 보수와 관계가 없다. • 봉급을 받거나 이윤을 추구하는 개인 사업들도 모두 일이다. • 취미활동, 봉사활동, 여가활동 등도 모두 일임 • 인간이 지구상에 출현하여 생활 활동으로서 생존의 의미가 있는 활동이다. 따라서 그 역사는 유구(有久)하다.	• 개인은 성인이 되어서 사회적, 경제적 활동으로서 일정한 기간이 있다. • 일의 일종으로서 부수적으로 보수가 뒤따른다. • '직(職)'이란 관을 중심으로 하는 직무라는 '관직(官職)'의 뜻과 '직분(職分)'을 맡아 이행한다는 사회적 역할 이행의 의미가 있다. • 공무(公務), 천직(天職)의 의미가 있다. • '업(業)'에는 생계 유지나 살림살이를 의미하는 생업(生業)에 전념하는 일이라는 뜻과 자기 능력을 발휘하기 위해 어느 한 가지 일에 몰두 및 전념한다는 뜻이 포함된다.

따라서 직업이라는 용어는 보수를 받아서 생계를 유지하기 위한 인간의 지속적인 임무 수행을 말하며, 여기에는 '사회적 역할을 분담하기 위한 끊임없는 활동'으로 표현되는 것이다.

고대에는 일을 육체적 노동의 의미로, 중세에는 신분적 사회에서 운명적으로 정해진 일로서, 그리고 현대에는 직업이라는 용어로 전문직으로 행하는 의미로 사용되고 있다. 따라서 오늘날에는 생계유지, 사회적 역할 분담, 그리고 자기 능력의 실현이라는 의미로 폭넓게 사용되고 있다.

2. 직업의 의미와 기능

1) 직업의 의미

직업이라는 용어는 한자 職 + 業으로서 맡은 직무 + 구체적으로 맡은 일이라는 의미이다. 즉, 사회적 역할의 분배인 직분(職分)과 일 또는 행위를 의미하고 있다. '직(職)'에 해당하는 용어로는 profession, vocation, beruf(독일어)가 있으며 '업(業)'에는 job, occupation, geshäft(독일어), business 등이 있다. 따라서 직업을 통해 자기실현을 할 수가 있어서 결국은 삶의 의미를 주는 중요한 요인이다.

과거나 지금, 우리나라에서는 자아실현의 목적도 가지는 이들도 있지만, 직업과 출세를 동일시하는 인식이 팽배하였다. 즉, 자기실현을 통한 이타심의 발로이며 인격 수양을 통해 타인으로부터 존경심을 받는 그러한 과정이 아니라 오로지 결과만을 중시하여 출세의 척도가 물질이라는 유물론적 견지에서 생각하는 것은 매우 안타까운 현실이다. 다시 말하면, 내재적 목적을 가진 의미를 취하는 것이 아니라 외재적 목적에 너무 치우치는 것이 현실이다.

프랑스 작가이면서 철학자인 Voltaire는 '일'은 인간의 세 가지 악인 따분함과 악습, 그리고 가난을 추방해 주는 유용한 수단"이라고 했다(박형근 외, 2023). 그는 오늘날 프랑스를 대표하는 학자로서 흔히 'France' 대신 '볼테르의 나라 le pays de Voltaire'라고 부른다. 그의 영향력이 프랑스에서 얼마나 큰지 이를 통해 짐작할 수 있다. 즉, 프랑스의 볼테르에 대한 자부심은 어느 나라의 유명한 사람과 바꾸지 않을 정도로 프랑스 정신을 대변할 정도로 칭송을 받은 인물이다. 그에 대한 일화를 소개하고자 한다.

> 볼테르는 장 자크 루소의 『인간 불평등 기원론』을 읽은 뒤 이렇게 편지를 썼다. "인류를 비판하는 선생님의 새 책을 잘 보았습니다. (...) 불행히도 저는 네 발로 기어다니는 습관을 포기했습니다." '문명이 없던 원시 시대 때 사람들은 오히려 더 자유롭고 행복했다'는 루소의 주장을 비꼬는 말이었다(『백과사전』).

위의 예문은 루소의 『인간 불평등 기원론』에서 사유재산을 인류가 가지면서 인간이 불평등을 야기(惹起)하였다고 주장한 글에 대한 비판문이다. 즉, 산업화에 따른 부작용을 지적한 말에 관한 내용이다. 오늘날 산업화, 분업화를 통한 인간의 행복, 자아실현 등 긍정적인 영향을 무시하였다는 것을 비꼬면서 한 말이다. 오히려 상명하복(上命下服)을 통한 질서는 인간의 일을 오히려 효율적으로 달성하게 하여 삶을 풍성하게 만드는 역할을 했다는 것이다. 이것이 직업이다.

2) 직업의 기능

앞에서 살펴보았듯이 직업은 생계 수단의 이상으로 개인과 국가에 많이 기여하고 있다. 따라서 직업이 가지는 기능을 구체적으로 살펴보고자 한다.

(1) 개인적 기능

첫째, 직업은 경제활동으로 의식주를 해결하는 중요한 요소로서 기능이 있다. 대부분 사람은 회사나 개인적인 직업을 통하여 경제적인 소득인 재화를 획득함으로써 생활을 영위하는 기능이 있다.

둘째, 구성원들 간에 공감대를 형성하게 한다. 우리는 누구나 조직에 참석하고 그 조직을 통해 서로 간의 공감대를 형성하게 됨으로써 개인에게 경제적 심리적으로 안정감을 두게 하는 것이다.

셋째, 개인의 가치를 실현함으로써 자아실현의 기능이 있다. 이는 개인에게 직업을 통해 물질적 가치, 명예, 권력 등을 획득함으로써 자신의 소질, 재능 등을 발휘하는 욕구를 실현하는 기능을 제공하고 있다.

넷째, 직업을 통해 사회의 소속감을 일깨우는 역할을 담당하고 있다. 인간은 누구나 일정한 분야의 사회나 조직에 포함되어 그 맡은 분야에 관한 역할을 수행하고 분담함으로써 사회 유지의 기능을 가지게 된다는 것이다.

(2) 사회적 기능

현대사회는 과거와는 달리 분업화, 산업화, 자동화 되어 개인이 다양한 역할 수행하는 데 어려움이 있다. 즉, 너무나 광대하고 복잡하고 다양한 사회가 되고 있다. 따라서 직업 또한 사회적 기능으로서의 면을 가지게 된다.

첫째, 원시사회나 근대사회와는 달리 경제활동이 필요하게 되었다. 물물교환의 시대는 사라지고 물자의 생산, 유통, 분배 등의 더 복잡한 경제활동이 요구되는 경제적 기능이 필요하다는 것이다.

둘째, 통제적 기능이 있다. 다시 말하면, 위의 활동을 조정하는 기능이다. 따라서 이를 조정하기 위한 국가의 방대한 여러 가지 조직 기구를 만들었고 이를 통해 통치기구가 생겨나서 이를 관장, 운영, 통제하는 기능을 가진다는 것이다.

셋째, 사회통합의 기능이 있다. 다양한 직업을 관장, 통제, 운영을 위한 직업으로서 이념적 기능이 필요하다는 것이다. 예를 들면, '자본주의냐?', 아니면 '공산주의냐?'라는 식의 이념적 이데올로기가 필요하다. 이를 통해 사회를 통합하여 운영하는 기능을 가진다. 대체로 교육, 문화, 종교 분야에서 이러한 기능을 수행하고 있다.

다음 도표는 위의 내용을 정리한 것이다.

종류	내용
경제적 의미	• 인간 개개인에게 일할 기회를 제공하여 경제생활을 영위하게 해 줌 • 직업을 얻으려는 동기는 노동의 대가로 소득을 위함임
사회적 의미	• 현대에 이르러서는 개인이 가지는 직업에 따라 사회적 역할이 분담됨 • 직업을 통해 사회에 기여하는 일을 수행 • 직업은 사회발전 및 유지에 도움이 되어야 함
심리적 의미	• 인간의 잠재적 능력, 소질, 적성 등을 계발함으로써 자신의 이상을 실현 • 자신이 가지고 있는 여러 욕구를 충족함으로써 심리적 안점감을 취함 • 인간적인 인격을 완성함

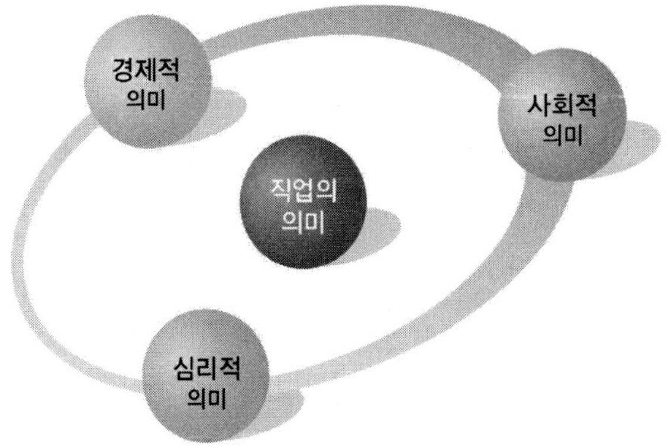

고등학교 「진로와 직업」 교사용지도서 Ⅰ삶과 직업 2.진로와 직업

대체로 직업의 3가지 측면의 기능이 있는데, 첫째는 생계적 의미와, 둘째는 사회적 역할 분담으로서 직업 그리고 마지막으로 자아실현으로서 직업적 측면이 있다.

3. 직업선택의 자유와 차별

1) 직업선택의 자유

대한민국은 「헌법」 제15조에서 모든 국민은 직업선택의 자유가 있다는 것을 기본권으로써 규정하고 있다. 따라서 모든 국민은 인간으로서의 존엄과 가치를 가지며, 행복을 추구할 권리를 가진다. 국가는 개인이 가지는 불가침의 기본적 인권을 확인하고 이를 보장할 의무를 진다(「헌법」 제10조).

이러한 자유는 과거 산업화 이전, 봉건시대나 신분제 사회에서는 많은 제약이 있었으나 민주주의 사회의 '인간의 존엄과 가치', '평등권', '경제적 자유권'을 표방한 제도하에서는 직업선택과 차별 그리고 행복 추구를 위한 어떠한 직업을 가지는 데 제약이 사라지게 되었다.

직업선택의 법적 구속력은 경제적 활동에 관한 자유권이고 노동을 통한 인격 발전과 관련이 있으므로 주관적 공권의 일종이라 할 수 있다. 또, 자유주의적 시장 경제질서 내용의 원리로서 제도적 보장이 되고 있다. 직업선택의 자유의 주체는 자연인과 법인이 있고, 공공단체나 지방자치단체는 될 수 없다. 또, 이국인도 원칙적으로 될 수 없다. 직업선택의 자유의 내용으로서, 우선 직업은 인간이 생계의 수요를 목적으로 하여 행하는 경제적 · 사회적 활동을 말한다. 여기에는 직업 선택 결정의 자유와 선택한 직업에 종사하는 것을 어느 사회든 국가든 방해하지 않음을 의미한다(한국민족문화대백과사전 편찬부, 1991).

따라서 직업선택의 자유가 보장된 민주주의 사회에서는 자기가 가지고 싶은 직업을 가질 수 있도록 하고 이를 통해 경제적 독립을 추구하면서 생계유지와 자아실현을 위해 국가의 간섭을 최소한으로 하며, 단 공공의 이익을 해치는 직업의 선택은 여기에서 배제된다. 이러한 의미는 개인의 이익을 최대한으로 보장하되 개인의 자유가 폭넓게 되는 것은 아니라는 의미이고 제멋대로 해서는 안 된다는 것을 포함하고 있다.

이와 관련하여 다음과 같이 두 가지 관점에서 직업선택의 자유를 바라보아야 한다고 강조하고 있다(장상필 외, 2023에서 재인용).

첫째, 어떤 직업이 어느 개인에게 적합한 것인가 아닌가는 당사자의 희망이나 포부 또는 개인의 주관적인 판단만으로는 정해지지 않는다.

둘째, 무조건적인 직업선택의 자유가 자기에게 충분하게 보장되지 않는다는 것이다. 이는 첫째의 내용이 객관적이라 하더라도 개인의 사정, 자격 문제, 구인처의 모집 요강 등의 제한이 있어서 원한다고 해서 모두를 수용할 수가 없다는 것을 의미한다.

이러한 직업선택의 자유는 인간의 삶에서 매우 중요하다. 그러나 자신에게 꼭 맞는 직업을 선택하는 것 또한 매우 어렵다. 따라서 자신이 원하는 직업을 갖기 위해서는 미리 자신이 원하는 직업에 대하여 정보분석과 요령을 터득하고 미리 장기간에 걸쳐서 준비해야 한다.

2) 직업에서의 차별

인간은 반드시 직업을 통해 생계유지는 물론 이를 통해 일반적으로 사회적 역할을 수행한다. 그러나 직업을 선택했다 치더라도 직업 속에서 다양한 역할 수행하다 보면 다양한 차별과 역차별이 존재하고 있다. 따라서 흔히 직업에서 일어나고 있는 차별 몇 가지를 논의하고자 한다.

첫째, 여러 가지 직업 중에 있어서 그 자체로서 차별이 존재한다. 예를 들어, 직업의 차별은 항상 존재해 왔다. 고려, 조선시대만 하더라도 문관과 무관, 사농공상(士農工商) 등의 차별이 있었던 것이 사실이다. 오늘날에도 화이트칼라, 블루칼라 등으로 차별한다. 직업에서도 '귀천'이 있다는 것이다. 오늘날은 직업의 귀천이 많이 사라지기는 하였어도 여전히 돈의 유무에 따라서 직업의 귀천이 존재한다. 요즈음 의대, 법대에 진학하는 것이 좋은 예이다.

오늘날 직업의 귀천은 사라졌을지 몰라도 차이는 엄연히 존재한다. 예를 들면, 보수, 역사적 직업에 대한 인식, 상위 1%의 진입에 대한 어려움, 만족도 등이 차별을 만들고 있다.

이러한 인식은 우리나라에서는 더욱 심하다. 한국인의 직업 귀천 의식은 선진국보다 훨씬 심하다. 우리나라 사람들의 직업에 대한 귀천 의식이 미국, 일본, 독일 등 선진국보다 훨씬 심한 것으로 나타났다. 또, 국회의원, 약사, 교사와 같은 공공부문과 고소득 전문 자영 직업에 대한 평가는 높은 반면에 민간 부문의 직업군에 대한 평가는 선진국에 비해 낮은 것으로 조사되었다.

또한 삶과 일에 대한 만족도는 미국, 독일보다는 낮고 일본보다는 높은 것으로 드러났다(김보경, 2007. 11. 20.). 다음과 같은 조사 결과가 이를 말해 주고 있다.

전체적으로는 국회의원이 3.70점으로 가장 높고 건설 일용근로자가 1.96점으로 가장 낮게 나타났다. 약사(3.68점, 2위)와 소프트웨어개발자(3.62점, 3위)가 국회의원의 뒤를 이어 직업 위세가 비교적 높은 직업군이다. 기계공학 엔지니어(3.44점, 4위)와 중소기업 간부(3.40, 5위), 중고등학교 교사(3.39, 6위), 은행 사무직원(3.17점, 7위) 등이 중위권에 포진해 있지만 다른 직업군에 비해 은행 사무직원은 다소 처진 상태이다. 공장 근로자(2.33, 8위), 음식점종업원(2.21점, 9위), 건설 일용근로자(1.96점, 10위) 등 육체노동 직업군은 하위권에 속해 있다.

모든 직업에는 반드시 밝은 면과 어두운 면이 존재한다. 주로 양지에서 일하는 것이 있는데, 예를 들면 기쁜 일로 돈 버는 직업으로서 이벤트 사업, 연예인 등이 이에 속한다. 그러나 음지에서 일을 하지만 우리에게 없어서는 안 되는 직업도 있다. 예를 들면, 장의업에 종사하는 직업, 보험 직종의 일부, 남의 고민을 들어주는 직업 - 변호사, 고민 상담사, 판사, 의사, 약사, 청소부 등 -이 존재한다는 것이다.

앞의 예를 살펴보면 직업선택에 있어서 양지이면서 천한 직업이 있는 반면에 음지이면서 귀한 직업이 있다. 한 예로, 누구나 연예인, 판사, 의사 등은 남의 고민이나 아픔을 두루 만지는 직업이다. 그렇다면 왜 이러한 직업을 선택하는 데 열을 올리는 것일까?

결론적으로 직업의 귀천은 분명히 존재한다. 직업의 귀천(貴賤)은 재학시절이나 어른들에게 "직업에는 귀천이 없다"라고 귀에 못이 박힐 정도로 들어 왔다. 그러나 요즈음 현실로 보면 새빨간 거짓말이다. 그러나 이 말을 역으로 생각해 보면 직업의 귀천은 자신의 마음속에 있다는 것이다. 흔히 자신이 그 직업에 대하여 존중함이나 귀함을 느끼지 못하고 하찮게 생각하고 있다는 것이다. 결국은 직업에 대한 귀천은 자신에게 달려 있다고 보아야 한다.

또 하나는 직업의 귀천은 사회적 인식의 차이에서 생긴다고 본다. 우리 사회에서는 더욱 그렇다. 과거로부터 계급과 직업은 한 부리라고 생각해 왔다. 이를 무시해서는 안 된다. 수입이 비슷하더라도 직장인과 판사, 검사를 선택한다면 과연 직업을 선택하는 사람은 몇이나 될까? 그러나 이러한 현상은 오늘날 서서히 변하고 있다. 직장을 선택하는 데 필요한 요소는 '자본'이다. 즉, 자본 = 소득은 좋은 직업이라는 현상으로 대체되고 있다. 과거의 문화, 학력 등에서 자본으로 옮겨 가는 실정이다.

그러나 좋은 직업이든 나쁜 직업이든 사람에 따라 귀천이 있다는 것이다. 이러한 점은 직업에 임하는 사람의 자세와 태도가 결정한다는 것을 명심해야 할 것이다.

둘째, 학력에서의 차별 문제이다. 과거 우리나라는 아니 요즈음까지도 학력에 대한 차별은 사회적인 골칫거리이다. 조선시대의 사농공상(士農工商)이 엄격히 구별되는 시대와 마찬가지로 선비를 우선시하고 그 이외를 업신여기는 풍조가 여전히 남아 있다. 사농공상(士農工商)에서 보듯이 사(士)는 선비로서 제법 글귀를 읽는 사람을 말한다. 이는 요즈음에서는 공부를 많이 하고 또한 어느 대학 출신인가를 따지는 것과 같다.

이러한 문제는 단순히 배움이 많다고 해서 일어나는 것이 아니라 학력에 따라 임금차별이 존재하고 있다. 이것이 문제이다. 또한 일의 형태에서도 차별이 존재한다. 즉, 일의 형태와 보수에도 많은 영향을 미치기 때문이다.

경향신문에 따르면, 한국 사회에서의 모든 문제는 교육에서 비롯되어 교육으로 귀결된다고 한다. 사회 개혁은 교육의 개혁에서 이루어질 수가 있다. 교육은 백년지대계(百年之大計)라고 한다. 즉, 교육은 한 국가의 미래를 볼 수가 있는 지표라고 할 수가 있다. 단편적인 예로서, 대한민국의 경제적 성장은 무엇보다도 교육이 이끌었다고 자부를 하고 있다. 한국전쟁을 겪고 난 후에 이만큼 경제성장을 이룬 것도 교육에서 비롯되었다고 자부하고 있다. 이러한 교육에 대한 열망은 '교육열'이라는 이상한 신조어를 낳았다. 우리나라 대학 진학률은 어느 국가에서도 따라오지 못할 정도이다. 경향신문의 기사에 따르면 아래와 같다.

> 한국의 대학 진학률은 70%에 달한다. 1980년 27.2%, 1990년 33.2%를 기록한 이후 2000년 68.0%, 2010년 79%(이상 합격자 기준), 2020년 72.5%, 2021년 73.7%, 2022년 73.3%(이상 등록자 기준)에 이른다.
>
> 한국은 경제협력개발기구(OECD) 회원국 중 홀로 70%대의 대학 진학률을 기록하고 있을 뿐만 아니라 차상위 국가들이 50%대라는 점에서도 매우 높다. 선진복지 국가들의 대학 진학률은 훨씬 낮다. 2020년을 기준으로 할 때 노르웨이 34%, 오스트리아 32%, 독일 30%, 핀란드 25%, 아이슬란드 24%, 스위스 23%, 스웨덴 22%, 덴마크 17%다. 이들 국가에서는 한국과는 정반대로 70%대의 청년들이 대학에 진학하지 않고도 복지국가 국민의 삶을 영위할 수 있는 것이다(박명림, 2023. 06. 01.).

이러한 교육의 문제는 불평등의 문제를 양산하고 있다. 학력별 임금 격차는 정규직과 비정규직으로 구분되어 소득의 불균형을 만들어 내고 있다. 이러한 임금 격차로 누구나 대학으로 진학하고자 하는 열망을 가지게 되었고 이에 따른 사교육 열풍이 대한민국을 잠식하고 있다.

학력인플레이션이라는 말을 많이 하고 있다. 즉, 너도나도 대학에 진학하다 보니 학력과 일자리의 부조화를 남기게 되고 결국은 사회적, 국가적 교육 낭비, 사교육비 낭비가 되어 개인은 물론 가정까지도 파괴하는 웃지 못할 현상이 일어나고 있다. 부모는 굶어 죽어도 아들 대학은 보내야 한다는 생각이 우리 사회에 팽배하여 개인적인 기회와 선택에 혼란과 낭비가 있다. 방지하기 이를 위해서는 학력별 평생 임금 및 시간당 임금의 격차를 줄이는 방법 외에는 없다. 직업에 대한 소득에서 개인의 능력이 우선시되는 사회가 되어야 한다.

오늘날 다행히 한국 사회에서는 학력 차별에 대한 사회적 문제는 변화되어 가고 있다. 문제는 점진적으로 변화하는 것이 우리를 더욱 안타깝게 하고 있다는 것이다. 급진적인 변화를 가져와야 한다. 세계는 급속도로 변화하고 있는데 우리만 머물러 있어서는 세계 속에서 도태될 수밖에 없다. 하루빨리 학력보다는 능력이 우선시되는 사회가 되어야 한다.

셋째, 여성에 대한 차별이다. 계급 차이와 함께 성별의 차이도 심각한 문제이다. 태초 이래로 모계 사회를 제외하고 여성으로 태어났다고 부당하게 차별 대우를 했다는 것은 사실이다. 1980년대만 하더라도 남아선호사상이 심각해서 여성이 아들을 낳지 못했다는 이유로 시집으로부터 부당하게 눈칫밥 먹는 신세였다는 것이다.

우리나라의 「헌법」 제11조(평등권)에는 다음과 같이 명시되어 있다.

> 모든 국민은 법 앞에 평등하다. 누구든지 성별 · 종교 또는 사회적 신분에 의하여 정치적 · 경제적 · 사회적 · 문화적 생활의 모든 영역에 있어서 차별을 받지 아니한다.

성차별이란 남녀라는 이유로 인해 불평등하게 대우하는 것을 의미하며, 흔히 여성 차별을 떠오르게 한다. 그러나 요즈음은 남자다움이라든가 남성성(男性性)을 강요하는 것도 일종의 성차별이라고도 하다. 우리나라의 성평등에 관한 지수에 대해서는 아래와 같다([그림 3-1] 참조). 분명하게 밝히지만, 이 지표는 우리가 생각한 것과는 동떨어진 지표이다.

아래 지표는 정치 · 경제 영역에서의 성차가 주 원인이다. 한국의 여성의원 비율과 경제활동 참가의 남녀 차지 비율이 각각 17%(OECD 평균 29.1%) 그리고 21.0%(OECD 평균 14.0%)로 한국의 성별 격차가 큰 것을 확인할 수 있다. 단, 이 지표의 경우 논란이 있다. 교육 등의 분야는 잘못된 자료를 인용하기도 하였

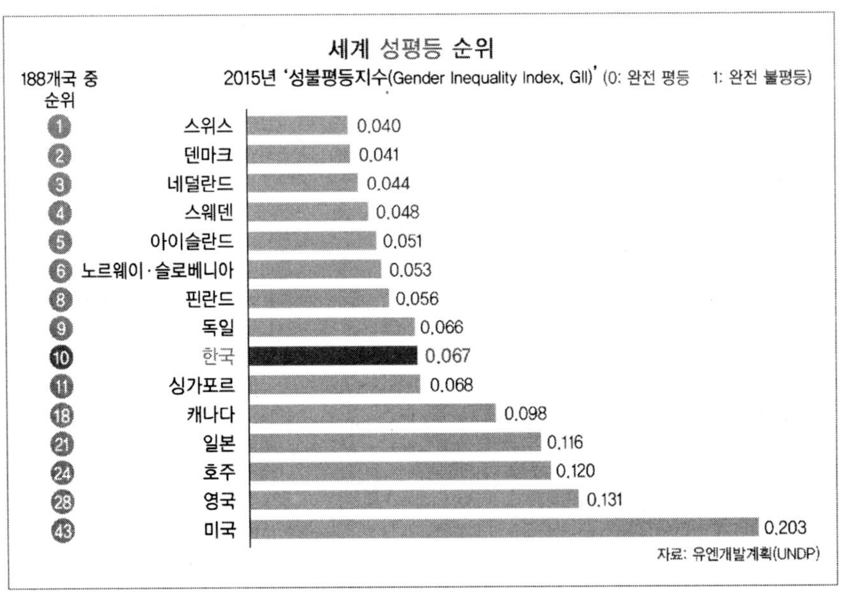

그림 3-1 **세계 성평등 순위**

기 때문에 비판적으로 판단할 필요가 있다. 무엇보다 이 지표는 세간의 인식이나 상식과 다소 동떨어진 성차별 지표를 보여 주기 때문에 신빙성을 가지는 데 어려움이 있다(김토일 기자, 연합뉴스, 2015년 '성불평등 지수(Gender inequality index, GII)', 2017).

성에 대한 차별은 「남녀고용평등법」 제2조 제1항에도 분명하게 제시되어 있다.

> "차별"이라 함은 사업주가 근로자에게 성별, 혼인 또는 가족상의 지위, 임신, 출산 등의 사유로 합리적인 이유없이 채용 또는 근로의 조건을 달리하거나 그 밖의 불이익한 조치를 취하는 경우를 말한다. 사업주가 채용 또는 근로의 조건은 동일하게 적용하더라도 그 조건을 충족시킬 수 있는 남성 또는 여성이 다른 한 성에 비하여 현저히 적고 그로 인하여 특정 성에게 불리한 결과를 초래하며 그 기준이 정당한 것임을 입증할 수 없는 경우에도 이를 차별로 본다. 다만, 다음 각호의 1에 해당하는 경우는 차별로 보지 아니한다.
>
> 1. 직무의 성질상 특정 성이 불가피하게 요구되는 경우
> 2. 근로여성의 임신, 출산, 수유 등 모성보호를 위한 조치를 취하는 경우
> 3. 현존하는 차별을 해소하기 위하여 국가, 지방자치단체 또는 사업주가 잠정적으로 특정 성을 우대하는 조치를 취하는 경우
>
> ② 이 법에서 "직장 내 성희롱"이라 함은 사업주, 상급자 또는 근로자가 직장 내의 지위를 이용하거나 업무와 관련하여 다른 근로자에게 성적인 언동 등으로 성적 굴욕감 또는 혐오감을 느끼게 하거나 성적 언동 그 밖의 요구 등에 대한 불응을 이유로 고용상의 불이익을 주는 것을 말한다.

이 법은 「남녀고용평등법」에서 밝혔듯이 사업주는 고용에 있어서 남녀의 평등 원칙과 이를 통한 가정과 직장생활을 동시에 향유하도록 하며 여성의 능력을 지원하는 데 목적이 있다는 것이다.

오늘날 대한민국에서는 「헌법」에 직업을 선택하는 데 있어서 성차별을 금지

하는 조항이 있지만 이는 휴지 조각에 불과하며 형식상 성차별 금지가 아니라 실질적 성차별이 금지되도록 개선하고, 사회적 인식이 함께 개선되어야 할 것이다.

이러한 사회적 측면에서의 성차별은 조선시대에도 존재하고 있었다. 얼마 전 다큐멘터리에서 조선시대 초기 여성들의 삶을 방영하였다. 우리가 알고 있는 남성우월사상(男性優越思想), 일부종사(一夫從事), 칠거지악(七去之惡) 등은 조선시대의 대표적인 여성 차별에 대한 단어로 여러분은 알고 있을 것이다.

특히 칠거지악(七去之惡)은 남편이 아내의 의사와 관계없이 이혼할 수 있는 조건을 말하는데 이러한 문화는 중국이나 동남아 그리고 우리나라에서 볼 수가 있는 유교문화의 특징이다. 칠거지악은 다음과 같다.

첫째는 시부모에게 순종하지 않음(不順父母)
둘째는 자식이 없음(無子)
셋째는 음탕함(不貞)
넷째는 질투함(嫉妬)
다섯째는 나쁜 병이 있음(惡疾)
여섯째는 비방중상(口說)
일곱째는 도둑질을 함(竊盜)

여성이 위의 일곱 가지를 행하였을 경우 남편이 일방적으로 이혼할 수 있는 대표적인 차별에 관한 일종의 관습이라고 한다. 단, 부인이 일곱 가지의 잘못을 저질렀어도 이혼할 수 없는 3가지가 있는데 이를 삼불거(三不去) 혹은 삼불출(三不出)이라고 한다. 이러한 삼불거(三不去)가 있으니 다행히 여성들에게는 위로될 수밖에 없는 안타까운 현실이었다. 삼불거(三不去)는 아래와 같다.

> 첫째는 내쫓아도 돌아가 의지할 곳이 없는 경우(有所取無所歸不去)
> 둘째는 함께 부모의 삼년상을 치른 경우(與共更三年喪不去)
> 셋째는 전에 가난하였으나 혼인한 후 부자가 된 경우(前貧賤後富貴不去)

이러한 예는 『조선왕조실록, 세종실록』에 자세하게 기록되어 있다. 다음을 읽어 보자.

> 『세종실록』에 칠거지악과 삼불거의 사례가 언급되어 있다. 좌찬성(左贊成) 이맹균(李孟畇)의 처 이씨(李氏)가 나이가 거의 일흔이 되었지만, 남편이 계집종을 총애하자 이를 질투하여 계집종을 움 속에 가두고 학대하여 굶겨 죽였다. 세종은 사간원에서 이맹균을 탄핵하는 상소를 받고 그를 귀양보냈으나 그의 부인은 벌하지 않았다. 사헌부에서는 부인 이씨가 자식도 없고 질투가 심하니 칠거(七去)의 도리에서 이거(二去)를 범했다며 내쫓아야 한다고 주장했으나, 세종은 삼불거를 인용하여 “전에는 빈천하다가 나중에 부귀(富貴)하면 버리지 못하는 것이고, 함께 삼년상(三年喪)을 입었으면 버리지 못한다”라면서 부인을 이혼시킬 수 없다고 반대했다.

이와 같은 행위는 조선 500년 동안 내내 그러하지는 않았다. 조선 초기만 하더라도 사회적 경제적 그리고 가정에서의 여성의 차별은 존재하지 않았다. 오히려 남성 못지않은 여성의 힘을 가지고 있었다는 것이다. 그 예로, 상속에 있어서 시집간 여성에게도 균등하게 분배하였으며 집안 행사에서도 소외되지 않았고 제사도 여성들이 순번을 정하여 지내는 경우가 있었다. 이러한 제사와 상속에 대하여 『경국대전』 형전(刑典) 사천조(私賤條)에 분명히 나타나 있다.

『경국대전』에서 상속은 "피가 흐르는 곳에 재산이 간다"로 표현되는 혈연 상속이었다. 혈연 상속의 예외로 제사를 지내는 자에 대해서는 '봉사조(奉祀條)'로 상속이 인정되었다. 상속인의 순서는 다음과 같다: ① 자녀로서 적자녀, 첩자녀, 양자녀이며, 남녀를 차별하지 않았고 또 부모보다 먼저 사망한 자녀의 자손, 즉 (외)손 자녀에게 대습상속이 인정되었다. 적자녀에는 제사를 승계하는 계후자가, 양자녀에는 3세 전의 수양자와 3세 후의 시양자가 포함되었다. ② 자녀가 없는 경우 생존배우자이다. 남편은 처 사후에 처의 유산을 상속한 후, 친자녀에게 다시 상속하였으며, 처는 개가하지 않으면 남편과 같았다. 그러나 배우자의 상속은 종국적인 것이 아니라 처분권이 제한된 종신수익권(終身受益權)이었다. 만약 친자녀가 없는 경우에는 그들의 본족이 상속하였다. 그러나 유교가 보급되면서 제사가 중요해짐에 따라 자녀 없이 사망한 처의 재산은 그의 본족보다는 봉사자가 상속하는 경우가 후대로 갈수록 늘어났다. ③ 배우자나 자녀가 없는 경우에는 4촌 이내의 혈족인 본족, 즉 사손(使孫)이 상속을 하며 그 순서는 ㉠ 형제자매, ㉡ 3촌 조카, ㉢ 4촌 형제, ㉣ 3촌 숙부 · 숙모 · 고모 · 이모, ㉤ 4촌 형제자매이다. ④ 이러한 상속인이 없으면 상속재산은 국가로 귀속되어야 하나, 대개는 자녀가 없으면 양자를 들여 재산을 물려주거나, 마을에 재산을 귀속시켜 그 재산으로 제사를 지냈다.

『경국대전』에는 제사의 적장자 단독승계를 규정하였지만, 실제로는 아들과 딸들이 돌아가면서 제사를 거행하는 제자녀윤회봉사(諸子女輪回奉祀)가 관습이었고, 이는 종손이 5대조 이상의 시제(時祭)만을 담당하고, 부모나 조부모의 제사는 형제자매들이 돌아가면서 윤번제로 봉사하였다. 이는 시집살이가 아닌 처가살이를 하는 혼속과 남녀균분상속을 바탕으로 하고 있었다.

『경국대전』에서 재산, 토지 노비의 상속까지도 세분화한 것이 매우 이례적이다. 따라서 조선 초기에 여성의 신분적 지위는 고려로부터 그대로 이어져 왔으나 조선 중기로 접어들면서 유교 사상이 정립되면서 여성의 지위는 남성들보다 현저히 낮아지게 되었다.

이와 같은 변화는 유교적 가부장적 권위로 인하여 남녀 차별이 존재하였고 신분이 엄격히 구분되었으며 재산상속 및 가사 일에만 전념하게 되고 사회활동에는 비교적 자유롭지 못하였다. 이러한 대표적인 예가 삼종지도(三從之道)였다. 이는 유교문화권에서 통용되던 여성의 지위와 역할을 명시한 도덕규범으로써 "결혼하기 전에는 아버지를, 결혼해서는 남편을, 남편이 죽으면 자식을 따라야 한다."라는 것으로 『예기(禮記)』 「교특생(郊特牲)」과 『의례(儀禮)』 「상복전(喪服傳)」 등의 유교 경전에 나온다. 중국 전한(前漢) 시기에 완성된 이 예서(禮書) 들은 2천 년 이상의 역사를 통해 동아시아 유교문화권 사람들의 행위를 지시해 왔다. 이에 관한 내용은 『한국민족문화대백과사전』에 자세하게 기록되어 있다. 이를 한 번 읽어 보고 생각해 볼 필요가 있다.

여자의 평생을 가족인 남성에게 종속되도록 규정한 것은 여자에게는 스스로 생각하고 실천할 능력이 없다고 여겼기 때문이다.

이에 따라 여자가 태어나면 아버지의 소속인으로 합법화되고, 결혼하면 남편의 소속인으로 합법화되어 자신의 '보호자'에게 일정한 의무와 정신적 성실성을 바쳐야 한다. 즉, 아버지에 대해서는 효와 공경의 의무를, 남편에 대해서는 정절과 신의의 의무를 갖도록 하는 것이다.

이로부터 '남자는 여자를 끌어 주고 여자는 남자를 따라가는' 여필종부(女必從夫)가 남녀 또는 부부의 이상적인 모습이 된다.

예제(禮制)를 통해 '남을 따르는 자'의 역할이 부여된 여성은 이에 부합하는 본성과 도덕을 요구받게 된다. 즉, 여자는 순종의 본성을 가진 자로 자신을 고집하거나 주장하지 않으며, 그런 본성에 충실한 것을 미덕으로 여겨야 하는 것이다.

반면에 주장과 고집이 강한 여자는 나라와 가문을 망치게 된다며 각종 교훈서를 통해 지속적으로 유포하였다.

긴 역사를 통해 '종인자(從人者)'의 도리를 몸으로 익힌 여성들은 평소 혹은 자기 결정을 요구하는 위급한 상황에서 '삼종지도'로서 자신을 설명하고 합리화하였다. 『열녀전(列女傳)』의 「노지모사(魯之母師)」 편에는 남편 없이 자식들과 사는 한 어머니를 소개하는데, 친정 나들이를 계획하면서 그 아들들에게 허락받고자 한다. 어머니의 논리는 바로 "여자에게는 삼종(三從)의 도가 있어 무슨 일이든 독단으로 생각하여 처리해서는 안 된다"라는 것이다.

또 『삼강행실도』의 「열녀도(烈女圖)」에 소개된 대부분의 여성과 『조선왕조실록』에 무수히 등장하는 죽은 남편을 따라 죽은 대부분의 열녀는 자신의 행위를 삼종지도(三從之道)로 합리화하였다.

삼종지도로 표출된 여성의 존재 방식과 그 실천의 방법들은 역사 속에서 지속적으로 개발되었다. 예컨대, 『경국대전』의 '개가녀 자손 금고법(改嫁女子孫禁錮法)'은 삼종지도에서 파생되어 나온 것으로, 개가한 여자의 자손을 벼슬에서 배제하겠다는 것이다. 곧 개가(改嫁)는 '따라야 할 남편'을 배신한 것으로 삼종의 규범을 어긴 것으로 해석된 것이다.

또 조선후기 사회의 실상을 보여주는 『심리록(審理錄)』에는 남편에게 불리한 증언을 한 아내에게 삼종지도에 어긋난 행위라며 벌을 내린다. 즉, "삼종지도에 따라 남편에게 의탁해야 하는 도리가 있어 살아서는 한집에서 같이 살고, 죽어서는 같은 무덤에 묻히는 것이니 부부된 의리가 소중하지 아니한가?"라고 한다. 죄를 지은 남편보다는 남편을 배신한 아내의 죄가 더 크다는 것이다.

의의와 평가

남성 가족에 대해 여자의 절대적인 복종을 주장한 삼종지도는 가부장적인 전제 권력을 지지하는 질서 개념과 연동되어 있다. 즉, 군주에 대한 신하의 절대 복종은 아버지에 대한 아들의 복종과 남편에 대한 아내의 복종을 담보로 한다. "아내에게 남편이란 그 은혜와 의리의 소중함이 자식에게 부모, 신하에게 군주와 같은 것"이라고 한다.

아내로서, 아들로서 평소에 길러진 복종의 태도는 군주의 신민(臣民) 지배를 수월하게 하는 것이기도 하다. 그런 점에서 삼종지도는 여성을 가족 내 남성의 지배하에 두지만, 그 효과는 가부장제적 질서 유지를 돕는 것으로 나타난다.

조선 시대에서부터 비롯된 여성에 대한 차별은 우리의 생활 속에서 잔재되어 사회생활에서까지 남성우월주의가 나타나 있다. 따라서 오늘날에도 직장에서 여성을 무시하고 차별하는 이와 같은 현상이 이어져 왔다는 것이다.

취업에서도 마찬가지이다. 여성의 취업은 현저하게 낮으며 취업했다 하더라도 비정규직이나 육아 문제로 인하여 제약을 받는 것이 안타까운 현실이다. 따라서 이러한 문제점을 해결하기 위해서는 기존의 불합리한 법 제도를 개선하고 사회 복지적 측면에서 정책 도입이 시급하다.

Chapter

04

직업윤리와 기본적 자세

04
Chapter

직업윤리와 기본적 자세

인간은 사회적 동물이라고 했다. 현대사회에서 부모에게서 독립하여 가장 많이 생활하는 곳은 학교와 직장이다. 학교생활이든 직장생활이든 타인과의 활동을 통하여 생활을 영위하는 가운데 가장 필요로 하는 것이, 서로 간에 상호작용을 통해 지켜야 하는 도리(道里)이다. 즉, 자신과 타인 간의 원만한 생활을 하기 위해서는 서로 간에 지켜야 할 도리가 있다는 것이다. 이를 예절, 혹은 지켜야 할 도리인 윤리이다.

1. 윤리의 개념

아리스토텔레스는 "인간은 사회적 동물"이라고 했다. 다시 말하면, 인간은 결국은 혼자서 살아가지는 못하는 존재이다. 우리는 자기가 원하든 싫어하든 공동체의 일원으로 서로 사회를 이루며 살아가게 마련이다. 이러한 공동체의 삶에서는 서로 간에 지켜야 할 생활방식이 존재한다. 이러한 생활방식에는 습속(習俗, 습관된 풍속), 도덕, 법률이 있다(김재운 외, 1997).

위의 세 가지는 모두 규범적(規範的, 마땅히 지켜야 할 도리)인 성격을 지니고 있다. 그러나 굳이 구분하자면 습속은 무자각적(無自覺的)인 반면, 도덕, 법률은 자각적인 행위 규범이라 할 수가 있다. 자각적(自覺的) 행위 규범이라는 뜻에서 자각은 자기 자신의 존재나 상태를 스스로 깨닫는 것을 말하고 있다. 즉, 자기의 생각, 감정, 행동, 신체, 환경 등을 스스로 인식하고 이해하는 것을 말한다.

도덕은 행위의 내면성(內面性)에 해당하고 법률은 행위의 외면성(外面性)에 해당되나 서로 보완적인 관계이다. 따라서 윤리학은 인간 행위의 규범적인 문제를 다루는 영역이라 할 수가 있으며 이를 도덕철학(道德哲學, moral philosophy)이라고도 부른다.

윤리(倫理, Ethics)라는 용어는 사전적 정의로 설명한다면 '윤(倫)' + '리(理)'로서 '윤(倫)'은 사람(人)과 뭉치 혹은 둥글다(侖)의 합성어로서 무리, 인륜, 순서, 질서, 인간집단이라는 뜻을 가지며 '이(理)'는 '구슬을 다듬다', '다스리다(治)', '바르다(正)', '원리', '가리다(判斷)', '밝히다(解明)', '명백(明白)하다'라는 뜻을 가지며 이치(理致, 사물의 정당한 도리), 이법(理法, 원리와 법칙), 도리(道理, 사람이 마땅히 행하여야 할 바른 길) 등과 같이 많은 내용을 내포하고 있다. 이를 종합하면 인간관계의 질서라는 말로 해석할 수가 있다. 즉, 사회적 관계에 있어서 서로 간의 욕망과 이기심이 상충될 때 이를 해결해 주는 가치판단의 역할을 해 주는 것이다.

윤리의 의미를 영어로써 어원을 살펴보면 'ethics'는 'ethos', 'moral'은 'mores'라는 그리스어와 라틴어에서 그 근원을 찾을 수 있다. 윤리(ethics)는 우리가 말하는 품성과 연관이 있고, 도덕(morality)은 습관이나 관습과 관련이 있다.

윤리는 '인간과 인간 사이에서 지켜야 할 도리를 바르게 하는 것' 또는 '인간사회에서 필요한 올바른 질서'라고 해석할 수가 있다. 이에 대한 예는 다음과 같다.

> 석공이 돌을 잘 다듬기 위해서는 제일 먼저 보아야 할 것은 돌의 결(石理, 암석의 결모습)이다. 목공은 나무의 결(木理)을 잘 보고 나무의 결을 따라야 훌륭한 작품을 만들 수 있다(이종원 외, 2023).

이는 윤리는 결(理)과 같아서 인간집단의 결(理)인 윤리가 지켜져야 사회질서를 통해 개인의 행복과 직결될 수가 있다는 것이다.

여기서 도덕과 윤리를 구별하면 도덕(Morality)은 사회 구성원이 지켜야 할 행동 준칙이나 규범의 총체로 자율적이고 양심의 판단에 따라 행하는 사회규범이라 할 수가 있다. 이에 반하여 윤리(ethics)는 인간이라면 마땅히 지켜야 할 도리를 말하며 인간이 한 동아리로 서로 의존해 지켜야 할 질서를 말한다. 따라서 나와 상대방이 서로를 존중하고 마땅히 지켜야 할 사회적 규범을 뜻한다. 이는 이론적인 측면이 아니라 바람직한 삶을 추구하는 실천적인 면을 강조하는 것이다. 그러나 오늘날은 윤리, 도덕철학을 전공한 사람들 이외는 서로 혼용되어 사용하지만 구별한다면 도덕적 인격에 관한 개념으로서 옳고 그름에 대한 기준이 무엇인가를 찾는 것으로서 윤리가 도덕을 포함하고 있다(장상필 외, 2023).

구체적으로 설명한다면 도덕은 '바른 행동', '올바른 행동', '선한 행동'을 말하며 인간이 태어나면서 습득한 것이 아니라 살아오는 과정에서 생성되는 것이다. 예를 들어, 특정한 상황, 특정한 환경에서 습득하기 때문에 인간은 도덕은 상대적이며 각 개인, 각 문화에 따라 다른 도덕적 가치가 있을 수가 있다. 따라서 사회적으로 인정을 하는 행동의 기준을 제시하는 것으로 법률과 같은 공적인 계약과 연관이 있다.

윤리는 우리가 행동하거나 사고를 할 때 어떤 것이 정당한가를 밝히는 것이다. 따라서 불평등, 부정의, 사악함을 피하고 서로가 최선의 결정을 할 수 있도록 역할을 조정하는 규범으로서 합리적이고 합법적인 행동을 도출할 수 있는 개별적인 도덕적 판단을 필요로 하는 것이다.

윤리는 도덕적인 가치와 전통, 문화 등과 관련하여, 어떤 선택지나 상황에 대한 올바른 판단을 내리는 일련의 행동이나 원칙이다. 윤리는 특정한 지침과 밀접한 연관이 있으며, 종종 법률 또는 도덕과 연결되어 있다.

더 간단하게 말하면, 도덕은 수용 불가능한 행동을 제외한 인간 행동의 기준을 의미하고, 윤리는 일반적으로 사회와 관련된 것으로, 행동 규범을 제시하고 규범에 부합하는 행동을 장려하는 것이다.

2. 윤리적 물음의 사례

다음의 사례를 읽고 생각해 보자(이재희 외, 2018에서 인용).

> 전설에 따르면 기게스(Gyges)는 리디아의 왕 칸다울레스를 섬기는 목동이었다. 기게스가 양을 치고 있던 어느 날 갑자기 커다란 지진이 발생했다. 지진이 일어난 자리에는 땅이 갈라져 동굴이 생겼고, 기게스는 호기심이 생겨 갈라진 동굴 속으로 들어가게 된다. 동굴 안에서 기게스는 거인의 시체가 놓여 있는 것을 발견하였다.

시체에는 금반지가 손가락에 끼워져 있었다. 기게스는 거인의 손가락에서 반지를 빼들고 밖으로 나왔다. 그러다 양치기 기게스는 우연히 자신이 끼고 있는 반지의 흠집 난 곳을 안으로 돌리면 자신은 투명 인간이 되고 밖으로 돌리면 자기의 모습이 다시 나타난다는 사실을 알게 된다.

이제 '보이지 않는 힘'을 갖게 된 기게스(Gyges)는 나쁜 마음을 먹게 되었다. 가축의 상태를 왕에게 보고하는 전령으로서 궁전에 들어간 기게스는 자신의 새로운 힘인 마법 반지를 이용하여 투명하게 된 후, 왕비를 간통하고, 칸다울레스왕을 암살하여 왕위를 찬탈하고 스스로 리디아의 왕이 되었다. 그러나 기게스는 그의 악행이 발각되어 결국 처형당하게 된다.

(Platon, 『국가』 2권).

* 만약 당신이 자기의 행동에 책임질 필요가 없다면 어떻게 행동할 것인가?
* 당신은 마법의 반지(Ring of Gyges)를 이용하여 부당한 이득 30억 원을 취할 수 있다. 그러나 그 대가로 감옥에 1년의 수감생활을 해야 한다. 당신의 선택은? 그리고 그 이유에 대하여 설명하시오.

3. 윤리적 삶과 갈등

우리는 살아가는 데 있어서 가치로운 삶을 살아가야 하고 그 가치가 무엇인지 항상 염두를 해야 한다. 문제는 어떤 삶이 가치가 있고, 왜 중요한지, 그 기준이 무엇인지를 생각해 볼 필요가 있다.

다음의 사진은 들라크루아(Delacroix)가 그린 '돈 주앙호의 파선'이다(김형진, 2011. 09. 04.). 이 그림을 자세히 살펴보자.

이 사건의 발단을 요약하면 다음과 같다.

가장 유명한 사건은 1867년 일어났다. 당시 영국 식민지였던 호주에서 선원 4명이 탄 미그노넷호가 영국을 향해 출항했다. 먼 길을 떠난 배는 뜻하지 않게 풍랑을 만나 남아프리카 연안에서 침몰했다. 선원들은 황급히 구명정을 타고 배에서 탈출해 대서양을 표류하게 됐다. 하지만 거친 바다를 떠돈 지 보름이 지나자, 선원들은 더 이상 갈증과 배고픔을 견딜 수 없게 되었다. 게다가 네 명의 생존자 중 17세의 풋내기 선원은 갈증을 못 견딘 나머지 바닷물을 마셔 병에 걸리게 되었다. 그러자 일부 선원은 그 풋내기 선원이 가족도 없고 어차피 병으로 죽을 테니 너무 늦기 전에 그를 죽여 식량으로 해야 한다고 주장하기 시작했다. 한 사람은 주저했지만, 또 다른 사람은 이런 위급한 상황에서는 살인조차 바다의 관습에 따라 어쩔 수 없다고 주장했다.

결국 한 선원이 그저 바라보는 가운데 두 사람은 그 선원을 살해했다. 그 후 세 사람 모두가 그 고기와 피를 먹으면서 목숨을 부지했다. 그로부터 일주일쯤 지나 그들은 지나가던 배에 구조돼 영국에 도착했다. 하지만 멀지 않아 그들이 어떻게 살아남았는지 알려지게 되었다. 온 나라가 발칵 뒤집어졌다. 선원 중 두 사람은 살인죄로 기소됐다.

피고인들은 한 사람을 죽이고 먹은 행위는 나쁘지만 다른 세 사람이 살기 위해 어쩔 수 없이 한 행동이므로 정당방위라고 주장했다. 또 죽은 선원의 병이 악화가 되어 어차피 곧, 죽을 것이라 생각을 했고, 또 그에게는 아무런 가족이 없었다는 점을 고려해야 한다고 말했다. 게다가 자기들의 그런 행동은 현행법으로는 위법일지 모르지만, 바닷사람 중에서는 오랫동안 인정되어 온 관습법에 따른 것이므로 용서되어야 한다는 논리도 폈다.

재판 과정에서 피고인들은 조난(遭難)한 구명정에서는 필요하다면 식인 행위로 목숨을 부지하는 것이 관습법이라는 증거로 17세기에 일어난 세인트 크리스토퍼 호 사건과 1842년의 윌리엄 브라운 호 사건을 들었다.

윌리엄 브라운 호의 사건은 당시 영국의 리버풀에서 출발 미국의 필라델피아로 향하던 배는 항해 도중 암초에 부딪혀 침몰 직전에 놓여 있었다. 선장은 이 위기를 헤쳐 나가기 위해 두 척의 구명정을 내려 승객을 태우라고 지시하였는데 한 척은 구명정의 상태가 좋지 않아 승객을 많이 태우지 못한 상태였고 다른 한 척은 정원을 초과하여 간신히 움직일 수 있는 상태였다.

불행히도 파도가 너무 거칠어 두 배의 거리는 너무 멀어져 선장은 정원을 초과한 배는 세찬 빗줄기와 거친 파도로 인하여 침수되는 과정에 선장은 무게를 줄여야 한다는 특단을 취했으나 자발적으로 물에 뛰어드는 승객은 아무도 없었다. 따라서 배에 타고 모든 승객이 위험에 처한 상황에 다다르게 되었다(김재운 외, 1997).

이 사건들에서 생존 선원들은 표류하던 중 식량이 떨어져 동료를 죽여 식량으로 삼았기 때문에 구조된 뒤에 살인죄로 재판을 받기는 했지만, 법원은 그 당시 어쩔 수 없었던 선원들의 정황을 참작하였다. 이런 주장을 긴급피난이라고 한다. 해당되는 사람이 위험 상태에 빠져 있어서 다른 사람의 권리를 침해하지 않고는 달리 위험을 피할 방법이 없을 때 인정되는 논리다.

그러나 그렇게 한 사람을 살해하지 않았다면 곧 모두의 생명이 위험했을 것이라고 해도 과연 살인이 용서될 수 있을까. 피고인들의 입장은 매우 애석하지만, 법은 법이니까 재판 끝에 살인죄가 적용되어 살인 행위에 참가한 두 사람에게는 사형 판결이 내려졌다.

그런데 뜻밖에도 일반 여론은 선원들에게 무척 동정적이었다. 이런 여론을 반영하여 결국 두 사람은 몇 개월의 징역형으로 감형됐다.

하지만 그 이후 세월이 지나면서 문명사회에는 이런 식인 행위는 용서받을 수 없는 위법 행위라는 인식이 점차 확고하게 자리 잡게 되었다. 하지만 위기 상황에서 그런 인식은 얼마나 단단할 수 있을까. 2010년 7월 지하 700m에 매몰된 칠레의 광부들은 69일 뒤에 기적처럼 살아 돌아왔다.

(영화 "ALIVE", 1993년 개봉)

1972년, 10월 13일, 안데스산맥 상공을 날던 우루과이의 Air Force 571 비행기의 추락사고가 있었다. 비행기는 두 동강 난 채, 해발 3천 5백 미터의 추운 설산 안데스산맥에 추락했다. 당시 비행기에는 45명의 탑승객이 있었고, 그중에는 우루과이 대학교의 럭비팀 학생들도 있었다. 뉴스에서는 실종자 명단을 공개했지만, 사고가 난 지 2달이 지나도 사고 잔해도, 희생자도 찾을 수가 없었다. 그리고 기적적으로 72일 후, 생존자가 발견된다. 그리고 사람들은 이 기적과 같은 사건을 '안데스의 기적'이라고 불렀고, 그리고 1993년에는 영화 "얼라이브, Alive"로 탄생했다.

우루과이 대학교 럭비팀 소속인 난도 파라도(에단 호크)와 로베르토 카네사(조쉬 해밀튼)는 사람들을 care를 하며 살 방법을 궁리하고, 먼저 떠난 사람들의 인육까지 먹으면서 목숨을 유지한다. 죽음이 코앞이니 어쩔 수 없는 선택이었다. 재난 중 녹슨 물도, 오물도 받아 마시며 목숨을 간신히 유지했다는 생존자들의 말을 들어본 적이 있어 놀랍지도 않았다.

앞의 그림을 보면 표류한 구명정의 모습이다. 그런데 흔히 표류하였다면 바다를 향해 구조선을 찾거나 손을 흔드는 것이 일반적이다. 그런데 그림에서는 몇 명을 제외하고는 한 사람을 중심으로 시선이 집중되어 있었는데 그 사람은 모자에 손을 넣고 있지만 시선은 모자에서 벗어나 있는 상태다. 놀랄 만한 이 모습은 한 사람을 희생시켜 바닥난 식량을 대신하고자 제비뽑기를 하는 장면이다.

앞의 사례에서 우리는 생각해 보아야 한다.

첫째, 만약 식량이 바닥난 극한의 상황에서 인육을 먹기 위한 살인 행위는 정당한가?

둘째, 무게를 줄이기 위해서 다른 사람을 밀어 던진다면 과연 살인죄가 성립되는가?

셋째, 희생자가 없으면 제비뽑기를 통해 희생을 강요해야 하는가?

넷째, 여러분들은 과연 어떠한 선택을 하겠는가?

우리는 앞과 같은 상황이 발생이 된다면 두 가지 윤리적 딜레마에 빠질 수밖에 없다. 하나는 뒤에서 밝히겠지만 살인해서는 안 되는 기본 원칙으로서 구명정 밖으로 떠밀거나 희생을 위한 살인 행위를 제비뽑기로 선택해서는 안 된다는 기본적인 법칙이 있고 다른 하나는 다수를 위해 소수를 희생시켜 더 많은 이익을 얻고자 하는 도덕률과의 갈등이라 할 수가 있다.

일반적으로 윤리적 갈등을 극복하기 위해서는 두 가지 방법이 있다.

하나는 비행기 사고나 배의 사고를 있는 그대로 밝히는 과학적 방법을 동원하는 것이고 다른 하나는 인간이 마땅히 해야 할 것을 밝히거나 내가 무엇을 해야 하는가에 대한 도덕적 영역으로 해소하는 방법 외에는 다른 길은 없다. 따라서 두 개의 기준인 행동의 근거와 기준, 그 행위의 동기와 목적, 그리고 행위의 규범과 가치 등을 살펴볼 수밖에 없을 것이다.

우리는 일상생활을 영위하면서 항상 두 가지 상반한 견해를 가지고 갈등이 존재한다. 사람으로서 마당히 행할 것을 행하고, 인간으로서 가치롭게 살아가기 위해서는 이러한 상반된 견해를 어떻게 해소하는가에 있다. 이것이 윤리학이 취해야 할 영역이다.

4. 윤리의 중요성

앞에서 윤리의 개념을 살펴보았다. 우리에게 윤리가 왜 중요한지 윤리적 가치의 필요성에 대하여 살펴보기로 하자.

첫째, 모든 사람이 자기 이익을 위한 행동이 우선시된다고 가정하면, 이 사회의 모습은 약육강식의 혼란으로 빠지게 되며 질서가 붕괴(崩壞)된다. 근대 철학자인 홉스가 말한 "인간은 잔인한 동물"이라는 것이며 강자만의 사회가 될 것이다. 이러한 사회를 막기 위해 법과 윤리가 존재해야 할 것이다. 인간은 결코 혼자서 살 수는 없다. 따라서 타인을 배려하고 공동체적 삶을 추구할 때 개인뿐만 아니라 국가나 사회 그리고 모든 사람이 행복한 삶으로 전환될 수가 있기에 인간으로서 가장 기본적 가치인 윤리가 필요하다는 것이다.

둘째, 인간은 물질에 유혹받고 살아가는 존재이다. 예를 들면, 누구나 남보다 존경심, 재산, 명예, 사회적 지위 등에 관심을 가지고 더 높은 곳을 향하려는 욕구가 있다. 따라서 비윤리적인 행동도 서슴치 않고 살아가는 현실이다. 왜냐하면 윤리를 지키면서 살아가면 현실적으로 모든 권력과 물질을 얻는 데 한계가 있다. 이러한 원인에도 불구하고 우리가 윤리적 규범과 가치를 지켜야 하는 이유는 인간의 삶은 눈앞의 이익만을 추구하는 존재가 아니라 공동선을 추구하는 존재이기 때문에 윤리적으로 행동해야 한다.

1) 윤리 규범은 어떻게 형성하는가?

이 장을 시작할 때부터 "인간은 사회적 동물"이라고 반복하여 말했다. 따라서 개인만이 존재하는 것이 아니라 타인과의 관계 속에서 형성된다. 쉽게 말하면 이 사회는 개인이 움직이는 것이 아니라 공동체적 삶에서 개인의 행복을 누리게 된다는 것이다. 따라서 개인의 행동은 사회공동체적 울타리 안에서 움직이게 되고 움직임의 동력으로 규범이나 윤리가 필요하다. 즉, 개인의 욕구가 아니라 공동체적 질서를 유지하기 위해서는 필요한 행위와 비난받을 행위가 존재하게 된다. '마땅히 해야 할 행동'과 반드시 해서는 안 될 행위'를 구별하기 위하여 윤리 규범이 형성된다. 인간 생활에 필요한 '공동의 rule'이라 하겠다. 이러한 '공동의

rule'은 시대와 사회적 상황, 문화권마다 다르게 나타날 수가 있다. 즉, 특수한 예를 제외하고는 고정된 'rule'이 존재하지는 않는다.

2) 그러면 윤리적인 규범에서 벗어나는 행동의 원인은 무엇인가?

그러면 이러한 사회공동체적 삶에 필요한 기본적 윤리를 망각하는 원인은 무엇인가에 관한 논의가 필요하다.

(1) 비난적인 행동의 원인은 '무지'에서 온다는 것이다. 이는 자기의 행동이 비윤리적인 행위인지를 알지 못하는 데서 오는 것이다. 무엇이 선(善)이고, 어느 것이 악(惡)인지를 구별하지를 못하는 경우가 있다. 앞에서 예를 들었듯이 세종이 『삼강행실도』를 만든 이유에 관해서 설명하였다.
그러나 요즈음 대한민국에서는 알고 있으면서 악을 행하는 것은 문제다. 소크라테스는 무지에서 오는 행동은 죄가 아니지만, 알면서 행하지 않는 것은 오히려 악을 행(行)한다는 것이라고 하였다. 따라서 그는 지행합일설(知行合一說)을 주장했다.

(2) 또 하나의 원인은 무관심에서 비롯된다. 즉, 자기의 행동이 타인에게 해를 끼친다는 것을 알고 있지만 자기의 이익에 관심을 가지면서 타인에게는 윤리적 기준을 행하는 것을 중요하게 생각하지는 않는 데서 비롯된다.

(3) 무절제에서 비롯된다. 자기의 행위가 명백히 잘못인지를 알지만 어쩔 수가 없이 비윤리적 행위를 일삼는 데서 오는 원인이다. 그 이유로는 다양할 것이다. 예를 들면, 생활의 고충, 자기의 이익, 출세욕, 명예욕을 위한 행동이 대표적이라 할 수가 있다.

3) 윤리적 규범에서 벗어나는 행위의 유형은?

(1) 이는 행동이나 기존의 행동을 반복함으로써 도덕적 타성(惰性, inertia)에 젖어 있는 것이 문제이다. 즉, 자기의 행동이 어떠한 결과를 가져올지에 관한 고려 없이 취해야 할 행동을 취하지 않고 있다는 것이다. 이러한 이유로는 여러 가지가 있다.

첫째는 윤리적 문제가 어떠한 결과를 낳는지 인식하지 못하고 '좋은 게 좋다' 라는 식의 행동유형을 보인다는 것이다. 즉, 낙관적인 태도이다.

둘째는 생활에서 가치의 순서가 뒤바뀌는 경우이다. 세상에는 많은 가치가 존재하는데 윤리라는 가치가 후 순위로 밀려 가는 것이다. 예를 들면, 자신의 이익을 취하기 위해 뇌물이나 금품수수(金品授受) 같은 것을 우선순위로 취하는 것이다. 선호 대상에서 물질에 밀려 윤리는 뒤에 처져 있다는 것이다.

(2) 도덕적 태만

이는 자기의 행위가 어떤 결과를 불러올지도 모르면서 주의나 관심을 저 버리는 행위를 일삼는다는 것이다. 예를 들면, 1990년대 말 성수대교, 삼풍백화점 붕괴 등의 안전사고는 분명히 예측할 수 있었지만 발생한 안전불감증의 한 예이다.

또 하나의 한국을 좀먹는 예가 일부 정치인이다. '관행'이라는 명목하에 비도덕적인 행위를 일삼고 있다. 타인에게 뇌물을 받는 행위가 당연하다는 뻔뻔스러움이 일부 정치인에게 먹히는 사회이다. 일부 국민이 뇌물을 받으면 온갖 비난을 퍼부으면서도 말이다. 금품수수를 한 것이 아니라, 정치자금이라는 명목이라며 빠져나가는 행태를 보여 준다. "우리만 그러는 게 아니니 잘못된 것이 아니지 않느냐?", "남도 다하는 것이고, 이것은 관행이다." 하는 식의 왜곡된 생각이 이에 해당한다고 볼 수 있다.

(3) 상대를 속이려 하는 기만적인 태도인 거짓말이다. 한국 사회에서는 불과 며칠 전 이야기를 쉽게 말 바꾸기를 하고 있다. 이는 선의를 위한 거짓말보다 자기의 입장을 보호하려는 합리화에 가깝다. 자기가 살아남으려는 행위가 강해 종국적으로는 타인에게 피해를 주지만 타인을 공격하려는 목적은 다소 약하다.

또한 자기를 보호하려는 목적으로 거짓말을 하는 것이 있지만 한국 사회에서는 학연이나 혈연 등을 보호하기 위해 제3자에게 거짓말을 하는 경우이다. 특히 정치인에게 많이 사용하는 경우로 자신의 정당을 옹호하기 위하여 진실을 은폐하고 상대방을 헐뜯는 행태인 가짜뉴스, 무작정 혐오, 뻔뻔스러움 등이 있다.

Chapter

05

직업윤리의 개념과 유형

05
Chapter

직업윤리의 개념과 유형

1. 직업윤리란

직업은 인간이 생활하면서 누려야 할 최소한의 가치이다. 따라서 누구나 어떤 이유에서든지 일정한 연령에 도달하면 가져야 할 일이며 이를 통해 삶의 의미를 찾고자 한다. 따라서 직업생활은 다른 사람들과 끊임없는 상호작용으로 이루어지고 있으며 이들의 생활을 원만하게 하기 위한 도리가 있어야 한다. 이것이 직업윤리이다.

직업윤리는 개인 윤리를 바탕으로 개개인이 각자의 직업이나 직종에서 종사하기 위한 서로에게 요구되는 윤리 규범을 말한다. 다시 말하면, 개인이 직업을 가짐과 동시에 조직 내에서의 지켜야 할 도리나 규범으로서 최고로 지켜야 할 규범을 말한다. 예를 들면, 자신이 직업 활동에 있어서 자신의 윤리와 요구되는 다른 규범과 상충할 때 기본적으로 지켜야 할 윤리를 말한다는 것이다. 따라서 이는 보편적 윤리로서 직업인이라면 누구나 지켜야 할 규범이 직업윤리이다. 이는 직업인으로서 마땅히 지켜야 할 도덕적 가치관을 말하며 직업에 종사하는 사람들의 의식 속에 내재화된 윤리를 말한다. 이러한 면으로 생각하면 직업인에게 꼭 필요하고 요구되는 자세나 태도 그리고 행동 규범 등을 칭하고 있다.

이렇게 보면, 인간은 직업을 가지게 되며 대부분의 생활을 직장 조직 내에서 보내는 것이 일반적이다. 인간은 누구나 지켜야 할 개인 윤리가 있다. 즉, 타인에 대한 사랑, 자비심, 배려심, 공동이익의 추구라는 등의 기본 요구로 보았을 때 이를 바탕으로 한 직업 세계에서 지켜야 할 특수한 규범이며 동시에 조직의 목적을 수행하기 위한 사회적으로 용인되는 규범이라 할 수가 있다.

직업윤리는 모든 직업에 공통되는 윤리, 즉 모든 직업인에게 일반적으로 요구되는 직업 일반의 윤리와 각 직종에 따라 특수하게 요구되는 특정직업의 윤리를 포함하는 개념으로 구분된다. 직업윤리는 국민윤리나 일반윤리보다는 좁은 의미의 직업에 대한 가치체계라고 할 수 있으며, 모든 국민이 그의 직업을 통해서 사회나 국가의 발전에 공헌한다는 점에서 직업윤리가 국민윤리나 일반윤리의 가장 핵심적인 내용이 되겠다.

그러나 각각의 개인은 직업을 다양하게 가질 수밖에 없으므로 직업윤리에 대한 획일적인 것이 존재하지 않는다. 결론적으로 말하면 누구든지 직업인으로서 지켜야 할 기본적 규범을 직업윤리라고 하며 개개인은 이를 통해 개인의 목적을 달성하고 동료들과의 관계를 돈독하게 하여 건전한 직장생활을 하기 위한 기본적 규범이라 하겠다. 다만 직업의 성격과 다양성은 보편화된 규범은 있지만 직업의 윤리는 획일적이고 규범화된 것은 없다. 각각의 성격에 맞게 효율적인 인간관계가 가장 정확한 규범이라 할 수가 있다.

2. 직업윤리의 중요성

인간은 사회적 동물이라고 했다. 따라서 인간은 살아가는 동안 모든 주위 사람과 직, 간접적으로 관계를 맺고 살아가지 않으면 안 된다. 특히 현대사회에서의 개인은 어떤 목적이든 간에 직업을 통하여 개인과 국가 그리고 사회 전체의 일원으로서 성장과 발전을 도모하는 중요한 역할을 담당하고 있다. 예를 들면, 개인의 윤리 수준이 그 사회나 국가의 신뢰 척도로 작용하기 때문에 어느 것보다도 각별해야 한다.

개인에게도 적용이 된다. 개인은 공동체의 일원으로서 다양한 사람들이 모여 인격적이면서 또한 상호 관계를 통해 이익을 추구하는 '거래 관계'나 '계약 관계'를 통해 살아가고 있다. 이러한 관계의 가장 중심이 직업 활동이다. 따라서 이러한 목적에 달성할 수 있는 가장 기본적인 인간관계인 직업윤리의 필요성이 대두된다.

과거 공동사회에서는 비공식적이고, 온정적이고 가족적이고 인격적인 관계를 맺고 있기 때문에 다소 실수하더라도 융통성을 발휘하여 동정의 태도를 나타내 보이지만 오늘날 고도화된 현대사회는 후천적, 인위적인 결합과 목적에 의한 구성원들의 이해관계와 규칙이 요구되는 이익사회가 특징이다. 따라서 신뢰 관계가 형성되지 못하면 언제든지 상호작용의 관계가 소멸될 수가 있다.

이러한 관계가 구체화된 것이 '법'이다. 그러나 '법'은 인간이 지켜야 할 최소한의 도리를 성문화한 것에 불과하다. 그보다도 중요한 것은 스스로가 신뢰 관계를 구축할 수가 있어야 하는데 그것의 토대가 직업윤리라 하겠다. 이러한 윤리 의식의 결여는 개인과 사회 그리고 국가의 존속을 어렵게 한다. 직업윤리의 결여는 결국 공정한 정의 사회의 구현을 어렵게 한다. 이러한 사회는 결국 현대사회에서 안고 있는 부정, 부패, 비리, 뇌물, 범죄의 온상이 되기 때문이다. 이러한 사회는 결국 서로 간의 신뢰가 무너져 불신풍조(不信風潮)가 만연하여 혼란을 가져오기 때문이다. 우리나라의 국회 모습을 보는 것 같아 씁쓸하기만 하다. 과연 그들은 윤리 의식이 도대체 무엇인지를 알고는 있는지 궁금하다.

우리 누구나 일을 하는 목적은 다양하다. 즉, 경제적 목적, 자아실현, 생존 본능 등이 있을 것이다. 그러나 우리는 간과(看過)해서는 안 될 것이 있다. 그것은 사회와는 동떨어져 살 수가 없다는 것이다. 다시 말하면, 공동체를 이루면서 살아가는 존재이며 따라서 가정에서부터 시작하며 성인이 되면 누구나 직장생활을 통해 살아가는 존재이기 때문에 직업윤리가 필요하다는 것이다. 다음의 글을 읽고 생각해 보자.

> 1920년 어느 한 미국인 목사 조셉 싱(Joseph Singh) 부부에 의해 인도의 한 정글에서 두 아이가 발견되었는데 당시 2세와 7세의 소녀였다. 두 이이는 당시 늑대의 젖을 먹고 살고 있었으며 말을 전혀 하지 못하였고 네 발로 걸었으며 밝은 곳을 싫어하는 전형적인 야생동물의 모습을 지니고 있었다.
>
> 부부는 두 아이의 이름을 '카말라(Kamala)'와 '아말라(Amala)'라는 이름을 지었고 인간 생활에 적응하도록 교육했으나 실패하였다. 음식은 늑대와 같이 고기, 우유만 먹었고 후각이 발달하였다. 먹는 모습도 집어먹는 것이 아니라 혀로 핥아서 먹었다. 유전자만 인간이었지 행동 양식이나 습성은 그야말로 늑대의 모습 그 자체였다.
>
> 1년 후인 1921년, 동생 '아말라'가 죽고 그 후 1년 반 만에 '카말라'도 어느 정도 인간의 모습으로 변하였으나 9년 후 17세의 나이로 죽었다. 죽을 당시 1926년까지 습득한 언어는 고작 30개 정도였으며 '카말라'가 습득한 언어는 고작 45개 정도였을 정도로 유아 수준의 언어만 사용했으며 겨우 일어서서 다닐 정도로 인간 생활에 적응하는 데 실패하였다. '카말라'가 결국 1929년에 사망하였다.

이 이야기에 대해 야생아를 연구해 온 프랑스의 의사인 세르주 아롤은 '아말라'와 '카말라'의 사례를 거짓이라고 지적하였다. 아롤에 따르면, '아말라'와 '카말라'의 이야기는 고아원 원장 조셉 싱이 기부금 유도를 위하여 날조한 것이라고는 하였지만 우리에게 주는 시사점은 크다. 이 내용은 인간으로 태어났다고 하더라도 공동체나 사회성을 익히지 못하면 인간으로서 삶을 살아가지 못하는 한 단편적인 예이다. '사람은 태어나는 것이 아니라 교육을 받으면서 만들어지는 존재'라는 것이다.

'카말라'는 동생의 죽음에 6일 동안 굶으면서 장례식에 참석하였다. 그는 비록 언어를 배우지 않았어도 동생을 그리면서 슬퍼하는 것을 통해 사람다운 삶이 무엇인지를 우리는 배울 필요가 있다.

3. 직업에 대한 올바른 인식

흔히 우리는 "직업이 무엇이냐?" 혹은 "월급은 얼마이냐?"라는 질문을 받곤 한다. 이러한 물음에 외국인들은 매우 당황하고 있다. 우리나라의 경우 직업에 대한 인식의 수준을 말해 주는 것이 위의 물음이라는 것이 매우 씁쓸하다.

언젠가 KBS 9시 뉴스에서 매우 충격적인 외국인의 직업윤리의식에 대하여 시청하였다. '베테니 담스보'라는 덴마크 의사는 "우리나라는 이러한 질문을 하지 않습니다. 아무도 말하지 않죠"라고 인터뷰하는 것을 보았다.

또 하나의 예는 여성 의사의 결혼상대자에 관한 인터뷰였다. 놀랍게도 우리나라에서 상상도 하지 못할 직업의 신랑을 선택하였는데 그 직업이 시청청소부였다. 이것이 그들의 직업의식에 관한 일반적 인식이다. 즉, 그들의 답은 '직업에는 귀천이 없다'라는 일반적인 의식이다.

우리나라의 부모들은 "직업에는 귀천이 없다."라고 말로만 하였지, 실천에는 인색한 것이 우리 현실이다. 덴마크 사람들은 정당하게 일하면서 먹고사는 데 무엇이 부끄럽냐는 식이다. 오히려 대한민국 사람들이 이상하다는 것이다. 즉, 그들의 의식에는 비슷한 시간을 노동하고 사회에 공헌하는 방향만 다르지 두 직업 모두 세상에 필요한 직업이다. 즉, "시청청소부가 없으면 이 거리는 쓰레기로 더럽혀져 모든 사람이 싫어할 것이다."라는 인식이다.

앞의 인터뷰를 시청하고 난 지 얼마 뒤에 우리의 현실을 거리에서 어머니와 아이의 대화를 듣고 매우 놀랐고 씁쓸한 느낌이 들었다. 신호등 건너 청소부가 거리 청소하고 있었는데 학부모가 아이에게 말하기를 "너도 공부 안 하면 저 청소부처럼 거리 청소를 하여야 해!"라고 하는 것이다. 이러한 현실은 의사가 되려면 공부 많이 해야 하고 청소부는 아무나 할 수 있는데 주위의 눈치나 의식 그리고 평균소득이 별 차이 없으면 억울하지 않냐는 질문에 "노동은 방향만 다를 뿐 둘 다 사회에 공헌하는 것은 똑같은데 왜 어떤 걸 더 좋아야만 하지?"라는 질문으로 바꾸면 어떨까? 라는 대답으로 전환하는 사고가 필요하다("KBS 9시 뉴스").

직업 생활하는 데 있어서 중요한 것은 어떠한 자세로 임하는지다. 이는 직업에 대한 인식이 달라짐에 따라 실천하는 마음이 달라지기 때문이다. 즉, 각 직종에 따라 해야 할 행동 의식이 달라질 수가 있다. 따라서 이 장에서는 여러 가지 직업의식에 대해 살펴보고자 한다.

첫째는 소명의식(召命意識)이다. 소명의식은 사전적으로는 "부여된 어떤 명령을 꼭 수행해야 한다는 책임의식"을 말한다(『백과사전』). 물론 개인마다 소명의식은 다를 수 있을 것이다. 때로는 '돈'이 될 수도 있고 어떤 이는 '동료 간에 인간관계'가 될 수가 있다. 그러나 그것이 무엇이든지 간에 자기가 맡은 일에 최선을 다하여야 한다는 것이다. 즉, 개인적이고 사회적으로 의미 있는 일에 헌신해야 한다는 것이다. 따라서 일상적인 것을 벗어나 자신의 열정을 바쳐 특별한 의미를 부여하는 것이다.

소명은 원래 종교적인 의미로 '신의 부름을 받는 일'이라는 의미이다. 예를 들어, 선지자, 사제, 목사 등은 신의 부름을 받아 종교적인 역할을 수행하는 것을 의미하고 있다. 그러나 시간이 지남에 따라 소명이라는 개념은 차츰 일반화되어 개인적, 사회적으로 의미 있는 일을 발견하여 그것에 헌신하는 것을 지칭하는 용어로 발전했다. 이러한 변화는 사회의 다양한 분야에서 개인이 자신의 역량과 관심을 발휘하여 사회 공헌을 할 수 있는 노력이다.

현대 학자들은 소명의 범위를 확장하여 종교적인 관점에서 벗어나 개인이 자기의 일과 삶에 의미를 부여하는 방안의 하나로 소명을 재개념화하고 있다. 이러한 관점에서 소명은 개인이 자신의 가치관, 역량, 관심사 등을 바탕으로 자기의 삶에 의미를 찾고, 그것에 헌신하는 과정을 의미한다.

둘째는 천직의식(天職意識)이다. 자기 자신의 일에 자긍심을 가지라는 것이다. 다른 직업에 비해 환경이 열악하거나 급여가 적더라도 전력을 다하라는 것이다. 대표적인 예가, 교사라는 직업이다. 즉, 하늘에서 부여받은 아름다운 직업으로 자긍심을 가져야 한다. 따라서 자기의 일이 능력과 적성에 맞을 것이라 여기고 그 일에 열정을 가지고 열심히 임하라는 것이다.

셋째는 직분의식(職分意識)이다. 자신이 하는 일이 사회나 기업을 위해 중요한 역할을 하고 있다고 믿고 자신의 활동을 수행해야 한다. 사람은 각자의 직업이 다를지라도 직업을 통해 사회 구성원으로서 책임감이 있어야 하며 자신이 맡은 일에 관해 중요한 기능을 담당함으로써 사회인으로서 역할을 다하는 직업의식을 의미하고 있다.

넷째는 책임의식(責任意識)이다. 자신이 맡은 일에 대하여 책임을 가하라는 것이다. 즉, 자신이 맡은 일을 충실히 수행할 것과 그 결과에 대하여 책임감이 있어야 한다는 것이다. 다음의 사례를 읽어 보자.

■ 경주 최부잣집 가문의 육연(六然)

1. 자처초연(自處超然): 고요하게 혼자 있을 때는 더 초연하라.
2. 대인애연(對人靄然): 다른 사람을 만날 때 따뜻한 마음을 가져라.
3. 무사징연(無事澄然): 큰 일이 없을 때는 물이 맑듯 고요하고 투명해야 한다(변고 없이 무사할 때는 마음을 맑게 유지하라).
4. 유사감연(有事敢然): 변고에 대처를 결정해야 할 때는 과감하게 실행하라.
5. 득의담연(得意淡然): 뜻을 얻었어도 담담하게 처신하라는 뜻으로 성공하면 담담하게 행동하라.
6. 실의태연(失意泰然): 뜻을 잃었어도(실패) 태연하게 처신하라.

■ 경주 최부잣집 가문의 육훈(六訓)

1. 과거를 보되, 진사 이상은 하지마라(권력에 휘말리게 되는 것을 주의하라).
2. 재산은 만석 이상 지니지 마라(상생을 도모하라).
3. 과객을 후하게 대접하라(나그네는 여러 곳을 다니면서 풍문 형성에 적지 않은 영향을 미치므로 인정을 널리 베풀면서 좋은 평판을 유지한다.).
4. 흉년기에는 땅을 사지 마라(흉년에 곡식이 모자라서 싸게 팔려고 내놓은 땅을 사는 것은 가난한 사람을 착취하는 짓이니, 남의 불행을 빌미로 나의 이익을 추구하지 않는다.).
5. 며느리들은 시집온 후 3년 동안 무명옷을 입어라(검소한 가풍을 이어감으로써 남의 어려운 사정을 이해하게 된다.).
6. 사방 백 리 안에 굶어 죽는 사람이 없게 하라(주변이 불행하면 함께 불행해질 수 있다.).

(동화창직연구회, 2010에서 인용).

경주 최부잣집은 부자였지만 티를 내지 않았고 겸손함을 내세워 주위 사람들에게 후한 평점을 받았다. 흔히 요즈음은 부자라는 이유로 주위 사람들의 원성과 질시를 받기 마련이다. 그 이유는 정당하게 재산을 축적하였고 일부분의 재산을 주위 빈민들에게 사용하였으며 흉년이 되었을 때 땅을 내놓는 사람들에게 싼값으로 매입하지는 않았기 때문이다. 즉, 요즈음에 말하는 부동산 투기에 관심이 없었다는 의미이다. 이러한 주위의 평판으로 조선 말에 많은 농민 혁명으로 사회가 혼란스러움에도 불구하고 최부잣집은 난세를 극복하게 되었다. 당시 활빈당이 부잣집을 약탈하는 과정에서도 그의 집은 오히려 약탈로부터 피해 갈 수가 있었다.

오늘날 최부잣집은 대한민국의 고위직이나 기업가들의 노블레스 오블리주(Noblesse Oblige)를 몸소 보여 주었다고 볼 수가 있다. 즉, "귀족은 의무를 진다." 이 표현은 프랑스의 작가 겸 정치가인, 레비 공작 피에르 가스통 마르크(Pierre Marc Gaston de Lévis. 1764-1830)가 1808년 『격률과 교훈(Maximes et réflexions sur différents sujets)』이라는 책에서 처음 쓴 것으로 알려져 있다. 부와 권력은 그에 따르는 책임과 의무를 수반한다는 의미이며, 주로 사회 지도층 혹은 상류층이 사회적 위치에 알맞는 모범을 보이는 행위를 표현할 때, 혹은 그것에 완전히 반대되는 행동을 하는 이들을 비판하는 용도로 사용되었던 표현이다.

Chapter

06

한국 사회의 윤리 문제

06
Chapter

한국 사회의 윤리 문제

1. 한국 사회에서의 윤리관

윤리는 "사람이 가져야 할 바른 도리"라고 앞에서 말했다. 그렇다면 "나는 어떻게 살아야 좋을까?"라는 문제와 직결된다. 이러한 문제가 윤리의 첫걸음이다.

대한민국은 예로부터 일찍이 고대국가를 형성하면서부터 이제까지 윤리라는 기본적 토대 위에 세워진 국가들이다. 즉, 통치권 보존, 생명권, 성 문제 그리고 재산권 보호 등의 가장 기본적인 것들을 위주로 형성된 법률이 존재해 왔다. 그만큼 인간으로서 윤리 의식을 강조해 왔다. 예를 들면, 고조선의 건국 신화에 나오는 재세이화(在世理化), 홍익인간(弘益人間) 사상을 필두로 『팔조법』, 부여의 『1책 12법』, 고구려의 『신당서』에서는 "도둑질 한 자는 열 배로 갚아야 한다"(盜者十倍取償)라고 전하고 있으며, 『구당서』 고구려전(高句麗傳)에는 열 배 대신

열두 배로 기록되어 있다(국사편찬위원회, 2018). 백제의 『주서』, 『북서』에 "도둑질을 한 자는 귀양 보내고 그 2배를 징수한다."라고 하였으며 『삼국사기』에는 "관리로서 뇌물을 받거나 남의 물건을 훔치면 3배를 배상"하도록 한 기록이 있다. 전한의 역사를 서술한 반고(班固)는 『한서』에서 "조선 사람들은 도둑질을 하지 않아 밤에도 문을 닫지 않고, 여자들은 정조가 굳어 음란하지 않다."라고 조선(당시 고조선을 칭함)의 사회윤리나 도덕성을 소개하였다(김재운 외, 1997에서 재인용).

조선 시대의 『삼강오륜』에서도 현대의 건국이념 등 인간으로서 지켜야 할 기본 윤리 사상을 펼쳐 왔다. 즉, 재세이화(在世理化), 홍익인간(弘益人間)의 뜻은 "세상에 있는 동안 다스려 깨우치게 한다(『三國遺事』 紀異篇)", "널리 인간 세상을 이롭게 하라" 또는 "(당시 부족사회의) 모든 사람이 어우러져 행복하게 하라"는 뜻이 내포되어 있다(『三國遺事』). 이의 기록을 살펴보면

> 古記云 昔有桓因謂帝釋也校勘謂帝釋也 庶子桓校勘雄數意天下貪求人世 父知子意下視三危太校勘伯可以弘益人間 乃授天符印三箇遣往理之
>
> 옛날에 환인(제석을 말한다.)의 서자인 환웅이 천하에 자주 뜻을 두어, 인간세상을 구하고자 하였다. 아버지가 아들의 뜻을 알고 삼위태백을 내려다보니 인간을 널리 이롭게 할 만한지라, 이에 천부인 세 개를 주며 가서 다스리게 하였다.
>
> 삼국유사(三國遺事) 권 제1 기이(紀異) 고조선(古朝鮮) 왕검조선(王儉朝鮮) 中

고조선의 대표적인 법률인 『팔조법』을 살펴보면 인간 존중의 윤리 사상이 적혀 있다.

『팔조법금(八條法禁)』의 전문은 전하지 않고 3개 조만이 『한서』 지리지에 전한다. 즉, ① 사람을 죽인 자는 사형에 처한다. ② 남에게 상해를 입힌 자는 곡물로써 배상한다. ③ 남의 물건을 훔친 자는 데려다 노비로 삼으며, 속죄하고자 하는 자는 1인당 50만 전(錢)을 내야 한다는 것 등이다. ①은 생명에 관한 것, ②는 신체에 관한 것, ③은 재산에 관한 것이다(『한서, 漢書』 지리지(地理志)).

유교의 도덕 사상에서 기본이 되는 3가지의 강령과 5가지의 인륜으로서 인간의 지켜야 할 기본도리인 『삼강오륜(三綱五倫』의 내용을 살펴보면

■ **三綱**

군위신강(君爲臣綱): 임금은 신하의 벼리가 되며,
부위자강(父爲子綱): 아버지는 자식의 벼리가 되며,
부위부강(夫爲婦綱): 지아비는 지어미의 벼리가 되어야 한다.
** 여기서 "벼리"에 대해서는, 해석에 다툼이 있다.

유력설은, 벼리란, '그물에 있어서 근본이 되는 굵은 줄을 뜻하며, 현대적 의미에서는 '법도(法度)'라고 풀이하거나, 책임자 등의 의미로 해석한다.

이때, 부위자강은, 아버지는 아들의 법도가 된다는 뜻이 되는데, 쉽게 풀이하면 아들은 아버지에게 '따른다.' 혹은 '복종한다.' 정도의 뜻이 된다.

■ **五倫**

부자유친(父子有親): 어버이와 자식 사이에는 친함이 있어야 한다.
군신유의(君臣有義): 임금과 신하 사이에는 의로움이 있어야 한다.
부부유별(夫婦有別): 부부 사이에는 구별이 있어야 한다.
장유유서(長幼有序): 어른과 아이 사이에는 차례와 질서가 있어야 한다.
붕우유신(朋友有信): 벗 사이에는 믿음이 있어야 한다(손인수, 1976).

'벼리'는 순수한 우리말로서 일종의 동아줄을 말하는데 이는 고기잡이할 때 그물을 사용하는데 그 그물마다 코를 꿰어 쉽게 잡아당길 수 있는 일종의 줄을 의미한다. 한자로 쓰면 기강(紀綱, 벼리 기, 벼리 강, 기율과 법도)이라 하며 인간이 갖추어야 할 기본적인 도덕과 규범을 말한다. 따라서 인간은 고기가 그물을 벗어날 수가 없듯이 인간도 마찬가지로 규범과 도덕에 얽매이어 이탈해서는 안 된다. 왜냐하면 그물에서 고기가 빠져나가면 허탕이듯이 도덕과 규범을 이탈하면 사회질서가 무너지기 때문이다.

따라서 삼강오륜은 중앙집권제의 산물로 변질되었다. 즉, 상하 관계를 지정함으로써 복종심을 취하기 위한 윤리로서 사대부 계층의 가부장제도, 통치제도를 정당화하기 위하여 지나친 차별과 구속으로 변질되었다. 현대사회에서 중시하는 개인의 자유와 평등 그리고 기득권층을 위한 하나의 이데올로기화 되었다는 것이다. 예를 들면, 흔히 "너는 위아래도 없냐?" 식으로 봉건성을 대변하는 이들의 입장은 민주주의와 인권, 자유와 평등에 대한 명백한 도전이지만, 전통적인 덕목이란 명목은 독재정권 시절에 권위에 대한 일종의 복종교육 수단으로 더할 나위 없는 것이었다. 따라서 물과 기름과 같이 개인주의에 익숙한 오늘날 젊은이의 세대와 기성세대 간의 해석 차이의 논란으로 충돌할 수밖에 없다.

조선 시대의 『삼강행실도, 三綱行實圖』에서도 윤리적 문제를 교화하기 위한 노력이 나타나 있다.

> 1428년 세종 10년 무렵, 진주(晉州)에 사는 김화(金禾)가 아버지를 살해한 사건에 대하여 강상죄(綱常罪: 사람이 지켜야 할 도리에 어긋난 죄)로 엄벌하자는 주장이 논의되었을 때, 세종이 엄벌에 앞서 세상에 효행(孝行)의 풍습을 널리 알릴 수 있는 서적을 간포(刊布)해서 백성들에게 항상 읽게 하는 것이 좋겠다는 취지에서 만들었다. 또한, 권부(權溥)의 『효행록(孝行錄)』에 우리나라의 옛 사실들을 첨가하여 국민교화서적(國民敎化書籍)으로 삼고자 하였다.

『삼강행실도』는 왕명으로 우리나라와 중국에 있는 서적에서 인간으로서 규범이 될 만한 행실을 모아 1434년 직제학 설순(偰循, ?~1435) 등이 편찬한 일종의 교훈서이다. 따라서 삼강에 충신, 열녀의 행실을 모아 모든 사람이 알기 쉽도록 그림을 넣은 것이 특징이다.

이러한 윤리 의식은 오늘날까지도 명맥을 유지하여 우리 사회에 널리 인식되고 있다. 그러나 급격한 과학기술의 발달은 우리의 윤리 의식을 점진적으로 변화시키고 있는 것은 사실이다. 예를 들면, 한 세대를 같이 어우러져 사는 이 시대에는 부자지간(父子之間)에도 다른 윤리 의식이 존재하고 있다. 그만큼 과거의 전통적 윤리관은 산업화로 인하여 현대사회에서는 많은 문제점을 가지게 되었고 많은 사회문제를 가져오고 있다.

그러나 조선 시대의 여인들의 불사이부(不事二夫)와 삼종지의에 따른 억울하고 불평등한 삶은, 실학사상과 천주학의 도입 그리고 동학혁명과 갑오개혁을 통해 서서히 변화의 움직임이 감지되었고 결국은 여성들의 자각 운동으로 전개되기 시작하였다.

현대사회의 급격한 변화로 인한 부정부패, 비도덕적 집단의 부패 그리고 사회제도의 불평등과 부도덕인 문제는 더욱 사회의 위기와 혼란에 직면하게 되어 결국 인간은 공멸할 수가 있다. 따라서 이러한 위기와 혼란을 해결하지 않으면 인류는 생존에 위기가 올 것이다. 이를 해결하기 위해서는 인간으로서 살아갈 수 있는 법, 규범, 도덕 등 사회생활에 필요한 요소들을 이해할 수 있는 역량이 필요하다.

한국 사회의 윤리적 문제는 서로 간에 밀접한 관계가 있어서 다양한 방법으로 이해하고 접근할 필요가 있다. 지금부터 차례로 하나하나씩 살펴보려고 한다.

1) 인간소외(人間疎外, alienation) 현상

산업혁명 이후 300여 년이 지난 이 시대에 근대 과학기술의 등장으로 인간의 삶은 매우 변화를 가져왔다. 즉, 불과 몇백 년 사이에 인류가 경험하지 못한 과학기술, 정보통신 그리고 생명공학의 발달로 새로운 사회의 변화를 주도하고 있다.

인간은 이러한 과학 시대를 맞이하면서 물질적 풍요를 누리면서 지식화 중심의 탈산업화사회로 21세기는 빠른 속도로 변화하고 있다. 그러나 이러한 산업화, 과학화, 지식과 정보 중심의 사회는 인간의 삶을 풍요하게 만드는 긍정적 영향은 있어도 또 다른 사회문제로 떠오르고 있다. 그 부정적 요소 중의 하나가 인간소외이다.

이는 인간의 삶이 산업화로 인하여 그 본성으로부터 멀어져 가는 현상을 말하며 결국은 인간성을 상실하는 것이다. 이러한 현상은 자본주의의 도입으로 인하여 노동자들은 스스로 결정하는 능력을 잃음으로써 결국은 노동으로 생산한 상품과 재화의 가치에 예속됨으로써 자본에 의한 경제적 예속관계를 향할 수밖에 없다는 것이다.

현재의 삶은 정신적, 육체적 노동으로 조물주에 의해 만들어진 피조물(被造物)에 의해 오히려 예속되어 인간의 주체적 삶과 본질을 상실해 가고 있다. 예를 들면, 기계화, 조직화, 자동화로 인하여 스스로 삶을 결정할 수도 없고 오히려 자신의 위치를 찾지 못하고 방황하는 것을 말한다.

과거를 돌아보면 산업사회 이전의 농경사회에서는 가정, 부락, 부족 간의 유대를 통해 스스로 자급자족을 위한 삶이 대부분이었다. 그러나 현대에 이르러서는 모든 문제 - 일을 하거나, 여가를 즐기거나 등 -은 과학기술에 의존할 수밖에 없었고 상품 가치에 의한 노동으로 평가를 받는 실정이다. 하나의 예를 보자면, 과거의 동료 간의 대화를 통한 사회적 삶은 어느새 휴대폰, 컴퓨터라는 괴물의 노예로 전락하여 하루라도 손에 없으면 불안한 삶에 처하게 되는 것이다.

이러한 소외현상은 사회 조직화, 규격화, 표준화 등으로 인해 기계 속에 예속됨으로써 삶의 무의미, 인간 가치의 상실이 급격히 진행되었다. 이는 마치 인간의 삶이 무의미한 작업의 끝없는 반복과 같은 삶, 즉 '시시포스(Sisyphus) 바위'와 같은 삶에서 인간존재의 무의미성이 존재하고 있다.

'시시포스(Sisyphus) 바위'에서 시시포스는 고대 그리스 신화의 인물로서 영원한 죄수의 화신으로 시지프스, 시지프 등으로 불리기도 한다. 그의 신화를 보면

> 시시포스는 꾀가 많은 것으로 명성을 떨쳤는데 욕심이 많고 속이기를 좋아했다. 여객과 방랑자를 살해하기도 했다. 시시포스는 죽음의 신 타나토스가 그를 데리러 오자 오히려 타나토스를 잡아 족쇄를 채워 한동안 아무도 죽지 않았다. 결국 전쟁의 신 아레스가 와서 타나토스를 구출하고 시시포스를 데려갔다.
>
> 하지만 시시포스는 죽기 전 꾀를 내어 아내에게 죽으면 제사를 지내지 말라고 일러뒀었다. 그래서 저승에서 제사를 받지 못하자 저승의 신 하데스에게 아내에게 제사를 지내도록 설득하기 위해 이승으로 다시 보내 줄 것을 부탁했다. 그러나 코린토스에 가서는 저승에 돌아오기를 거부해, 나중에 헤르메스가 억지로 돌려보냈다.
>
> 그는 저승에서 벌로 큰 돌을 가파른 언덕 위로 굴려야 했다. 정상에 올리면 돌은 다시 밑으로 굴러 내려가 처음부터 다시 돌을 밀어 올리는 일을 시작해야 했다(오디세이아, xi. 593-600). 그가 이 벌을 받은 정확한 이유는 확실하지 않다. 혹자는 그가 신들의 비밀을 인간에게 알린 벌이라 하고 다른 이들은 그가 여행하는 이들을 살해한 벌이라고 한다.

이 신화에서는 일상생활에서 반복과 단순화된 삶을 비유함으로써 인간은 고민과 번뇌가 오히려 우리를 더욱 사지로 몰아가는 형태임을 보여 준다. 이러한 일의 반복은 인생은 마치 시시포스의 형벌처럼 느껴지게 된다.

과거로 돌아가 보자. 이러한 인간 소외현상은 농경시대에서는 있었을까? 아

니다. 근대사회 이전에는 마을 사람들이 공동체적인 삶을 살아왔으며 그 무엇보다도 협동심이 발휘되던 시기이다. 생계를 위해서도 자급자족은 물론 가족, 부족 간에는 그 무엇보다도 단결된 노동력이 필요하였으며 소외라는 말 자체가 있지를 않았을 것이다. 현대사회 속에서는 일을 하거나 여가를 즐기거나 거의 과학기술의 발달을 근거로 하는 결과물에 의존하게 된다. 한편 경쟁적 사회구조 속에서 인간은 다른 사람으로부터 소외되고, 인간 자체가 고유한 인격이나 개성보다는 상품적 가치에 의해 물질적으로 평가되는 현상이 일반화되고 있다.

2. 물질 만능주의

물질 만능주의는 모든 문제를 돈과 결부가 되어 행동하고 생각하려는 것으로 황금만능주의(黃金萬能主義) 혹은 배금주의(拜金主義, 영어: money worship)라고 불리고 있다. 다시 말하면, 이 지구상의 가치 중에서 최상의 가치가 물질, 즉 돈이라고 여기며 삶에 있어서도 마찬가지로 생각하는 문제를 말한다. 이러한 현상은 심지어 생존의 수단으로서가 아니라 삶의 목적이 되어 '돈'이면 모두가 해결된다는 신격화 현상이 벌어지고 있다. 이러한 사회를 다른 것을 배척하고 오로지 물질만 숭배하는 '천민자본주의 사회'라고도 한다. 이에 대하여 마르크스(Marx)는 그의 저서 『자본론』에서 대 원시인의 '물신숭배사상'을 근대 자본주의 사회상에 대입해 이를 '자본주의적 물신숭배'라고 정의했다.

이러한 문제점은 대략 살펴보면 극단적 개인주의화와 이기주의화, 유전무죄 무전유죄(有錢無罪 無錢有罪), 부정부패 문제 등으로 귀결이 된다. 특히 요즈음 대한민국에서는 유전무죄 무전유죄(有錢無罪 無錢有罪)가 심각한 상태이다. 이 용어는 1988년으로 거슬러 올라가는데 공주교도소로 이송되던 지강헌 일파가 교도관을 흉기로 찌른 뒤 시내로 잠입(潛入)하였다가 인질극을 벌인 사건이다. 지강헌은 원래 잡범으로 징역형을 마치고도 보호 감옥을 받아야 하는 것과 단지 560만으로 징역 17년을 살아야 하는 자신을 비관한 나머지 인질극을 벌인 사건이다. 그는 인질극을 벌이면서 "돈 없고 권력 없이는 못 사는 게 이 사회다. 대한민국의 비리를 밝히겠다. 돈이 있으면 판검사도 살 수 있다. 유전무죄 무전유죄, 우리 법이 이렇다."라고 한 것은 당시의 전두환의 동생 전경환이 72억 원을 횡령하고도 7년 선고를 받은 것에 대한 항거였다. 당시 560만 원은 지금의 가치와는 달라 작은 돈은 아니다.

당시 돈 있는 사람은 죄가 없고 돈 없는 사람은 죄가 있다는 말로서 사회적 계급과 계층에 따라 유, 무죄를 논한다는 것은 전 근대적인 사고방식이다. 즉, 민주국가에서는 "법 앞에 만인은 평등하다."라는 헌법에 어긋나는 처사인 셈이다.

최근에 "법 앞에 평등하다"라는 말이 무색할 지경이다. 아이의 우유를 먹일 돈이 없어 도둑질을 한 자는 감옥에 가야 하며 모 대그룹 회장은 수천억 원을 횡령하고도 사면되는 암울한 현실이다. 기업가의 사면 내용 또한 매우 후진국 수준이다. 대그룹 회장의 사면은 보통 범죄를 저질렀지만, 사회적 공헌이 크며 경제적 도약을 위해서는 어쩔 수가 없다고 신문지상에 도배질하는 세상이다. 경제성장과 사회적 공헌은 그들만의 리그가 아니다. 이에 대하여 고 노회찬 의원(17대 국회의원)은 다음과 같이 역설했다.

" '수십 년간 땀 흘려서 농사를 지으면서 우리 사회에 기여를 한 점을 감안(勘案)하여 감형(減刑)한다.' '혹은 산업재해와 저임금에도 불구하고 수십 년간 땀 흘려 일하면서 이 나라 산업을 이만큼 발전시키는 데 기여를 한 공로가 있는 노동자이므로 감형(減刑)한다.'. 이런 예를 본 적이 없습니다. 혹시 본 적 있습니까?"

–노회찬 제17대 국회의원, 2004년 10월 14일 서울고등법원 국정감사 당시 김동건 서울고등법원장에게.

이러한 유전무죄 무전유죄는 결국 대한민국의 가치관을 물질주의로 만들었고 이러한 물질주의는 사회의 근본적 법치주의와 도덕관의 근간을 흔들게 되었다. 이러한 문제를 해결하기 위해서는 자기만을 생각하고 타인에 대한 배려심도 없는 매우 원초적인 존재인 '즉자적 존재(卽自的 *存在*)'로 살 것이 아니라 스스로 성찰하면서 내가 아닌 타인에게서 나의 존재 가치를 발견하는 '대자적 존재'(Being for-itself), 즉 스스로 자기 자신을 위한 존재 혹은 그 자체가 되기 위한 존재로 살아갈 것을 요구한다. 예를 들면, 대자적 존재는 "나"의 존재를 "나"라는 스스로 내부에서 찾는 것이 아니라, "너" 혹은 "내가 아닌 누군가"가 되는 상대가 있을 때 그 가치를 만들어 낸다고 표현한다. 그리고 그 상대는 바로 자기 자신이 되는 것이다.

즉, 인간은 사물에 가까운 즉자적 존재가 아닌 대자적 존재에 가까울수록 더 성장하며 스스로 가치를 가지게 되며 또한 성찰함으로써 바람직한 인간으로 생활할 수 있어서 대자적 존재로 방향을 틀어야 한다는 것이다. 즉자적(卽自的, an sich)과 대자적(對自的, fur sich, 자기를 자각하는 일 ↔ 즉자(卽自))은 서로 대비가 되는 용어로서 독일 철학자 헤겔(Hegel)이 처음 사용하였다. 즉자적이라는 말은 '그 자체로 있는 것'이어서 주관적이고 감각적이고 고립적인 동물적인 수준 상태로 오직 자기 자신에게만 매몰되어 전혀 객관적이지 못한 존재이며 대자적(對自的)은 '무엇에 대하여', 혹은 '무엇을 위해서'라는 의미로 중요한 의미는 '거리를 두는 것'이다. 따라서 주관적인 것을 완전히 떨쳐 내어 객관화를 통해 반성하는 이성적인 존재를 의미한다. 이는 자기 자신까지도 거리를 두어야 한다는 의미이다.

3. 환경오염과 지구의 온난화 문제

먼저 오염(汚染)이라는 용어의 사전적 의미는 '더럽게 물듦'이라는 말로 결국은 환경을 변화시키는 물질의 존재나 에너지의 존재가 한계를 넘어선 것을 뜻한다. 즉, 우리를 둘러싸고 있는 환경 - 대기, 수중, 토양, 해양, 진동, 방사능 등 - 의 과다한 유입으로 더럽혀지는 것을 말한다. 이러한 현상은 산업화 이후 급속도로 증가가 되는 현상이다. 과거 농경사회에서는 환경을 더럽히는 물질과 에너지는 그다지 많지 않았고 많이 있더라도 자연정화로 인해 큰 문제가 되지도 않았다.

산업화 이후 인구의 증가와 도시 유입으로 인한 각종 자원의 과다한 사용은 급기야 폐기물뿐만 아니라 화석 에너지의 사용, 산업공해로 인한 대기오염으로 이어져 어느 국가에서나 심각한 환경문제를 낳고 있다. 또한 합성화학물질 - 농약, 비료 등 -은 토양을 장기적으로 훼손하여 우리의 먹거리를 위협하게 되었고 결국은 우리의 건강을 위협할 뿐만이 아니라 자연 생태계를 교란하고 급기야 생물종(生物種)을 멸종시키고, 오존층의 파괴로 인한 온난화를 가속시켜 세계 곳곳에서 기상이변이 속출하고 있다. 이러한 변화는 종국에 이르러 우리의 생존권까지 위협이 되는 요즈음 현실이다.

지구온난화는 기온이 상승으로 결국은 남, 북극 대륙을 파괴하여 이상 기후가

속출하게 되었다. 이러한 온난화의 주범은, 첫째, 과다한 전력 사용과 자동차로 이산화탄소의 배출량이 해마다 증가한 것이다. 이는 화석 연료와 휘발유(揮發油)의 과다한 사용으로 인한 경제적, 사회적, 인적 피해가 매우 막심하다.

둘째, 축산업, 농업 분야에서 발생하는 메탄가스 배출은 이산화탄소 다음으로 온실가스를 일으키는 물질로서 주로 소가 되새김질하는 과정에서 트림과 방귀로 배출한다.

셋째, 열대우림의 사막화이다. 오늘날 지구는 과다한 벌목으로 인하여 점점 사막화가 진행되고 있다. 특히 대표적인 열대우림지역의 하나인 아마존은 전 세계의 이산화탄소 배출의 25%를 바꾸어 주는 '지구의 허파'로 알려져 있는데 최근의 잦은 화재로 인해 서울 면적의 15배가 불타 없어졌거나 목재와 종이의 과다 사용으로 전 세계의 숲이 베어지고 있다. 경향신문의 윤기은 기자는 아마존은 이미 탄소 배출량이 흡수량보다 더 많은 상태가 됐다고 하였다. 과학자들은 "아마존은 더 이상 지구의 허파가 아니다." (...) "탄소 배출량이 흡수량보다 많다"라는 네이처 논문을 인용하여 "아마존이 능력을 잃었다는 것은 화석 연료 배출량을 줄이는 과제가 그 어느 때보다 시급하다는 엄중한 경고"라고 강조했다.

아마존 밀림은 대규모 벌목 및 경작과 원주민들의 원시적인 열대 이동식 화전 농업으로 인해 빠르게 사라지고 있다. 숲이 사라지면서 토양 침식이 가속화되고 강으로 유출되는 토사량이 증가하고 있다. 세계적인 관심과 보호정책에도 불구하고 숲의 파괴는 계속되고 있으며 이러한 상태라면 앞으로 30~50년 안에 아마존 생태계가 파괴되는 재앙이 일어날 것이라는 전망이 나오고 있다.

넷째, 산업화를 위한 농경지의 축소와 화학 비료 사용 증가의 원인으로 인한 수질오염이다. 각 나라의 중화학 공업 육성으로 인한 화학 비료의 생산으로 새로운 농사법들이 발달하여 농업 생산량은 일부 대륙을 제외하고는 비약적으로 증가하였다. 이전에는 주로 인분이나 천연 비료를 사용하였으나 농업 생산량을 증대하기 위하여 과도한 질소 화학 비료의 사용으로 지하수나 강물로 흘러 들어가 인체를 망가뜨리는 순환 작용이 계속되어 오고 있다. 이를 통해 육지에서나 바다에서 끔찍한 '죽음의 지역'이 생기게 된다. 과다한 화학 비료는 농경지의 '축열량(畜熱量)'에 영향을 미쳐 결국에는 기후 이상 현상으로 도달하게 된다. 산화질소는 이산화탄소보다 무려 300배의 열을 저장할 수 있다. 이 밖에도 도시화와 산업화, 화산폭발, 인구집중 등이 지구온난화에 영향을 미치게 된다.

20세기 중순부터 화학 비료의 사용은 비약적으로 증가했는데, 질소를 주성분으로 하는 화학 비료가 과도하게 사용되면 농경지의 '축열량(저장할 수 있는 열의 양)'에 영향을 미치게 된다(산화질소는 이산화탄소보다 무려 300배의 열을 저장할 수 있다). 이후 사용되고 남은 화학 비료가 버려지면 그대로 바다에 끔찍한 '죽음의 구역'이 생긴다. 게다가 질소 화학 비료의 과도 사용으로 인해 지하수가 질소에 과도하게 노출되면 인체에 직접적으로 악영향을 미칠 수 있다. 또한 이산화탄소량의 증가로 인한 오존층의 파괴가 심각하여 남북극의 빙산이 급속도로 녹아내리는 현상이 더불어 진행되고 있다.

정리하면 화석 연료 사용, 과도한 축산업 성장, 열대우림 사막화, 화학 비료 사용, 산업화로 인한 온난화 현상 정도로 축약할 수 있겠다. '지구온난화'라는 이야기는 이미 다음 세대의 이야기가 아니다. 지금도 세계 곳곳에서 수면 상승, 이상 기후 등의 현상이 발생하고 있다. 이에 제대로 대처하지 못한다면, 그 참상은 우리 세대 혹은 다음 세대가 직접 마주하게 될 것이다. 따라서 이에 대처하기 위한 노력은 세계적 이슈로 떠오르고 있다. 이를 위한 방법으로는 새로운 대체 에너지 개발, 산림보호, 온실가스 감소 등 국제적 협력과 개인의 노력이 함께 어우러져야 할 것이다.

지구촌의 이야기를 접어 두고라도 우리나라의 경우 경제성장 주도의 산업정책으로 인한 환경훼손으로 수질오염이 심각한 상태로 지속되었다. 1970년대 이후 대부분 우리나라의 강과 하천은 인구 증가와 산업 쓰레기와 공업폐수로 우리의 상수원까지 오염을 시켜 정수해야만 식수로 사용할 수밖에 없을 지경에 이르렸다. 드디어 오늘날에서는 물도 사 먹을 수밖에 없을 지경이다.

한 예로 들어보면

우리나라에서도 1970년 이래 한강 하류의 극심한 수질오염으로 서울 · 인천 등의 상수도와 공업용수의 수질이 악화되었다. 한강의 수질오염으로 인해 상수도 정수비 부담이 커지고 영등포 선유 수원지에서는 상류의 팔당에서 취수할 수밖에 없게 되었다.

1983년 7월에는 대구의 생활오수와 공업폐수가 금호강을 통해 낙동강으로 흘러 들어가, 금호강 하류인 강창교 부근의 수질이 극도로 악화되어 이를 농업용수로 사용하는 경상북도 달성군 다사면 일대 10개 동 483㏊(802가구 4,175명)의 농지가 황폐화가 되었다.

1979년 경기도 용인 지구의 대규모 돼지 사육장에서 대량의 양돈폐수가 경안천을 통해 팔당 저수지에 유입되었다. 팔당 저수지는 수도 서울의 상수용 수원으로, 이 양돈폐수에 의한 수원 오염은 생활용수의 큰 위협이 되었다.

1992년 3월에는 구미단지의 두산 전자공업에서 대량의 페놀(phenol)이 낙동강에 흘러들어, 이 물을 상수원으로 이용하는 대구 다사수원지에서 염소소독을 할 때 극심한 크롤페놀의 악취가 발생하여 대구시의 급수가 약 1주일 동안 중단되기도 하였다.

또 서울 · 인천의 상수원인 한강 하류의 상류 팔당 부근에 주택 · 요식점 · 공장 등이 들어서면서 1997년부터 수질이 심하게 오염되어 1998년부터는 한강 수질오염을 방지하기 위해 상류 지역의 보호구역 토지 이용을 제한하고 있다.

우리나라에서도 진해 · 마산 · 통영 · 광양만 · 울산 · 인천 만에서 적조와 유탁(油濁)이 빈번히 발생하여 어패류를 폐사시킴으로써 어업에 막대한 피해를 주고 있다.

1984년 7월 하순 전라남도 신안군 안좌면 향목리 앞바다에서 약 6만 7,000평에 양식 중이던 피조개 2,900만 개가 갑자기 전부 斃死(폐사)하였다. 이는 1976년에 농민들에게 공급하던 살충제의 시효가 지나 이를 갯벌에 묻어 버렸는데, 이것이 용출되어 양식장에 유입되었기 때문으로 밝혀졌다.

1977년 7월 19일 부산 오륙도 부근에서 미국 화물선 프레지던트 트루먼호가 다른 화물선과 충돌하여 약 1,000드럼의 벙커C유가 바다에 유출되었다.

이 기름은 해운대해수욕장까지 심한 유탁을 일으켰고, 조류를 타고 동해안까지 북상하여 오염이 확대되면서 연안어업에 피해를 주었다. 그 피해액은 약 10억 원으로 추정되었으나, 1978년 6월 26일 2억 1,000만 원을 보상받았다.

1983년 7월 25일 인천시 남동구 논현동 · 고잔동 앞바다에서 숭어 20t, 망둥이 5t, 잡어 3t등 28t의 물고기가 떼죽음을 당하여 파도를 타고 해안에 밀려왔다. 조사 결과 부근의 농약 공장과 염산을 사용하는 공장에서 유독폐수가 3일 전의 폭우로 유출되어 바다의 수질오염을 유발한 것으로 판단되었다(『한국민족문화대백과사전』).

결국 산업화 등으로 인한 환경오염으로 인한 피해는 지구온난화를 가속하면서 이를 걱정한 일부 시민단체와 지도자들이 시위와 홍보를 통한 대책 요구를 마련하도록 소송과 시위를 통해 개선책을 마련하기에 이르렀다.

'쇠뿔도 단김에 빼라'라는 말처럼 지금부터 깨닫지 못하고 노력하지 않는다면 후에 '나비효과'와 같은 상황이 발생할지도 모른다. 그때는 후회해도 소용이 없다.

4. 정보 윤리의 심각성

20세기 들어 과학 통신의 발달로 정보화 시대를 맞이하고 있다. 즉, 현대사회에서는 지식과 정보가 사회활동으로 자리매김하고 있다는 것이다. 다시 말하면, 창작, 전파, 사용에 관한 관계 등에서 윤리적 기준이 마련되어야 함을 이야기하고 있다. 예를 들면, 정보 차원의 프라이버시 그리고 창작, 녹취, 배포, 처리 등으로부터 발생하는 도덕적 문제들이 생겨나기 시작한다. 특히 소유권과 저작권 문제는 급기야 소송까지 불사하게 되는 상황이다.

정보 윤리는 정보사회에서 일어나고 있는 다양한 윤리적 문제점들을 해결하기 위한 규범 체계로서, 단순히 정보통신기기를 다루는 데 있어서뿐만이 아니라 정보사회를 살아가는 데 있어서 옳음과 그름, 좋음과 나쁨, 윤리적인 것과 비윤리적인 것을 올바르게 판단하여 행위를 하는 데 필요한 규범적인 기준 체계이다.

정보 윤리에서 엄격히 적용되는 원칙으로는 첫째, 존중(respect)의 문제이다. 다시 말하면, 자신의 인격이 중요하듯이 타인에 대하여 존중함을 말한다. 이는 타인의 지식 재산권, 프라이버시 그리고 다양성을 인정해야 한다는 것이다.

둘째, 책임감(responsibility)이 필요하다. 모든 행위에 있어서 어떠한 결과를 가져올지를 관심을 기울여야 하며 행위 후의 결과는 자신에게 있다는 것이다.

셋째, 정의(justice)의 문제로 자신이 제공하는 정보는 편향성을 가지면 안 되고 진실해야 한다는 것이다. 따라서 공정한 표현을 중시해야 하며 타인의 자유와 권리를 침해해서는 안 된다는 것이다.

마지막으로 해악 금지(non-maleficence)이다. 타인에게 정보 행위를 할 경우 명백하게 해를 끼쳐서는 안 된다. 즉, 불특정 다수에게 엄청난 피해를 줄 수 있는 행위는 금해야 한다. 예를 들면, 오늘날 만연되고 있는 사이버상의 비도덕적인 거짓 뉴스, 사이버 성폭력, 사이버 블링 등은 타인의 목숨까지도 앗아갈 수가 있기 때문이다.

현재 우리 사회에서는 사이버상의 예절은 찾아볼 수가 없다. 사이버상의 예절을 흔히 네티켓이라 하는데 네티즌 간의 예절을 말한다. 네티즌(net+citizen) 간의 예절은 오늘날 매우 심각하다. 사람이 모인 곳이라면 어느 곳에서나 예절이 필요한데 인터넷도 매우 많은 사람이 드나드는 곳인 만큼 네티켓이라는 말을 자연적으로 만들면서 예절을 지키는 것이다.

하나의 예로는 채팅에서 흔히 볼 수가 있다. 채팅의 의미는 말을 주고받듯이 키보드로 메시지를 입력하는 방법으로 네트워크상에서 실시간(real time)으로 하는 대화이다. 인터넷 채팅 사이트에서 원하는 종류의 대화방을 선택한 후 그 방에 들어온 사람들과 동시에 함께 서로의 의견을 교환할 수 있는 것을 말한다. 뒷장에서 자세히 논의하겠다.

이러한 문제점들을 해결하기 위해서는 정보 윤리 의식에 관하여 교육이 절실하다. 요즈음 학교, 기업 등에서도 이러한 교육을 하고 있지만 여전히 정보 윤리에 대한 의식은 개선되지 않는 상황이다. 이러한 정보 윤리에 대한 부재는 요즈음 선거에서 보듯이 사회의 혼란을 주고 있으며 종국에 이르러서는 인권침해와 범죄로 악용되고 있다는 것이다.

정보를 위한 컴퓨터나 핸드폰의 과다 사용은 '거북목 증후군'과 같은 질병을 가져오게 되는 인터넷 중독자를 양성하게 된다. 따라서 이러한 문제점을 예방하고 바람직한 윤리 의식을 갖추기 위하여 개인과 사회제도 등의 노력이 절실하다.

5. 독신(獨身)의 증가

흔히 형제자매, 배우자가 없는 사람을 일컬어 독신(獨身)이라 칭한다. 이는 독신이라 부르는 기준은 배우자의 존재가 있느냐, 없느냐이며 더 넓은 의미로는 결혼을 한 적이 없거나 이혼, 사별로 혼자 사는 상태를 부르는 것을 말하고 있다.

산업화 이전 많은 노동력을 필요로 하는 농업 중심 사회는 가족이 많으면 많을수록 경제적인 측면에서 독신을 선호하지는 않았다. 특히 원시사회에서는 수렵이나 채집의 경우에도 생명의 안전을 위해서나 경제적 풍요를 위한 협동을 중시하였기 때문에 더욱 많은 가족을 필요로 하였다. 즉, 대가족 중심 사회가 바람직한 측면이 있었다.

그러나 산업사회로 변화하면서 대가족의 필요성이 그 전 사회보다 많은 문제점을 가지고 있어서 소가족제도로 변화하는 특징을 가지고 있다. 특히 사회의 다양성은 가족 간에도 직업의 다양성이 존중되고 그 직업에 따라 어느 한 지역에 머무르게 되는 상황에서 벗어나기 시작했다. 따라서 가정을 떠나 도시로 이동하면서 가족에 대한 결속력이 무너져 드디어 핵가족시대로 접어들기 시작하였고 종국에는 독신으로 지내는 사람들이 많이 증가하기 시작했다.

흔히 독신은 영어로는 single이라고 하며, 흔히 쓰이는 솔로(solo)라는 말은 이탈리아어다. 과거에는 일정한 나이가 지나 혼자 생활하면 어딘가 모자라는 사람이라고 놀림을 당하거나 집안의 수치로 여기는 시절이 있었으나 오늘날 대한민국에서는 개인주의 확산, 경제적 부담, 육아 부담, 기혼자에 대한 인식, 비자발적인 독신, 종교적 이유로 독신이 증가하기 시작했다.

이러한 변화는 친자 중심의 가족이 부부 중심으로 변화하였고 오늘날에는 독신주의가 널리 확산이 되어 가족이 해체되는 결과로 이어지게 되었다.

독신에는 다양한 사연들이 존재하지만, 그중에서도 독신이나 미혼 등의 내용을 중심으로 전개하고자 한다. 우리나라에서는 평생 독신으로 지내는 비율이 늘어나고 그중에서 비혼(非婚), 미혼(未婚) 비출산(非出産)으로 변화하였고 이러한 문제는 결국 인구 감소로 이어져 사회의 중대한 문제로 대두되기 시작한 것으로, 요즈음의 대한민국이 가지는 문제이다.

독신의 증가는 많은 이유가 존재하지만, 중요한 것은 자식의 문제, 즉 인구와 관련되기 때문이다. 오늘날 결혼은 자유를 억압하는 제도라는 인식이 젊은이들에게 널리 퍼지게 되었고 기존의 독신은 어리석다는 인식에서 벗어났고 책임 면에서 벗어나기 위해 가족이라는 틀에서 얽매이지 않기 시작했다. 다만 결혼만 하고 아이는 갖지 않으려는 사람들(딩크족)도 있어서 자녀를 원하지 않는 사람이 곧 독신주의자인 것은 아니다.

이러한 면은 자식은 다음 세대를 이어 주고 사회를 움직이는 당사자라는 면에서 결국은 독신은 국가를 존속하는 결정적 역할을 할 수가 있기에 매우 중요하다. 따라서 결혼과 가정은 불가피한 관계이기 때문에 이 둘 사이의 분리는 국가의 위기로 몰아갈 수가 있다.

1) 독신 차별의 역사

대한민국만이 아니라 서양에서도 독신은 부정적 견해를 가졌다. 왜냐하면 국가의 기반을 붕괴시킨다는 이유에서 독신을 권장하지는 않았다. 따라서 과거에는 독신에 대한 차별이 공공연히 성행하였다. 현대사회에서도 마찬가지이다. 과거와는 달리 인권적 문제이기 때문에 드러내고 탄압을 주지는 않지만 결혼하도록 유도하는 실정이다. 예를 들면, 우리나라의 경우 각종 세금의 부과, 복지제도는 미혼자나 독신자에게 불리하게 적용하는 것은 사실이다. 특히 결혼을 유도하기 위한 국가의 안간힘으로 세금 공제나 자녀에 대한 다양한 혜택을 주고 있으며 육아 휴직까지 등장하고 있다.

특히 유교문화에서 『맹자』 이루편(離婁篇)에서도 "불효에는 세 가지가 있는데, 후손이 없는 것은 가장 큰 죄이다(不孝有三 無後爲大)"라고 한 바 있다. 한국 경우도 크게 다르지 않아 고대 한반도의 경우 가뭄이 심하거나 수해가 들어 대흉년이 오면 합동 결혼을 소홀히 한 것에 대한 천신의 노여움으로 알고 독신자 색출을 하는 관례가 있었다. 또한 독신자를 족보에 올리지 않았으며 혈연에서도 소외시켰다. 조선의 경우 결혼하지 못하는 처녀들에게 국가에서 지원을 해 주는 혼인장려책을 펼치는 것까지는 좋았는 데 처녀가 30살까지 결혼을 못 하는 경우 가장을 처벌하였다.

이화여자대학교의 금혼 규정도 여성 독신자 탄압을 막고 자유로운 활동을 보장하기 위해 만든 규정이었다. 1886년 미국인 여성 선교사 메리 스크랜튼(Mary Scranton) 부인이 한국 최초의 여학교인 이화학당을 설립했을 때, 당시 조선 여성의 인권은 시궁창이었으며, 특히 조혼의 악습이 성행했다. 학교 다니다가도 부모와 집안 어른들의 뜻에 따라 강제로 시집가는 소녀들이 많았다. 이화학당은 기숙학교였는데, 방학 중 고향에 내려갔다가 강제로 시집보내져 학교에 돌아오지 못하는 학생들도 있었다. 때문에, 이화학당을 운영하던 미국인 여성 선교사들은 학부모들을 설득하느라 애먹었고, 심지어 방학을 없애기까지 했다. 그리하여 만든 것이 결국 금혼 학칙이었던 것이다. 다만 시대가 변하면서 현대에 들어서는 이 교칙이 오히려 부작용을 일으키게 되었고, 2003년 폐지했다.

2) 독신 증가의 원인

첫째, 독신 생활의 편의성 때문이다. 과거에는 결혼 생활을 통해 의식주를 해결하였으나 요즈음은 혼자 살아도 불편함이 없는 각종 생활 시설이 갖추어져 있기 때문이다. 예를 들면, 편의점, 세탁소, 조리용 전자레인지 등이 많이 있으며 1인 가구에 맞는 소량포장들의 제품이 쏟아져 나오기 때문이다. 빨래도 세탁기로 처리하거나 빨래방, 세탁소에서 해결할 수 있으며, 세탁소에 따라 다림질이나 옷별로 특성에 따른 관리까지 해 준다. 신발도 마찬가지다. 심한 오지 수준의 시골이나 지방이 아니라면 대도시나 신도시의 번화가는 치안상태도 좋아서 범죄율도 낮으며, 각 자동차의 블랙박스나 CCTV, 각종 카메라 등도 범죄율을 낮추게 된다. 한국은 치안이 최상위권이므로 대도시, 신도시 위주로 여성이나 장애인이 밤에 혼자 활보해도 될 정도로 치안이나 안전에 별 무리가 없다.

사교성이 뛰어난 사람들은 친구와 지인들을 끊임없이 만날 수 있으며, 그렇지 않은 사람들은 애완동물을 가족처럼 여기고 키우며 외로움을 달래거나 게임, 인터넷, 동영상 매체 등을 취미로 하는 등 인간이 아닌 다른 대상에 흥미가 있거나 애착 관계를 형성하는 일이 늘게 되면서 별로 외로움을 타지 않게 된다. 그 결과 정서적, 감정적으로도 별로 연애나 결혼해야 할 필요성을 느끼지 못한다.

이렇듯 혼자서도 충분히 불편이나 부족함이 없이 생활할 수 있는 환경이 갖춰져 있는데, 감정 소모하면서까지 타인과 연애, 결혼해야 할 당위성, 필요성을 느끼지 못하는 사람들도 나타났다. 결혼이나 연애하면서 받는 스트레스와 시간적 금전적 투자, 정서적 소모 대신 자기 자신에게 투자하는 경우가 증가하고 있다.

둘째, 경제적 문제이다.

2000년 이후 젊은이들은 취업난, 집값의 상승, 경제위기 등으로 가정을 이루는 데 어려움을 인식하기 시작하였다. 또한 가부장적 가치관에서 책임감에서 벗어나기 시작하였다. 예를 들면, 결혼하면 아내를 먹여 살려야 한다는 부담감과 일과 가정에 대한 두 마리 토끼를 잡기가 어렵기 때문이다.

또한 월급을 타면 월급의 일부분 혹은 전부를 배우자에게 자신이 일한 돈을 전부 주어 매달 조금씩 받아 그것도 눈치를 보며 써야 할 상황에 대한 거부감이 있기 때문이다. 예를 들면, 결혼한 남성은 아내 몰래 비상금을 마련하여 쓰는 현실이 주위에서 많이 회자(膾炙)되고 있다. 심하면 가족 부양의 의무가 부담되어 이혼까지 하는 일도 벌어지고 있는 현실이다. 따라서 이러한 상황이 벌어져 결혼 생활이 파탄지경이 되는 것을 미리 겁먹고 혼자 사는 경우가 있다.

셋째, 여성은 육아에 대한 부담에서 벗어나고자 하는 것이다. 우리나라의 경우 여성의 사회참여가 늘어나고 있다. 따라서 가사노동과 직장생활을 병행하기도 매우 힘든 상황에다가 아이를 낳는 경우 직장을 그만두어야 한다는 강박관념이 작용하고 있다. 이러한 이유로 경력 단절의 아픔을 겪게 된다.

맞벌이 가족이란 남편과 아내가 함께 두 가지 역할을 하는 새로운 생활방식을 시도하고 있는데 이러한 가족을 이중직업 가족(dual-career family), 즉 맞벌이 부부라고 칭한다. 초기의 맞벌이 가족은 대부분 경제적 이유로 일을 해야 하는 경우로 간주되었으나 1970년대 이후부터는 부부가 둘 다 상당한 훈련이 요구되는 직업을 가지고 가정생활을 함께 유지해 나가는 가족으로 정의되고 있다.

우리나라는 일과 가정을 양립할 수 있는 시스템을 갖추지 못하고 있다. 직장생활과 자녀 양육 두 가지를 동시 수행하고 있는 기혼여성 58.4%는 자녀 출산과 양육의 문제로 인하여 직장생활의 중단을 고려해 본 적이 있다고 나타났다. 상당수의 여성은 직장생활을 위하여 자녀 출산 횟수나 시기를 조정하고 있다. 안정적으로 양육과 직장생활을 동시 수행하고 있는 여성은 1/4에 불과하다고 나타났다(장지연 외, 2003).

넷째, 비자발적 독신의 증가이다. 요즈음 사회문제가 되는 농촌 총각이 그 한 예이다. 이는 결혼을 하고 싶어도 결혼하지 못하는 경우로 1980년대 후반부터 오늘날까지 사회 문제로 대두되기 시작하였다.

결혼에 있어서 이러한 현상은 산업화로 인하여 대부분 직장을 따라 대도시로 진출하거나 육체적 노동을 피하고자 농촌 총각을 선호하지 않은 것에서 비롯되었다. 예를 들면, 농어촌 여성들은 80년대 초반까지만 하더라도 남아선호사상으로 대부분 공부시키지 않고 돈을 벌고자 대도시로 빠져나갔고 역으로 도시에서 농촌으로 시집오고자 하는 여성이 현저하게 줄어들었기 때문이다. 옛날이나 지금도 '농촌에 시집가면 고생한다'라는 인식이 팽배하기 때문이다.

따라서 농촌 총각은 배우자를 찾지 못해 비관하여 자살하는 무력감을 보이는 현상을 뉴스를 통해 볼 수가 있다. 이를 해결하기 위해 농촌 총각의 동남아를 비롯한 국제결혼이 성행하였고 이 또한 다문화 가정 문제로 많은 사회문제를 양산하고 있다.

한 예로 국제결혼은 사랑을 무시한 단순한 매매형이 되어 사기 결혼, 국적 취득 후 이혼, 언어불통, 자식의 교육 문제, 문화적 차이 등으로 이혼 등의 문제가 대두되었다. 이로 인해 차라리 혼자 사는 것이 편하다는 개인주의가 성행하기 시작했다. 따라서 국제결혼 또한, 여의치 못한 상태이다.

흔히 비자발적 독신을 involuntary celibacy의 줄임말인 'incel'이라고 한다. 즉,

비자발적 순결주의(純潔主義)로 통하며, 국내에서는 페미니즘 성향의 여성들이 남성 혐오 표현으로 사용하며, 기존에 사용하던 '도태 남'이나 '번식 탈락 남' 등 대신 전문 용어처럼 보이는 '인셀'이란 말을 사용하고 있다. 여성은 '펌셀(Femcel)'이라 흔히 부르고 있다.

최근 국내 여성들을 중심으로 '4B' 운동이 생겨났다. 연애, 섹스, 결혼, 출산을 모두 거부한다는 뜻의 신조어이다. 만연한 여성혐오뿐만 아니라 현실적인 문제 등으로 '4B'를 주장하는 여성들이 점점 늘어나는 추세다. 하지만 국내에서만 이런 바람이 분 것만 아니다. 최근 해외에서는 비슷한 맥락으로 '펌셀(Femcel)'이라는 신조어가 하나의 문화로 형성되고 있다.

연애, 섹스, 결혼, 출산이 가부장제를 이끄는 것이라고 주장하는 페미니스트들이 이러한 네 가지 행위를 하지 않음으로써 가부장제를 이끄는 그 구조를 소비하지 않겠다는 것이 바로 4B 운동이다. 한국 사회에서 성인지감수성(姓認知感受性)이 부족한 구조적 이유는 가부장제에 있고 섹스 · 연애 · 결혼 · 출산을 하는 행위가 기존 가부장제를 공고히 하며 스텔싱(stealthing, 성관계 도중 상대방의 동의 없이 콘돔을 훼손하거나 제거하는 행위), 데이트 폭력, 불법 촬영 등 이성과 연애를 하기 위해 여성이 감수해야 하는 위험이 크다는 이유로 4B 운동을 한다고 주장한다(조성미, 2020. 01. 26.).

특히 스텔싱을 불법으로 대한민국에서 인정한 첫 판결이 나와서 화제가 되었다(이재호, 2021. 02. 19.).

'인셀'은 실제로 범죄로 이어진 경우가 많다. 2014년, 캘리포니아에서 한 남성이 여섯 명을 살해한 사건이 있었는데 자신의 범행 동기를 설명하며 이 용어를 사용했다. 2018년, 캐나다에서는 한 남성이 차를 타고 거리로 돌진해 25명의 사상자가 발생했다. 그가 범행을 저지르기 전 SNS에 남긴 문구는 '인셀들의 반란이 시작됐다!'였다. 국내에도 끔찍한 사건으로 알려진 더글러스 고교 총기 난사 사건 범인은 한 '인셀' 범죄자를 추모했던 행적이 드러나기도 했다. SNS와 커뮤

니티를 바탕으로 이 변질된 용어가 범죄에도 연루되기 시작한 것이다.

비자발적 독신주의는 결혼을 포기하는 대신에 사회적 활동이나 취미 등을 통하여 자신의 영역을 확대하지만, 부정적인 면이 많으면 무력감에 빠져 사회를 어지럽히는 범죄 행위로 빠질 수가 있다. 즉, 사회적 불만 세력이 되어 인터넷을 통한 분노 표출, 성범죄 등에 많이 노출되고 있다.

다섯째, 기혼자에 대한 편협한 시각이 문제다. 이는 남녀를 불문하고 기혼자는 사회적 시각이 '매력이 없는 사람', '늙은 사람', '한물간 사람' 등의 인식으로 결혼을 늦추거나 결혼을 아예 시도도 하지 않는 것이 문제이다. 예를 들면, '~엄마', '~아빠', '아저씨', '아줌마' 등의 이름으로 불리는 것은 오늘날 개인주의적 사고에 맞지 않기 때문이다. 즉, 자신을 잃어버린 듯한 느낌을 주고 있기 때문이다.

여섯째, 집안일의 대소사에서 벗어나기 때문이다. 결혼 후 양육과 경제적 문제도 있지만 과도한 대소사에 대한 부담에서 벗어나고자 하기 때문이다. 남녀의 결혼은 서로 다른 문화에서 자라 왔기 때문에 다소 간의 문화적 차이가 있다. 이러한 문화적 차이로 상대방의 문화에 쉽게 적응하지 못한 커플은 이혼으로 향하게 되는 것이 눈에 뻔하기 때문이다.

설령 문화적 차이에도 불구하고 가족 간에 서로 비교를 통해 남의 집안을 트집을 잡는 일이 흔해 가족 간의 모임과 제사 등에 불참하여 갈등을 겪는 것보다도 아예 결혼으로부터 도피하는 것이 훨씬 낫다는 것이다. 즉, 처갓집, 시댁으로부터 족쇄에 얽매이지 않겠다는 것이다. 이로 볼 때 가족에 대한 가치관의 변화는 가족이 붕괴, 해체 과정을 빠르게 할 뿐만 아니라 오늘날 약 1/3가정이 이혼을 겪게 되는 기이한 현상이 더욱 속도를 내고 있다.

6. 생명 존중의 부재

오늘날 사회는 물질 만능 사회로 흐르다 보니 생명을 존중하는 사회에서 많이 멀어져 갔다. 즉, 인간의 가치 중 물질이나 돈을 중시하는 사상은 이를 취하기 위해 인간의 생명까지도 가볍게 본다는 것이다. 인간의 생명은 누구나 침해해서도 침해받을 수 없는 인간의 기본권이다. 즉, 누구나 부인할 수가 없는 인류의 보편적 도덕성이다.

여러분에게 물어보자. “인간의 생명에 값어치를 매길 수가 있을까?” 물론 여러분은 ‘없다’라고 당당하게 답할 것이다. 그러나 여러분 마음속에는 생명에 값을 매기는 일들이 흔히 벌어지고 있다. 예를 들면, 낙태, 안락사 아동학대, 반려동물 유기, 자살 등의 생명을 중시하는 현상에서 멀어져 가는 자신을 모를 뿐이다. 특히 오늘날 유전자 복제 같은 행위도 심각하다.

생명 존중의 부재에 관련된 사례는 자살에서도 나타나고 있다. 최근 영화배우 A씨가 마약 사건에 휘말려 목숨을 끊은 적이 있다. 더 앞서서는 당대의 최고 연예인으로 인기를 누리던 여배우 B씨가 자살하였다. 최근에는 자살사이트까지 등장하여 생명을 가벼이 여기는 사태에 이르기까지 되었다.

이러한 현상은 대한민국에서는 매우 심각하다. 한국의 자살 현황은 2018년 기준으로 OECD 국가 중 1위를 달리고 있다(통계청, 2018).

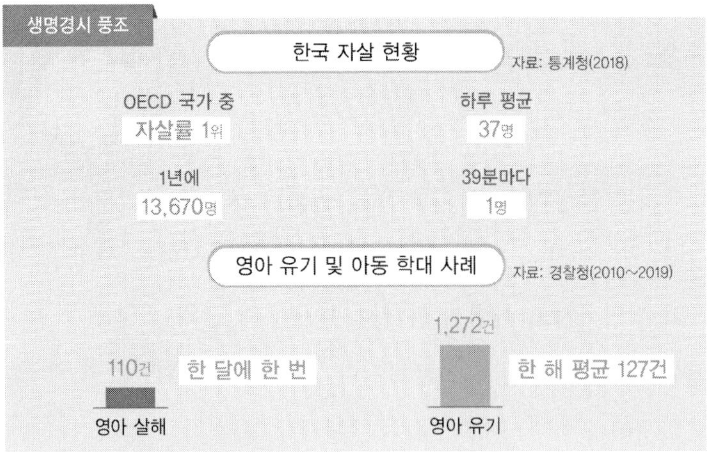

한국에서의 자살률은 1년에 1만 4,000여 명에 이르며 평균 39분마다 1명씩 하루에 37명이라는 아까운 목숨이 내던져지고 있다. 세대별로 살펴보면 청소년은 입시에 대한 압박감, 중년층은 경제적 문제 그리고 노년층은 전통적 가족관계의 해체 등으로 자살을 선택한다고 한다. 일반적으로 한국에서는 사회 양극화, 빈곤과 고독, 치열한 입시제도를 통한 스트레스, 취업난으로 극단적인 자살을 선택하고 있다. 다음의 글을 읽어 보자.

솔로몬, 엘리야, 요나, 사도 바울 같은 성경 속 위대한 인물들도 스스로 목숨을 포기하고 싶을 만큼 절망을 느꼈다. 솔로몬은 "사는 것이 싫어졌다"(전 2:17)고 말하기도 했고, 엘리야 선지자는 두려움과 우울증에 빠져 죽기를 바랐다(왕상 19:4). 요나는 니느웨를 용서하시는 하나님께 너무 화가 나서 죽기를 원했다(욘 4:3, 8). 사도 바울도 힘에 겹도록 심한 고난을 당하여 살 소망까지 끊어졌다(고후 1:8)고 고백했었다. 하지만 그들 중에서 어느 누구도 자살하지 않았다. 솔로몬은 "하나님을 경외하고 그의 명령들을 지킬지어다 이것이 모든 사람의 본분이니라"(전 12:13)는 교훈을 남겼고, 엘리야는 천사의 위로를 받고 쉼을 가진 다음 새로운 사명을 받았다. 요나는 하나님께 책망과 꾸지람을 받았고, 바울은 "우리로 자기를 의지하지 말고 오직 죽은 자를 다시 살리시는 하나님만 의지하게 하심이라"(고후 1:9)는 깨달음과 함께 주께서 모든 것을 감당하실 수 있음을 배웠다고 고백했다(정현주, 2021. 04. 24.에서 재인용).

슈바이처는 모든 생명은 거룩하며, 희생되어도 되는 생명은 없다는 기독교 사상인 생명에 대한 외경(畏敬)을 저서 『나의 삶과 사상』에서 주창하였다. 따라서 그는 생명을 소중히 여기지 않는 현대사회에 분노하는 순수한 사람이 있을 때 역사가 바뀐다고 보았다. 한국삐아제에서 철학자의 감수를 받아서 만든 슈바이처 전기에 따르면, 한센인들을 섬긴 이일선 목사(1922-1995)가 젊었을 때인 1958년부터 1961년에 알베르트 슈바이처와 당시 프랑스 자치공화국이던 가봉공화국의 랑바레네에서 같이 일한 적이 있다. 아프리카의 더운 날씨 때문에 나무에 그물침대를 걸어서 쓰려고 했는데, 슈바이처가 "나무에 그물침대를 걸면, 나무가 매우 아플 거예요."라고 말씀하였다 한다. 그 말씀을 듣고 슈바이처가 생명을 매우 소중히 여기는 분이었음을 느꼈다고 한다. 알베르트는 생명에 대한 경외를 주장하고 실천했다. 종교학자 오강남 선생과 성공회 사제인 김기석(아모스) 신부에 따르면, 슈바이처는 날벌레가 타 죽을 것이 가엾어 밤에는 창을 닫고 불을 켜지 않았으며, 나뭇가지 한 개도 함부로 꺾지 않았다. 김기석 신부는 기독교 사상에서 알베르트 슈바이처의 생명윤리를 한국 사회에서 실천한다면, 닭을 더 많은 달걀 생산을 위해 좁은 사육장에 가두어 사육하는 폭력이 없을 것이라고 비판했다(Schweitzer, 1999).

생명 존중의 부재는 인간만의 문제는 아니다. 우리 주위에서 일어나는 반려동물 유기 실태가 이를 증명한다. 특히 매년 유기견의 발생비율은 12% 정도로 증가하고 있으며 가장 많이 발생하는 기간은 휴가 기간이나 명절 연휴가 심하게 증가한다는 것이다. 2019년 기준으로 반려동물을 키우는 사람은 약 1,500만 명에 이르고 있다(정현주, 2021. 04. 24.). 따라서 이제는 반려동물에 대한 의료보장제도까지 논의가 되는 실정이다.

7. 성 의식의 결여

성 의식의 결여라는 말은 결국은 성 윤리의 부재를 의미한다. 성 윤리는 다른 방식과 방법으로 고려하고 있다는 의미로서 실질적으로 성에 대한 철학의 한 분야이다. 즉, 사회적, 문화적, 철학적으로 남녀관계와 성적 호기심이나 행위에 관한 이해, 평가 및 비판을 목적으로 하는 일종의 학문으로서 성적 윤리를 일으키는 여러 가지 문제를 고찰하는 것을 말한다.

오늘날 성 윤리에 관한 쟁점은 '동의'가 핵심으로 떠오르고 있다. 과거에는 간통, 간음, 섹스 등은 합의에 의한 성행위는 논의조차 되지 않았다. 또한 매춘, 전쟁포로의 성적 학대, 배우자 간의 강간 등도 합법적이라는 선례가 있었으나 오늘날 인권과 국제법에 있어서는 동의하는 경우만 도덕적으로 허용되고 있다. 실제로 부부강간이 성립된 것은 얼마가 되지 않았다. 이만큼 역사적으로 최근까지 부부강간 등은 불법으로 보지 않았다.

전 세계적으로 결혼 생활을 통해 합의된 성관계가 대체로 허용되고 있다. 혼외관계는 여전히 일부 국가를 제외하고는 불법이다. 철학자 미셸 푸코(Michel Foucault)가 지적했듯이, 그러한 사회는 종종 혼외 성관계가 수행될 수 있는 공간 또는 헤테로토피아를 자신 외부에 만든다. 그의 이론에 따르면, 이것이 매춘업소, 망명, 선상 또는 감옥에 사는 사람들이 종종 보여 주는 비정상적인 성 윤리의 이유였다. 그러한 장소에서 성적 표현은 사회적 통제에서 해방된 반면, 사회 내에서는 성행위를 사회적으로 제재하는 결혼제도를 통해 섹슈얼리티가 통제되었다(『백과사전』에서 인용).

다양한 유형의 결혼이 존재하지만, 일반적인 통례로서의 결혼하는 문화에서는 배우자의 허락 없이 혼외 성관계는 불법으로 간주(看做)된다. 이는 과거의 결혼을 통해 승인되었던 성행위는 오늘날 일부 국가에서는 불법으로 여기고 있다는 것이다.

오늘날 잘못된 성 윤리는 다양하게 나타나고 있다. 우선 직장에서는 상사와 부하직원 간에는 성행위를 승인하지는 않는다. 즉, 비윤리적이기 때문이다. 다시 말하면, 권력을 이용한 성행위는 '위계(位階)에 의한 성폭력'으로 보기 때문이다. 『형법』에는 다음과 같이 있다.

第303條(業務上威力 等에 依한 姦淫) ①業務, 雇傭 其他 關係로 因하여 自己의 保護 또는 監督을 받는 사람에 對하여 僞計 또는 威力으로써 姦淫한 者는 7년 이하의 징역 또는 3천만원 이하의 벌금에 處한다(改正 1995. 12. 29., 2012. 12. 18., 2018. 10. 16).

이 법은 "위계 또는 위력으로써 간음한 자"를 처벌하도록 되어 있다. 이는 가해자가 상대방의 자유의사를 충분한 세력을 말하고, 유형적이든 무형적이든 묻지 않으므로 폭행 · 협박뿐 아니라 행위자의 사회적 · 경제적 · 정치적인 지위나 권세를 이용하는 것도 가능하다(대법원 1998. 1. 23. 선고 97도2506 판결 등)"고 보았다. 이는 뒤의 일이 두려워서 할 수 없는 행동이었기 때문이다.

또한 물질 만능주의에 물들어 있는 요즈음은 모든 일을 '돈'이 해결해 준다는 믿음 아래 유흥산업이 번성하여 인간의 기본적인 성에 관한 가치관이 무너지기 시작했다. 이는 과거 전통사회에서는 성(性)은 신성하고 생명을 잉태하고 후손을 이어 사회의 영속성을 이어간다는 점에서 존엄의 대상이 되었다.

그러나 오늘날은 목적과 수단이 뒤바뀌어 쾌락을 위한 욕구의 수단으로서 생각되기 시작하면서 성에 도덕관념이 무너지기 시작하더니 성 상품화로 변질되었다. 이러한 성 상품화의 역사는 인류의 역사와 함께했다는 것이다. 이미 BC 3,000년경 수메르인들은 '신전창부'라는 제도가 있는 기록을 볼 수가 있고 또한 고대 이집트나 바빌로니아에서도 여성 신관이 매춘했다는 기록까지 있다(경북

일보, 2013.01.13.에서 재인용).

이러한 성 상품화는 멀리 바라볼 필요가 없이 최근의 대한민국에서는 국제결혼을 통한 베트남 여성들을 상품으로 취급하여 비난받았다. 성 상품화란 성 자체를 물질인 상품처럼 매매하는 행위를 말하며 성을 직접적으로 매매하거나 성적 끌림을 제품과 연결을 시켜 성을 도구화하는 수단으로 사용하는 행위를 말한다. 이를 정리하면 아래와 같다.

(1) 직접적 성 상품화

- 매매춘, 쇼걸, 미인대회, 러브호텔, 성을 상품화하는 연극, 전위예술, 행위 예술 등

(2) 간접적 성 상품화

- 일반대중을 대상으로 하는 성 상품화(대중매체 이용)
  - 인쇄 매체 이용: 신문, 잡지, 만화, 소설, 광고지, 포스터, 달력 등
  - 영상 매체 이용: TV, 비디오, 영화 등
- 특정 집단을 대상으로 하는 성 상품화(전자매체 이용)
  - Phone 매체 이용: 음성정보, 폰섹스 등
  - PC 매체 이용: 게임, CD-ROM, DVD-ROM 등
  - Network 이용(PC+Phone): 컴퓨터 통신(대화방, 인터넷 포함)

(www.reportworld.co.kr에서 인용)

우리나라에서도 '초혼, 20세, 키 160㎝, 몸무게 47㎏, ○○에 거주.'라는 어떤 결혼 업체가 국제결혼을 위한 홈페이지에 올린 글이며 이 업체는 다양한 국가 여성들의 사진을 올려놓았다. 또한 태국의 모 항공사는 기내에서 비키니 쇼를 하거나 속옷 차림의 승무원들을 광고에 내세워 논란을 일으켰다. 이뿐만 아니라 2018년 태국이 아시아축구연맹 23세 이하(U-23) 챔피언십에서 사상 처음으로 준우승 신화를 이룬 뒤 특별기 안에서 비키니 쇼를 벌여 구설(口舌)에 오른 적이

있었다. 당시 축구 감독은 박항서 감독이어서 한결 씁쓸한 마음이 가시지 않은 적도 있었다(민영규, 2018. 12. 23.).

인간의 성은 과거의 생물학적 관점을 넘어 인격 형성과 사회적 관계에 많은 영향을 미친다. 우리의 조상들은 성에 관한 것은 보수적이었다. 따라서 성행위는 도덕적으로 정당하기 위해서는 반드시 결혼을 통한 것으로 생각하였고 간통(姦通)은 부도덕한 측면을 가지고 있었다. 따라서 결혼을 통한 출산은 성의 결과에 대한 책임을 다한다는 것이고 자녀에 대한 안정적인 양육이 도덕적으로 최선을 다한다고 여겼다.

그러나 성이 가지는 다양한 측면 중에서 '출산'이라는 측면만을 강조하여 이는 여러 가지 성적 억압을 가져오는 문제들이 생겨났다. 반면에 성적 자유를 옹호하는 자유주의자들은 사람들이 출산에 얽매이는 억압적 행위보다는 서로 간의 성적 쾌락을 우선시한다는 것이다. 일상적인 부부간의 성적 행위에 주안점을 두는 것과는 달리 다른 이들과의 관계적 성이 더욱 쾌락을 느끼게 하여 즐긴다는 생각이다. 즉, 생물학적인 면에 출산이나 쾌락 그리고 생식 등과 관련된다면 인간의 전체성인 윤리적인 측면인 책임감, 수치감 등이 함께 존재한다는 것이다. 따라서 성은 생리적 기능과 윤리적 측면을 모두 강조하고 있다. 그 이유로는 어느 남녀가 자신이 사랑하는 사람이나 자기 자녀가 성적 쾌락을 위한 문란한 성생활을 하는 데 동의하지 않는다는 것이다.

이러한 성적 행위의 변화는 사회 문제들과 결부되어 매우 중요하다. 즉, 인격 형성과 사회적 관계 형성에 매우 영향을 미치므로 인간존재는 무엇이 삶에 있어서 가치가 있는가를, 어떻게 사는지를 알아감으로써 정체성을 찾기 위한 방편으로 성에 관한 문제도 매우 중요하다.

오늘날 성에 대한 변화, 즉 전통주의 사고에서 벗어나 새로운 성에 대한 사고는 잘못되면 성 붕괴로 오해받을 수가 있다. 이러한 붕괴는 무지와 지나친 성에 대한 집착의 원인으로 볼 수가 있으며 급기야 사회적 물의를 일으키고 또 다른 성에 관한 관심이 동성연애, 성을 통한 매춘, 성폭력, 성희롱, 집단윤간, Swapping(배우자나 애인을 서로 바꿔 하는 성관계) 등으로 변질될 수가 있다. 따라서 이를 해결하기 위해서는 성 윤리 의식을 확립하기 위한 법 제도를 재정비하는 동시에 개인의 성 윤리 의식을 재점검할 필요가 있다. 한 가지 상식 문제를 짚고 넘어가 보자.

■ **Swapping의 유래**

스와핑은 쉽게 말해서 부부 교환 성관계로 성적 용어가 아니라 원래 영어로 '교환하다.'라는 뜻을 가진 의미다. 원래 스와핑은 성관계 없이 일정기간 배우자를 바꾸어 생활하는 걸 의미한다. 부부교환 성관계는 스윙잉(Swinging)이다. 하지만 시간이 지나고 여러 이유로 스와핑이 부부교환 성관계가 되었다.

역사는 고대 그리스 시대의 도시 국가였던 "스파르타"에서 처음 시작되었다. 당시 스파르타는 인구가 적었고 전쟁이 많았는데 군인으로 쓸 남자 인구가 굉장히 귀했다. 이런 스파르타에서는 건강한 남자 아이를 낳을 수 있는 아내를 가진 것이 가장 큰 자랑거리였고 이러한 건강한 아내를 형제나 친구에게 빌려주었다. 그래서 당시 스파르타에서는 여자는 인구증가의 도구 겸 재산이였다. 이렇게 아내를 빌려주며서 권력을 행사하기도 한 것이 초기 스와핑의 시작이었다.

이후 2차 세계대전에서 미군 장교들이 집단 거주지에서 키 클럽: Key Club(아내가 기다리는 장교 숙소의 현관문 열쇠를 섞어 놓고 제비뽑기를 한 후 당첨된 집에서 하룻밤을 보냈다는 모임)과 1960년대 미국 히피(미국 샌프란시스코, LA 등지 청년층에서부터 시작된, 기성의 사회 통념, 제도, 가치관을 부정하고 인간성의 회복, 자연으로의 귀의 등을 주장하며 탈사회적으로 행동하는 사람들)과 1960년 성 혁명 이후에 스와핑 = 부부교환 성관계로 뜻이 고정되었다.

2022년 7월에는 경찰의 서울 강남의 어느 스와핑 클럽현장 급습한 일이 있는 등 성적으로 보수적인 한국에도 2000년대 이후 스와핑이라는 용어와 행위가 수입되면서 한국에서도 나름 많이 알려져 있다(김기범 교수, "스와핑의 뜻과 유래", 개인 블로그, 2023.01.28.에서 인용).

앞의 내용을 읽고 '바람직한 행위인가?'를 놓고 난상토론을 해 봅시다.

8. 인구 증가로 인한 자원고갈 문제

세계 인구는 매년 1.1%인 8,300만 명씩 증가하며 이 추세라면 2050년 중반까지 약 100억에 육박할 예정이다. 2000년 세계 인구가 60억 명을 돌파한 이래로 인구는 반세기 만에 배로 증가할 것이다. 그러나 문제는 국가 간의 불균형을 이루고 있다는 것이다. 예를 들면, 후진국일수록 급격한 인구 증가율을 보이고 있으나 선진국은 오히려 인구가 감소하거나 머무르고 있다. 문제는 후진국이 인구가 증가하고 있는데 오히려 낮은 질의 삶을 살고 있으나 선진국은 인구가 줄어드는 반면에 오히려 삶의 질이 높다는 것이 문제다.

유럽의 경우만 보더라도 인구는 1359년 흑사병이 사라진 이후 증가하기 시작하였으나 18세기에 들어와 산업혁명 이후 노동력의 필요나 삶의 질이 높아지면서 인구는 급격히 증가하였고 오늘날 농업기술, 의료기술과 과학 발전으로 인해 인구가 증가하였다.

오늘날 의료과학의 중심으로 국민들의 평균 수명이 늘어났음과 동시에 유아의 사망률이 급격히 저하되었기 때문이다. 문제는 인구의 증가를 긍정적으로 보는 것은 아니다. 인구 증가로 인하여 일어나는 문제점이 인류를 위협하기 때문이다. 다시 말하면, 인구과잉(人口過剩)으로 인한 선진국과 후진국 사이에서 일어나는 생활자원의 불균형이다. 이를 살펴보면, 첫째, 환경파괴, 빈부격차, 물 부족, 미세먼지, 영양결핍, 기후변화, 식량부족과 자원 소비의 증가 등 여러 문제점을 노출하고 있다.

한 가지 예를 들면 '대부분 물로 형성된 이 푸른 지구는 왜 전 세계적으로 물 부족 사태에 예민해야 하는가?'이다. 문제는 우리가 쓰고자 하는 물은 1%에 불과하다는 것이다. 이유는 대부분 바닷물이 70%를 차지하고 우리가 필요로 하는 일반적인 민물(담수, 淡水)은 2.5%에 불과하다는 것이다. 이 중에서도 대부분 지하수, 빙하 속에 있어서 그대로 사용할 수가 없다. 따라서 1%의 물을 가지고 전 세계의 인구를 비롯한 동식물 등 모두가 사용해야 한다는 것이다. 지역 간 국가 간 갈등이 격화되면서 만약 3차 전쟁이 일어난다면 '물 전쟁'이 될 것이라는 예측도 가능하다.

이유는 아프리카의 경우는 대부분의 나라가 물 부족이며 부족하면 오염이 된 물이나 대소변에 오염된 물을 식수원으로 쓸 지경이다. 따라서 각종 질병에 노출될 수도 있다. 현재 지구인의 25%가 물 부족 피해를 겪고 있다. 심지어 어느 지역에서는 지하수를 너무 사용해서 도시의 지반이 내려앉고 있다. 한 가지 예를 보더라도 자원고갈은 인류에게 심각한 위협이 되고 있다.

특히 에너지 자원고갈은 수요가 증가하는 추세로 소모가 많아지면서 재생에너지 쪽으로 방향을 돌리고 있다. 특히 인류에게 필요한 석유, 석탄, 천연가스 등은 제한적이어서 고갈의 위험이 증가함에 따라 산업과 경제에 미치는 영향에 주목하기 시작했다.

천연자원은 인류에게 없어서는 안 되는 필수자원이다. 석유, 광물, 금속, 목재, 물 등은 산업 제조나 건설 등에 꼭 필요한 자원으로서 문제는 한정되어 있다는 것이다. 따라서 자원의 수요를 줄이거나 재활용을 추진하여 대체 에너지가 안정적으로 수급될 때까지 적정한 자원관리가 필요하다.

자원의 수요가 증가하면 가장 문제되는 것이 있다.

첫째는 환경파괴 문제이다. 이는 단순히 파괴되어 없어지는 문제가 아니라 기후변화에 영향을 주고 있어서 인류 최대의 적이 될 수가 있다는 것이다. 예를 들면, 이러한 기후변화는 산업경제 생산활동에서 배출되는 이산화탄소(CO_2), 메

탄(CH_4), 이산화질소(N_2O) 등은 온실가스를 배출하여 지구온난화를 가속하여 결국은 남, 북극지방의 빙하를 녹여 해수면의 상승을 가져오게 된다. 특히 화석 연료가 주범이 되어 발생하는 문제들을 극복하기 위해서는 청정에너지를 도입하는 국제사회의 노력이 절실하다.

둘째는 자연 생태계에 위협이 된다. 이는 인간의 활동이 점점 넓어지면서 동식물의 자연 서식지가 파괴되어 따라서 일부 생명체는 멸종하거나 멸종위기에 처해 있다. 이는 생물의 다양성을 줄이거나 생태계의 균형을 교란하기도 한다.

셋째는 황사 문제를 일으키는 삼림의 파괴가 염려된다는 것이다. 산림파괴는 인간 삶의 질과 지식산업의 발달로 인해 산림벌채, 불법 벌목, 산불 등이 주원인으로 작용하고 있다. 결국 과한 산림파괴는 생물의 다양성과 토양 침식, 인구 집중화로 인하여 지구 생태계에 영향을 미치고 있다. 특히 산림파괴는 우리나라에서도 심각하다. 그 이유는 황사를 일으키는 주범이기 때문에 우리나라에서도 골칫덩어리로 자리매김하고 있다. 매년 봄이면 중국으로부터 불어오는 황사로 인한 삼림의 훼손으로 토양이 노출되고 이것이 한반도로 넘어오기 때문이다. 따라서 우리나라는 몽고 지역에 식수(植樹)를 통해 이를 해결하고자 노력하고 있다.

이를 해결하기 위해서는 첫째, 재생에너지의 연구 개발이다. 주로 재생에너지로 널리 이용되는 태양열, 풍력, 수력 등의 에너지를 확대함으로써 화석 에너지로부터 탈피해야 한다.

둘째, 자원 활용의 효율성을 개선할 필요가 있다. 이는 생산과정에서 최대한 자원의 낭비를 줄이는 방면에 재활용을 적극 추진하여 적은 자원으로 고가치적인 생산을 할 필요가 있다. 이를 위해서 소비자는 자원을 아끼는 면에서 불필요한 소비를 줄여야 하며 기업은 친환경적 생산활동을 통해 이를 해결하도록 적극 협조할 필요가 있다.

셋째, 환경교육의 필요성이다. 교육이라는 말은 가치 있는 것을 습득하여 바람직한 방향으로 변화하는 것을 의미하고 있다. 따라서 앞에서 말했듯이 자원남용의 심각성을 생각할 때 환경에 대한 재교육이 필요하다. 이전까지는 환경이 우리에게 어떠한 영향을 미치는가에 대한 문제의 심각성을 깨닫지 못하였다. 그저 우리에게 무한정 베푸는 것으로만 생각했다는 것이다.

그러나 21세기 진입하자마자 환경보호의 심각성을 깨닫기 시작하여 학교, 기업, 지역사회, 국가에서는 교육과 홍보활동 강화를 시작으로 각종 정책과 규제 그리고 세미나, 워크숍 등을 통해 환경보호의 중요성을 대중들에게 알리기 시작했다. 따라서 개인과 국가는 이를 해결하기 위한 협력적 관계를 인식하기 위해서 관련 홍보 및 캠페인이 활발하게 진행하기 시작했다.

마지막으로는 환경문제에 관한 국제적 협력이 필요하다. 오늘날 인권적 측면에서는 제3세대 인권을 추구하고 있다. 인권에 관심을 가지기 시작한 것은 자유를 회복하기 위한 것이 중점이 되면서부터이다. 이것이 인권의 제1세대이다. 즉, 국가나 간섭으로부터 탈피하여 개인의 자유를 확보하고 정치참여를 하기 위한 세대로서 계몽주의 사상에 영향을 받아 신체의 자유, 결사의 자유, 평등의 자유 등 '~으로부터의 자유'를 주장하는 소극적인 자유를 주장하였다.

반면에 2세대의 인권은 사회적 평등을 기초로 한 정의의 평등으로써 '~에 대한 권리'를 주장하는 적극적인 자유의 모습이 나타나기 시작했다. 예를 들면, 사회민주주의에 기초로 하는 사회운동적 차원이 강하였다. 가령 적절한 교육을 받을 수 있는 권리, 적정 임금에 대한 권리, 사회보장에 대한 권리로서 사회적 약자를 보호하기 위한 권리에 집중되었다.

오늘날은 제3세대의 인권을 중시하는데 국경을 초월한 연대를 강조하고 있다. 예를 들면, 깨끗한 물을 마실 수 있는 권리, 깨끗한 공기를 마실 권리, 선진국과 후진국의 민중들을 위한 권리 등이 강조되기 시작했다. 인권의 대한 문제는 어느 특정한 국가만의 문제가 아니라 전 세계가 협력을 통해 극복해야 한다. 따라서 환경이나 자원의 문제는 국제적 협력이 필요하다. 이를 위해서는 각국이 가지고 있는 경험을 공유함으로써 해결해야 하며 특히 개도국에 대한 선진국의 지원이 절실하게 필요하다.

Chapter

07

도덕성에 관한 두 가지 관점: 공리론과 의무론

07
Chapter

도덕성에 관한 두 가지 관점: 공리론과 의무론

1. 근대사회의 윤리 사상의 배경

15세기에서 16세기로 접어들면서 교황의 권위가 무너짐과 동시에 여러 가지 사태로 인하여 기독교 철학이 붕괴되기 시작했다. 이 시기는 인류사에 큰 변혁을 가져오는 시기였다. 왜냐하면 당시 사회의 정치, 문화, 경제, 교육 등에 크나큰 영향력을 미쳤던 기독교 사회가 부패하면서 새로운 사회가 도래했기 때문이다.

근세 철학은 15세기에 접어들면서 태동하였다. 중세 시대의 국가와 교회의 정치 관계 및 권위주의적인 종교의 모순에 사회적인 불만이 누적되어 사람들이 반기를 들기 시작했다. 그 결과 중세철학을 지탱해 온 스콜라 철학이 붕괴되어 근세 철학이 시작되었다.

중세 사회는 신학 중심 철학의 시대였다. 이는 로마 시대 이후 약 1,000년의 기간 동안 서양 사회를 지배했던 기독교적 세계관을 근간으로 하였던 사상이다. 모든 사상이 하나님을 중심으로 한다는 점에서 근세철학과 뚜렷하게 구별된다. 그런데 근대로 접어들면서 자연과학의 발달과 인간성의 재발견, 교회의 부패 및 새로운 정치변혁으로 인하여 소수의 지배계급이 독점하고 있던 지식을 보통 계급에서도 쉽게 습득할 수 있게 되었다. 이를 통해 교회를 중심으로 한 지배계급이 공고한 위치를 위협받고 동시에 시민계급이 새롭게 등장하였다. 그 결과 중세를 지배하였던 기독교의 사상이 서서히 쇠퇴하면서 근세철학이 도래하게 되었다.

이 장에서는 중세 시대에서 근대로 접어드는 몇 가지 원인에 대하여 살펴보기로 한다.

1) 새로운 시대가 열리다–자연과학의 발달–

한 시대가 몰락하는 데에는 어떤 계기가 분명히 존재하기 마련이다. 약 1,000년간 이어져 왔던 중세시대가 몰락한 이유는 이 시기 인류사에서 획기적인 사건이 발생했기 때문이다. 그러한 이유와 사건을 종합하여 보면 다음과 같다.

첫째는 자연과학의 발달이다. 근대 이전의 시대는 인문학과 신학이 주류를 이루었는데 근세에 들어오면서 자연과학이 활발하게 발달했다. 이것이 근대의 시기를 도래하게 한 이유 중의 하나이다.

기독교는 중세 후반에 교회의 영토를 확장하려는 목적으로 십자군 전쟁을 일으켰지만, 원정은 실패로 돌아갔다. 이는 교황권의 몰락과 기독교의 약화를 가져왔으며 그 결과 교회의 권위가 떨어졌다. 또한 십자군 원정을 통해 동방(이슬람)의 발달된 과학지식이 도입됨에 따라 서유럽의 자연과학이 급속하게 발달하게 되었다.

자연과학의 발달로 발명된 나침반은 인류에게 새로운 인식을 가져왔다. 미지의 세계에 대한 동경심을 해결하는 데 가장 힘을 실어준 것이다. 나침반의 발명은 장거리 항해를 가능하게 함으로써 신대륙과 인도 발견의 쾌거를 이루었다. 이로 인하여 새로운 문물을 받아들이는 데 큰 공헌을 하였다. 이때 주로 활동한 이가 바로 콜럼버스(Christopher Columbus, 1451~1506)와 바스코 다 가마(Vasco da Gama, 1469~1524)였다. 이들을 중심으로 여러 나라들이 해상의 패권을 두고 치열한 쟁탈을 벌이며 결국은 제국주의의 길을 여는 계기가 되었다.

또한 화약의 발명은 당시에 근간이 되는 봉건적인 기사 계급의 몰락을 가져왔다. 당시에는 봉건사회를 중심으로 교황이나 군주들이 막강한 영향력을 행사했다. 기사 계급도 그들의 아래에서 한 자리를 차지하고 있었는데 화약의 발명이 이를 흔들어 놓은 것이다.

이 시기에 인쇄술이 발전하여 인류의 사고를 변화시키는 데 도움을 주었다. 인쇄술의 발전으로 비싼 양피지 대신 값싼 종이가 보급되어 교회와 지배계층이 독점했던 지식 및 사상이 널리 퍼지게 되면서 새로운 지식과 사상이 나타나게 되었다. 가장 대표적인 것이 코페르니쿠스(N. Copernicus, 1473~1543)가 1543년 『천구의 회전에 관하여 De revolutionibus orbium coelestium, libri Ⅵ』에서 발표한 지동설이다. 당시에 우주의 중심은 지구라고 주장한 그리스의 철학자이자 천문학자였던 프톨레마이오스(Ptolemaeos, BC 2세기경?)와 아리스타르코스(Aristarchos, BC 310?~BC 230?)의 학설을 뒤엎은 획기적인 사건이었다. "지구는 태양의 주위를 돌고 있는 많은 별 가운데 하나에 불과하다"라는 코페르니쿠스의 학설은 모든 별은 지구를 중심으로 돈다는 천동설을 믿고 있던 기독교인들에게 커다란 충격을 주었다.

케플러(Kepler)와 갈릴레이(Galilei)는 코페르니쿠스의 사상을 계승하였다. 케플러는 지구와 다른 행성들과의 관계를 관찰한 결과 지구의 궤도는 원형이 아니라는 것을 알아내었고, 타원형으로 태양 주위를 돌고 있다는 것을 수학적으로 증명했다. 그 결과 우주는 통일된 법칙에 따라 움직이며 자연계 안에서 일어나는 모든 일은 양적인 문제에 불과하다고 주장하며 "하나님이 이 세계를 창조하고 영원히 이끌어 간다."라고 했던 교회는 큰 타격을 받게 되었다. 갈릴레이는 순수한 양적 · 수학적 기초 위에서 자연과학의 원리를 응용했다. 사물의 본질을 중심으로 질적 측면에서 자연을 관찰했던 고대인들의 태도와 달리 근세 초기의 과학자들은 양적 관계에 중점을 두고 자연을 탐구하였고 이 같은 과학적 사고는 당시 철학자들에게 큰 자극제가 되었다.

다시 말하면 수학적인 합리성이 신학적인 관점을 넘어서는 과학의 승리이며 태양중심설이 확고한 위치를 갖게 된 계기를 마련하였다. 갈릴레이는 망원경을 발명하여 행성을 직접 관찰함으로써 달과 또다른 행성(목성)의 위성을 관측하였으며 실험을 통해 입증하려고 시도했다. 그가 "모든 천체는 지구를 중심으로 돈다."라는 당시의 학설을 부인하자 종교재판에 회부가 되었다. 그는 고문과 강요를 이기지 못하여 교회의 이론을 따르기로 하면서 풀려나왔는데 자신의 신념이 옳다는 것을 굽히지 않으며 "그래도 지구는 돈다."라는 말을 남겼다고 한다. 갈릴레이의 과학에 대한 신념은 종교적인 관점을 넘어선 획기적인 사건이라고 할 수 있다.

2) 신(神)에서 다시 인간(人間)중심으로 옮기다-인간중심의 휴머니즘(humanism)-

고대 그리스 · 로마 시대의 이상은 자유로운 인간성을 추구하는 데 있었고, 기독교 중심의 중세시대에는 인간의 자연적 본성에서 이탈한 내세지향적인 것이 주된 목적이었다. 인문주의의 이상은 현세에 입각한 활동으로써 모범적인 인간성을 발휘하는 데 있었다. 이는 당시의 분위기와 영합하여 더욱더 확대되었다. 이처럼 새로이 각성된 근대인들의 국민 의식은 단테(Alighieri Dante, 1265～

1321), 페트라르카(Francesco Petrarca, 1304~1374), 보카치오(Giovanni Boccaccio, 1313~1375), 브루노(Giordano Bruno, 1548~1600), 코페르니쿠스 등으로 하여 인간을 새롭게 이해하도록 하였다. 이제 서양 철학은 스콜라 철학의 사상에서 벗어나 아무런 편견 없이 그리스·로마 철학을 고찰할 수 있게 되었고 여기에서 자극받은 다음 세대는 창조적 성과를 얻을 수 있었다. 이러한 배경에서 볼 때 휴머니즘은 근세 초기 사상가들이 세계와 인간을 다시 발견한 것이며, 나아가 인간의 자기 긍정이라고 할 수 있다.

휴머니즘(humanism)이라는 용어는 인본주의, 인간주의, 인문주의로 번역하는데 신이 중심이 아닌 사람이 중심이 되는 사상을 말한다. 그리고 고대 그리스·로마 시대로 환원하여 고전을 연구하기 시작하였다.

보편적 인간성에 대한 존경과 자아에 대한 사랑은 인류의 자유와 평등, 인간의 존엄성으로 이어져 근대철학자들에게 많은 영향력을 미쳤다. 이들이 추구하는 인간중심의 사상은 법, 정치, 문화 등의 생활 전반에 큰 영향을 주었으며 이를 계기로 현대사회로 옮겨 가는 기폭제 역할을 하였다. 결국 휴머니즘이란 중세 시대를 지나는 동안 억압되었던 '인간성'을 새롭게 조명하고, 이제 신 중심이 아닌 인간 중심 철학이 주목받는 출발점이었다.

다시 말하면, 중세 시대에 금기시되었던 계시(啓示) 위주의 진리를 밀어내고 인간중심의 사유(思惟)로 옮겨 왔으며 철학에서도 신학에서 벗어나 인문학 중심으로 넘어와 인간을 대상으로 자리매김한 시대라고 볼 수 있다.

3) 스콜라 철학의 붕괴와 르네상스(Renaissance)

중세철학자들의 관심은 초자연적인 대상에 집중되어 있었다. 그러나 근대로 넘어오면서부터 관심의 초점은 천상에서 지상으로 바뀌었다. 신학 대신에 자연과학이 모든 학문의 앞자리에 위치하기 시작하였고 종교에서도 교회의 울타리를 벗어나 개인적으로 신앙의 대상과 접촉하기를 원했다. 중세시대에 주류였던 스콜라 철학은 계시의 내용이 학문적으로 증명될 수 없다며 스스로 붕괴했다. 또한 더 이상 "철학은 종교의 시녀"로서 존재해서는 안 된다는 철학적 독립성과 자주성을 강화하려는 각성으로 종말을 고하게 되었다.

스콜라 철학이 종교를 위한 철학, 즉 신학에서 출발한 것이었으나 그 역시 하나의 학문임을 부정할 수 없었다. 그로 인하여 자유로운 연구심과 지식욕을 촉발하였으며 결국 교회의 낡은 원리와는 전혀 다른 '사고하는 정신'의 원리, 즉 이성의 자기의식을 산출하게 되었다. 이러한 상황 속에서 새로운 인간성의 회복 및 고전의 연구와 고대 문화의 부흥 운동이 일어났고, 이는 곧 르네상스 운동이다.

르네상스(Renaissance)라는 의미는 '다시 새롭게 일으키자', 혹은 프랑스의 말로 '재생', '부활'의 의미이다. '재생(renascita)'이란 좁은 뜻으로 고대 미술의 재생을 뜻하며 이탈리아 출신의 화가인 바사리(Giorgio Vasari, 1511~1547)가 처음 사용하였다.

현대적 의미로 르네상스를 규정한 이는 스위스의 역사학자인 부르크하르트(J. Burckhardt, 1784~1817)이며 단순히 이탈리아를 중심으로 일어난 고대 미술의 재건에서 벗어나 서유럽에서 광범위하게 일어난 문화운동의 개념을 갖고 있다는 의미에서 광의적(廣義的)이라 할 수 있다.

이러한 운동은 14세기에 이탈리아 북부지방에서 시작되어 16세기까지 유럽 전역으로 확대된 문화운동으로서 그리스 · 로마 시대로 돌아가자는 부흥 운동을 말한다. 이는 학문, 의학, 정치, 경제, 건축뿐만 아니라 사회 전반의 모든 분야로 확대되었으며 근대문화를 창조하려는 새로운 의식에서 출발하였다. 르네상스는 중세 이전 그리스 · 로마 시대의 찬란했던 학문과 철학을 비롯한 고전을 근간으로 하여 해답을 찾고자 했다는 점에서 인간성 회복 운동이라고 할 수 있다.

앞에서 서술한 휴머니즘은 학자들만의 유일한 관심사가 되는 반면에, 르네상스는 모든 생활양식에 해당이 되는 좀 더 광범위한 운동이라고 볼 수 있다. 중세시대의 마감을 주도한 자연과학의 발달, 봉건제도의 붕괴, 화약과 총포의 발명, 인쇄술의 발달, 지리상의 발견, 종교적인 환멸감 등으로 인하여 새로운 시대가 도래하였고 이에 따라 대중들은 새로운 문화를 찾게 되었는데 르네상스가 바로 근대문화의 원동력이 되었다.

이러한 운동의 발로(發露)는 문학이나 예술의 분야에서 먼저 일어났으며 대표적인 선두주자는 페트라르카와 보카치오이다. 그들은 문학과 예술에서 인간을 중심으로 하였고 현세를 중시했다. 따라서 인간의 욕망은 자연스러운 것으로 긍정하였고 인간의 육체는 아름답고 고귀한 것으로 찬미의 대상으로 표현하였다.

페트라르카(Petrarca, 1304~1374)는 이탈리아 출신으로 초기 인문주의자이면서 교황청의 계관(桂冠) 시인이었다. 그는 대표작 『칸초니에레, Canzoniere』라는 서정집(敍情集)에서 라우라(Laura)라는 여인을 통해 인간과 자연에서 있는 그대로의 모습을 서술한 최초의 문학가이었다.

보카치오(Boccaccio, 1313~1375)는 대표적인 단편집인 『데카메론, Decameron, 1349~1351』에서 당시의 사회적인 상황을 있는 그대로 묘사하면서 비판과 풍자를 하였다. 이 작품의 내용은 흑사병을 피하여 모인 10명의 피렌체 남녀들이 10일간 한 명씩 이야기를 한 내용을 통하여 당시의 교회와 수도사들의 위선을 그린 작품으로써 근대 서사시(敍事詩)의 효시로 여겨지고 있다.

또한 단테(Alighieri Dante, 1265~1321)는 르네상스의 선구자로서 『신곡』을 통하여 중세 정신을 종합하고, 신의 영역인 지옥, 천국 등을 나타냄으로써 근대적 인간성을 그려 내었는데 이는 고전을 매개로 하여 방대한 서사시를 남긴 것이다.

이들은 중세에 이르러 거의 자취를 감춘 고전 문학 작품을 재수집, 발굴하는 데 열중함으로써 인간적인 것을 추구하고자 하였다. 이렇듯 인본주의는 문학에만 치중하지 않고 정신생활의 모든 영역을 대상으로 확산이 되어 갔다.

특히 미술에서는 이탈리아의 라파엘로(Raffaello Sanzio da Urbino, 1483~

1520), 미켈란젤로(Michelangelo, 1475~1564), 레오나르도 다빈치(Leonardo da Vinci, 1452~1519) 등이 대표적인 인물로서 인간의 육체를 자유롭게 표현하였고 기독교에 의해서 금기시되었던 성에 대한 문제들을 표출하였다.

부르크하르트(Burckhardt, 1784~1817)는 르네상스 운동을 "자연의 발견과 인간의 발견"이라고 평했다. 자연의 발견은 두 가지 의미를 갖게 된다. 하나는 신대륙의 발견, 새로운 항로의 개척, 그들과의 무역 등을 통하여 생활권역이 확대되었다는 뜻이다. 또 다른 하나는 자연을 새롭게 인식했다는 것이다. 중세시대에서 자연은 부정적인 의미였다. 자연은 신에 종속된 것으로 인간이 극복할 수 없는 공포의 대상이었다. 그러나 자연과학의 발달로 인간은 자연을 긍정적으로 재인식하게 되었다. 자연은 죽어 있는 것이 아니라 활기차고 아름다운 대상이며 인간에게 유용하다는 것이다. 이처럼 르네상스를 거치면서 인간은 자연의 주인으로 바뀌었다.

또한 인간의 발견은 인간에 대한 재발견을 뜻하며 중세에는 인간의 부정적인 측면, 즉 욕망, 육신 등은 신의 부속물에 불과하므로 이러한 표현은 금기시하였다. 그러나 이후에는 인간의 육체와 욕망은 자연스러운 발현이고 인간 중심적이며 찬미의 대상으로 인식하여 긍정적인 모습으로 표현되었다. 따라서 이 시기에는 자연과 인간을 대상으로 한 작품들이 많이 나왔으며 인간을 아름답게 표현하여 세상 밖으로 끌고 나왔다고 볼 수 있다.

4) 루터의 출현, 의인(義認)은 신앙에 의해서만 의롭게 된다(의인설, 義認說)–종교개혁–

앞에서 말했듯이 중세사회는 기독교 중심의 사회였으므로 초기에는 하나님의 말씀대로 살아가려는 의지들이 충만하였다. 그러나 잦은 전쟁과 교회의 횡포, 사회경제의 몰락 등으로 민중들은 차츰 교회에서 멀어져 가기 시작했다. 특히 당시 사회의 토대가 되었던 기독교 사상은 교회 및 성직자의 부패와 문란 등으로 더욱 대중 속에서 멀어져 갔다.

그리하여 일반 대중들은 교회의 형식주의와 교황의 횡포와 폭압을 견디지 못하면서 다른 대안을 찾게 되는데 일부 신학자들에 의해서 종교개혁의 필요성을 느끼게 되고 공감하기 시작했다.

종교 개혁가들은 성직자의 권위가 아닌 신앙에 의존해야 하며 성경에 의한 구원의 필요성을 역설하였다. 그때 앞장을 섰던 인물이 바로 마르틴 루터(Martin Rutter, 1483~1546)라는 독일의 신학자이자 교육자, 목사였다. 당시에 누구나 종교를 개혁하려는 필요성을 느꼈으나 교회의 권위에 억눌려 감히 나서는 이가 없었다. 그러나 루터는 죽음을 두려워하지 않고 앞장을 섰던 인물이었다.

종교개혁의 필요성에 대한 시대적인 상황을 요약하면 세 가지로 집약할 수 있는데, 첫째는 중세 후반에 교황권이 약화가 되고 중앙집권적인 강력한 국가의 형성으로 인한 왕권의 강화이다. 둘째는 봉건귀족과 장원제도의 붕괴로 인한 경제적 궁핍이다. 따라서 교회의 재산에 눈독을 들이고 또한 십일조(十一租)에 대하여 적극적이지 않은 결과로 재정적 압박을 받았다. 셋째는 르네상스의 영향을 받은 국민의 개인의식의 확산이다. 따라서 교회의 획일적인 통제에서 벗어나고자 하는 욕구가 매우 강하여서 누구나 개혁의 필요성을 느끼고 있었지만 단지 "누가 고양이 목에 방울을 달 것이고 그 시기는 언제이며 무엇으로 기폭제가 되느냐?"를 저울질하며 눈치를 보고 있었던 상황이었다. 따라서 이러한 변화는 유럽 전역에서 일어날 수밖에 없었다.

루터는 독일의 광부의 아들로 태어나 대학에서 법학을 전공하던 중 수도원에 들어가서 신학을 공부한 신학박사였으며 목사로 재직하고 있었다. 그는 수도원 생활을 하면서 허례허식적인 종교의식과 스콜라적인 신학에 대하여 반감을 느끼고 있었는데 이때 발생한 면죄부 판매사건이 그를 혼란하게 만들었으며 종교개혁에 관심을 가지게 되었다.

면죄부 판매 사건이란 가톨릭교회가 돈을 받고 면죄부를 판매한 사건이다. 성베드로 성당을 짓는다는 명목 아래 기금을 모으기 시작했지만, 사실은 교회와 교황청이 부패와 타락으로 많은 빚을 져서 재정적으로 곤란해지자 이를 타개하려는 의도였다. 1517년 10월 31일, 비텐베르크대학의 교수였던 루터는 마인츠 주교의 대리인인 테첼(Johann Tetzel, 1465?~1519)의 면죄부 판매 설교를 듣고 하나님을 팔아먹은 현실을 개탄한 "95개조 의견서"를 교회의 정문에 붙였고 이로부터 종교개혁이 시작되었다. 비텐베르크대학의 역사는 오래되었으나 지금의 대학은 1933년에 명명되었으며 오늘날에는 마르틴 루터 할레-비텐베르크대학교로 바뀌었다. 독일 작센안할트주 할레와 비텐베르크에 위치하였으며 1502년에 세워진 비텐베르크대학교와 1694년에 세운 할레 대학교가 1817년에 합쳐지면서 설립이 되었다. 비텐베르크대학의 교수로서 종교개혁을 이끌었던 마르틴 루터에서 비롯한 지금의 이름은 1933년 11월 10일에 붙여졌다.

당시의 설교 내용은 기금모집의 정당성에 대한 것이었으나 매우 졸렬하였다. "누구든지 회개하고 기부금을 내면 죄를 용서받을 수 있다"라는 것과 "돈이 이 상자 속에 짤랑하고 들어가는 순간, 영혼은 지옥의 불길 속에서 튀어나오게 된다." 또는 "면죄부를 사면 성모 마리아를 범한 죄라도 용서받을 수 있다."라는 누가 보아도 정당성이 없고 허무맹랑한 내용이었다. 루터는 교회가 대중을 속이고 있다는 데서 분개하였다. 왜냐하면 기금 모금의 목적은 하나는 교황청의 과다한 채무를 갚기 위한 것이고 또 하나는 성당의 개축을 위한 목적이 분명하기 때문이다.

이후 교황청은 루터가 협박과 강요에도 자기의 뜻을 굽히지 않자, 이단자(異端者)로서 낙인을 찍어 파문하였고 법률상의 모든 보호를 박탈하였다. 그러자 그는 숨어 지내면서 『신학 성경』을 독일어로 번역하여 독일인들은 누구나 성서를 직접 읽도록 하여 신앙생활에 충실하도록 요구하였다. 따라서 루터는 복음주의 교회를 조직함과 동시에 새로운 교회 제도, 예배 의식, 교리문답을 정하며 구교에서 벗어나 신교를 구축하였다. 또한 외부에서 종교개혁을 지원하는 사회개선의 활동에 힘을 기울이면서 말년에는 고향으로 돌아가 생애를 마쳤다.

루터가 종교개혁을 통하여 주장한 것 중의 하나가 구원의 문제였다. 이러한 문제를 해결하기 위해서 제기한 것이 의인설(義認說)인데 "의인(義認)은 신앙(信仰)으로 살리라. 『로마서, 1:17』"에서 해결의 실마리를 찾았다. 이 내용을 살펴보면 모든 일은 믿음으로써 얻을 수 있고 인간은 오직 『성경』의 말씀을 믿어야만이 구원을 받을 것이며 오로지 신에 대한 믿음을 통해 가능하다는 의미이다.

또 하나는 이를 위해서는 인간과 신은 직접 소통해야 한다는 만인제사장설(萬人祭司長說)을 주장하였다. 이는 인간은 신에게 믿음으로써 직접 구원을 청하는 것이며 그 사이에서의 중개자는 없으며 직접적인 소통만이 가능하다는 것이다. 따라서 면죄부의 판매나 성직자의 매매는 필요가 없다는 것이다. 인간과 하나님 사이에는 누구든지 나서서는 안 되며 누구든지 성경의 말씀대로 행하고 믿으면 구원을 받을 수 있다는 것이 만인제사장설(萬人祭司長說)이다. 중간자(中間子)는 오직 『성서』일 뿐이다.

다시 말하면, 사람이 만든 형식에 엮어진 내용이나 권위는 구원과는 상관없는 일이며 누구나 제사장, 기독교에서는 사제(師弟), 신부(神父), 목사(牧師)가 되어 하나님과 직접적으로 소통이 가능하다는 것이다.

오늘날에도 일부 사악한 성직자들이 자신을 통하여서만이 하나님과 소통할 수 있다는 것을 핑계로 온갖 만행을 저지르는 일이 간혹 일어나고 있다. 이러한 행위는 과거의 잘못된 관행으로 절대로 있어서는 안 될 것이며 오히려 신앙을 통해서 구원받으려는 대다수 교인을 현혹하는 것이다.

이와 같은 변화는 르네상스 운동으로 일어난 개인주의 영향으로 일어났다고 볼 수 있으며 이러한 개인주의는 당시의 가톨릭교회의 교리에 정면으로 배치되는 행위였으므로 종교 개혁가들과 충돌을 피할 수 없었을 것이다. 당시에 가톨릭교회의 교리에 의하면 인간은 구원받기 위해서는 누군가의 도움이 필요한데 그가 바로 사제들이었기 때문이다.

신앙인들은 반드시 사제들 앞에서 고해성사를 통해 자신의 죄를 고백함으로써 구원을 받을 수 있다고 믿었지만, 종교 개혁가들은 사제를 통하는 것이 아니라 예수님에 의해서 계시된 『성경』의 말씀을 따르는 것이 중요하며 이를 통해 하나님으로부터 구원을 받을 수 있다는 것이다. 따라서 인간은 신 앞에서는 누구나 평등하며 우리를 부자연스럽게 하는 모든 행위로부터(일종의 율법) 자유로워야 한다는 것이다. 이는 당시의 가톨릭 교리에 정면으로 배치되는 것이었으며 이로써 교회의 균열이 가속화되기 시작했고 오늘날의 신교(新教)와 구교(舊教)로 분열되었다.

루터로부터 시작된 종교개혁을 통해 가톨릭이 누리던 특권적인 지위는 무너지게 되었고 인간은 모든 신학적인 횡포에서 벗어나 일상 전반에 걸쳐 자유를 획득하는 동시에 개인주의적 성향이 강해졌다. 이는 자유로운 정신에 기초로 학문과 예술 등 모든 분야에서 독립을 가져온 계기가 되었다.

또한 『성서』를 각국의 언어로 번역하는 데 열중함으로써 일반 대중들에게 『성서』를 보급하여 쉽게 읽도록 하였으며 교회의 특권에서 벗어나 만인의 교회로 거듭나는 계기가 되었다. 그러나 이와 같은 과정은 순탄하지만 않았다. 신교와 구교와의 갈등은 종교전쟁으로 번지어 유럽 전 지역에서 학살이 자행되었다. 이로써 두 종교는 돌이킬 수 없는 지경에 이르렀으며 오늘날까지도 교리의 문제로 앙숙 관계를 유지하고 있다.

앞에서 말했듯이 루터는 교육자로서의 명성도 대단하였다. 그의 교육관은 좀 더 진보적이었으며 학교 교육의 무상을 주장하였다. 그의 사상에서도 보았듯이 만인은 신 앞에서 평등하므로 빈부의 귀천, 남녀노소의 차별 없이 누구나 교육을 받을 수 있도록 하는 무상 교육을 실행하였다. 이는 오늘날의 의무교육에 해당한다. 루터는 무상 교육을 통해 누구나 『성서』를 읽고 해석할 수 있는 능력을 갖추어 신앙생활로 유도하고자 하였다.

또한 그는 무엇보다도 가정교육과 직업교육을 강조하여 누구나 세속적인 행복으로 유도하여야 한다고 했다. 따라서 부모들은 아이들을 취학할 수 있도록 하는 의무를 지니게 해야 하며 이는 오늘날 공교육의 근간이 되었다고 볼 수 있다. 직업교육으로서는 교직을 추천하였는데 교직은 성직자 정도의 고귀한 직업으로 간주하고 교사를 양성할 것을 주장했다. 즉, 교직은 돈으로 보상할 수 없는 중요한 직업이라 칭송하였으며 특히 여성 교사를 양성할 것을 주장했다.

이를 위한 교육 내용은 특히 초등학교에서 중요하게 생각하였는데 읽기, 쓰기, 독서, 체조, 음악, 성서를 내용으로 하여야 하며 중등학교에서는 인문학적인 교양교육을 강조하여 문법, 수사학, 윤리학, 수학 등을 강조하였다.

교육 방법으로는 언어는 문법을 통하여 실시하는 것이 아니라 실제적인 연습을 통해 교육해야 한다고 하였으며, 특히 소크라테스(Socrates, BC 470~BC 399?)의 문답법을 강조하였다. 자연과학 등의 과목에는 시청각 교육을 활용해야 하며 체벌과 금욕을 강조하는 중세적인 교육 방법에서 벗어나 사랑과 따뜻함으로 아동들을 대하여야 한다고 주장했다.

이로 보건대 지금부터 600여 년 전에 현대교육에서 시행하는 방법을 사용함으로써 교육적인 혜안이 대단하다고 볼 수 있다.

5) 부르주아(bourgeois)계급의 탄생으로 인한 사회 · 경제 · 정치적 변혁

부르주아라는 용어는 프랑스의 부르주아지(bourgeoisie)에서 유래하였으며 원래는 '성 안 사람'이란 뜻이었으나 마르크스주의 이후 현대에는 자본가 계급을 뜻한다. 프랑스어로 '성(城)'을 뜻하는 bourg에서 유래한다. 부(富)를 축적한 계급은 안전하고 윤택한 성내(城內)에 살고, 그렇지 못한 계급은 위험하고 척박한 성외(城外)에서 살았다는 의미이다. 따라서 부르주아는 자본가 계급을 뜻하게 되었고, 다시 말하면 자본주의 사회에서 생산 수단을 소유하고 노동자를 고용하여 사업을 해서 이윤을 얻는 계급을 말하는 것이다. 반의어는 무산자(無產者)를 뜻하는 프롤레타리아(proletarier)이다.

마르크스(Karl Heinrich Marx, 1818~1883)는 프롤레타리아란 "자기 자신의 생산 수단을 갖고 있지 않아서 살기 위해 부득이 자기의 노동력을 판매해야 하는 현대 임금 노동자"라고 했다. 그리고 이런 노동자 계급을 프롤레타리아라고 부른다.

이러한 개념은 근세에 들어와서 봉건제도의 근간인 장원제도, 농노제 등이 사라지고 자유주의에 기초한 상공업의 발달로 자본가 계급인 시민계급이 등장하면서 생겨났다. 이들은 자연과학과 지리상의 발달 그리고 각 도시 상공업의 발달로 인하여 자본을 축적한 새로운 시민계급이다.

이러한 계급이 등장하게 되는 배경에는 근세에 들어오면서 봉건제도와 기독교가 쇠퇴하면서 새로운 왕권 국가가 탄생하였고 군주들이 왕권 국가를 유지하기 위해서는 새로운 세력과 연합이 필요하게 되었다. 이때 유럽의 상권을 통하여 부를 축적했던 시민계급들을 절실히 필요로 하였다. 이들 계급은 농노제가 무너짐에 따라 노동자들이 도시로 집중되자 이들을 고용하여 자본을 축적한 신흥계급이었다.

따라서 군주들은 이들 계급을 무시할 수는 없었다. 근대 사회로 옮겨 감에 따라 일반 대중들에게는 많은 영향력이 있었기 때문이다. 교황권이 흔들리면서 절대왕권의 시대가 도래하자 이들을 중심으로 강력한 국가를 형성하게 되는 결과를 가져왔다.

근대 국가에서는 과거 성직자들이나 교황이 누렸던 시대를 탈피하기 위해서 사회적으로 혹은 국가적으로 새로운 법과 국가의 형태가 필요하였다. 이러한 법과 국가의 형태를 주장한 마키아벨리(N. Machiavelli, 1469~1527)가 출현하게 되었다.

6) 철학사의 전면적 비판과 종합을 하여 철학의 혁명을 이끈 임마누엘 칸트

임마누엘 칸트(Immanuel Kant, 1724~1804)는 스코틀랜드의 후손으로 프로이센의 쾨니히스베르크(Konigsberg)에서 태어났으며 그의 증조부(曾祖父)는 1630년경에 지금의 독일로 이주하였다. 당시의 독일은 국가적 통일을 이루지 못하고 유럽의 다른 나라보다 정치 · 경제적으로 불안했다. 학문 또한 칸트 이전까지는 특출한 사상가를 배출하지 못하고 있었다.

그는 조그만 도시에서 얼마간의 가정교사를 제외하고는 주로 대학에서 지리학과 인류학을 강의하였고 거의 고향을 떠나 본 적이 없었다. 그리고 그는 키가 160cm 정도로 아주 왜소하고 허약한 체질을 가진 볼품없는 인물이었다. 이러한 모습은 그리스 시대에 유명한 철학자인 소크라테스(Socrates, BC 470?~BC 399)의 모습을 연상할 정도로 유사하였다.

그의 어머니는 경건파(Pietismus, 청교도, 검소한 생활과 엄격한 도덕 생활을 주로 함)로 종교적 실천과 신앙을 엄숙히 따랐다. 칸트는 여기에 영향을 받아 어렸을 적부터 충실한 종교 생활을 하였으나 나이가 들어서는 교회에 가기를 거부하였다. 매일 아침부터 저녁까지 하는 종교 생활은 칸트에게는 오히려 반감을 주었다. 그러나 어린 시절의 종교 생활은 후에 그의 사상을 집대성하는 데 많은 도움을 준 것은 사실이었다.

그는 1740년 쾨니히스베르크대학(Albertus-Universitat zu Konigsberg)에서 문학, 철학, 물리학을 수학(修學)하고 대학 강사 생활을 하다가 46세경에 철학에 관심을 가지게 되는데 논리학 및 형이상학 교수로 재직하고 난 뒤의 시기라 볼 수 있다. 어린 시절에 종교의 영향을 받아서인지 매일 규칙적인 생활을 한 것으로도 매우 유명하다. 그의 하루 일을 보면 오전 5시에 기상하여 업무를 시작하였고 7시부터 9시까지 강의를 하며 그 이후 오후 1시까지 주로 연구하였으며 저녁 10시에 잠자리를 들 정도로 엄격하고 규칙적인 생활을 하였다. 실례(實例)로 마을 사람들은 그가 산책할 시간에 잿빛 연미복을 입고 손에 작은 등나무 단장을 쥐고 산책길을 걸어가면 3시 30분이라는 사실을 알고 자신의 시계를 맞추었다는 일화도 전해진다.

칸트의 수업은 학생들에게 매우 인기와 사랑을 받을 정도로 매우 흥미로웠다. 또한, 강의할 때 기본 원칙은 보통 수준의 학생들에게 관심을 보였는데 그 이유는 "둔재는 도와줄 길이 없고, 천재는 스스로 할 수 있는 능력이 있었기 때문"이었다.

칸트의 성격은 어린 시절부터 매우 소심하고 까다로웠다고 전해진다. 이러한 성격 때문에 자주 이사하였고 강의 도중에 불안감을 느꼈으며 주위의 시끄러운 소리도 참지 못할 정도였다. 이러한 성격의 소유자가 형이상학의 체계로 철학의 혁명을 일으키리라고는 아무도 상상하지 못하였다. 자기 자신도 "나는 형이상학이라는 애인을 얻었으나, 이 연인은 나에게 호의를 보이지 않고 있다."라고 술회할 정도였다. 또한 그는 형이상학에 대해 "형이상학은 끝없는 심연"이라든가 "형이상학은 철학의 난파선이 잔뜩 떠 있는 해안도 등대도 없는 어두운 대양(大洋)"이고 말하면서 또한 "언제나 바람이 심하게 불고 있는 사고의 높은 탑에서 살고 있는 사람"이라고 비판하였지만, 그가 위대한 철학의 혁명을 가져올지도 모르는 인물이었다는 것이다.

어린 시절에 여리고 허약한 성장 과정을 거친 칸트는 엄격한 관리를 통해 의학의 힘을 빌리지 않고 80세까지 장수하였다. 그는 평생 독신으로 살았는데 후회는 하지 않았으며 이에 대하여 "나는 이미 내가 걸어가고자 하려는 길을 택했다. 나는 이 길로 갈 것이다. 그리고 아무도 내가 이 길로 걷는 것을 방해하지는 못한다."라고 말하듯이 결혼에 관한 생각은 확고하였다. 왜냐하면 결혼한 남자는 돈을 위하여 무슨 일이라도 다해야 하므로 결혼하지 않고 건강과 학문에만 열정을 다하였다. 이로써 일흔 살에 『단순한 결의로서 병을 극복하는 정신의 힘에 대하여』라는 수필집을 남겼으며 이외에도 그의 대표작은 1781년에 발표한 『순수이성비판』을 비롯하여 『실천이성비판』, 『이성의 한계 내에서의 종교』, 『덕행론』, 『영구평화론』, 『판단력 비판』, 『도덕 형이상학 원론』 등이 있다.

(1) 도덕을 구현하기 위해 신의 존재는 반드시 있어야 한다-『실천이성비판』-

『실천이성비판』은 도덕과 종교의 문제를 다루고 있으며 이는 『순수이성비판』에서 인식론의 한계를 해결하지 못한 이성의 이념들을 실천적 · 도덕적인 세계에서 찾고자 하였다. 이러한 이념들, 즉 신 · 세계 · 자아 · 도덕 · 종교 등은 인식의 대상이 되지 못하기 때문에 여기에서 찾으려고 하였다.

이는 "인간은 무엇으로 알 수 있는가?"라는 문제로 인식의 능력 밖의 일이다. 결국 칸트는 이를 "우리는 무엇을 해야 하는가?"라는 도덕과 윤리의 문제로 전환해서 해결하려고 하였다.

칸트는 먼저 인간의 '선의지(善意志, Good Will, Der unbedingt gute wille)'를 강조하였다. '선의지'는 '좋은 의도'라는 뜻으로 옳은 행동을 오로지 그것이 옳다는 이유에서 항상 선택하려는 경향을 말한다. 다시 말하면, 마음속에서 옳다고 믿어 그에 따라 행하고자 하는 순수한 동기에서 나오는 의지를 의미한다.

인간이 사물과 구별되는 것 중의 하나가 인간은 '의지'에 따라 움직이는데 이러한 '의지'는 두 가지로 나뉜다. 한 가지는 '경험적 의지'이며, 다른 하나는 '순수한 의지'이다. '경험적 의지'는 자기 자신의 목적이나 이기심에 따라 행동하도록 명령하는 의지를 말하고 '순수한 의지'는 타인을 위하여 행동하라는 명령을 하는 의지이다.

'선의지'라는 것은 무조건적 선한 것이며 그 이외에는 선한 것은 없다는 것을 말한다. 따라서 선을 행하려는 순수한 의지가 있으면 결과에 상관없이 그 행위는 선(善)하다는 것이다. 어떠한 목적이나 보답과 보상을 바라면서 행하는 행동은 결과가 아무리 좋더라도 선한 것이 아니라는 것이다. 왜냐하면 순수한 의도가 없기 때문이다. 욕망에 따르는 의지가 아니라 의무감을 좇는 의지이다. 어떤 행위가 선(善)인 것은 그것이 선한 결과를 양산하거나 그 행위가 현명하기 때문이 아니며, 내재한 의무감, 우리의 개인적 경험에서 오는 것도 아니다. 그것은 우리의 과거, 현재, 미래의 모든 행동이 강제적으로, 즉 선천적으로 규정하는 도덕법칙에 따라 행해졌기 때문이다. 이 세상에서 무제한으로 선한 것은 오직 하나, '선한 의지', 즉 자기의 손익에 따라 움직이지 않는 도덕법칙에 따르는 의사뿐이라는 것이다.

이러한 도덕의 법칙을 성립하기 위해서는 반드시 의지의 자유를 전제해야 한다. 인간은 감성적인 충동이나 욕망이 아니라 스스로 이러한 것을 규제할 수 있는 능력이 있었기 때문이다. 따라서 인간의 의지가 자유롭다는 전제하에 선과 악을 판단할 수 있다는 것이다. 다시 말하면, 칭찬과 비난, 포상과 벌을 줄 수 있으며 인간의 의지가 다른 사물과 같이 인과율의 지배를 받아 속박되어 있다면 그들의 행위를 평가하는 데 문제가 있다는 것이다. 이는 행위를 자유롭게 선택하였기 때문에 사람들의 행위에 대하여 선악(善惡)의 책임을 물을 수 있다는 것이다.

칸트에 의하면 "이러한 선의지는 어디에서 오는가?"에 대한 답은 바로 도덕률(道德律)이다. 도덕률이란 도덕법칙으로서 도덕 행위의 기준이 되는 보편타당한 법칙을 말하며 자연법칙과는 달리 명령의 형식을 취한다. 소위 양심에 따르는 것을 말한다.

이러한 명령은 정언적 명령과 가언적 명령으로 구분되는데 '정언적 명령(定言的 命令)' 혹은 '정언명법(定言命法, kategorischer Imperativ)'과 '가언적 명령(假言的 命令)' 혹은 '가언명법(假言命法)'이다. 정언명법은 '~ 하지 않으면 안 된다.' 라고 하듯이 '그렇게 하라.'라는 의미로 개인은 "너는 언제나 네 의지의 준칙(準

則)이 보편적 입법의 원리로 타당하도록 행위를 하라."라는 유일한 법칙으로 정식화되는 것이다. 다시 말하면, "다른 목적과 관계없이 객관적으로 필연적인 행위를 명령하는 것"이며 개인의 행동이 옳은 것이 될 때, 우리는 정의로운 사람이 된다는 것이다. 앞에서 말하는 준칙은 인간의 '주관적인 행위의 규칙'을 말하며 보편적인 입법은 '객관적인 규칙'을 따르라는 것이다.

이는 도덕적인 법칙이 격률(格率, 준칙, 개인이 자기 행위를 통제하기 위해 의식적으로 사용하는 기준)을 극복할 때 개인은 언제나 옳은 행위를 하며 누구나 인정하는 도덕적인 행동을 한다는 것을 의미한다. 자애(自愛)를 기초로 한 도덕은 도덕적 행위가 될 수 없으며 같은 일을 하더라도 의무감으로 행위를 할 때 도덕적 행위가 될 수 있다.

이와 반대로 '가언명법(假言命法)'은 조건에 따라 변하는 것으로 참과 거짓은 상황에 따라 달라진다. 이는 어떤 목적을 달성하기 위한 수단으로 내린 조건명령에 해당하고 그 목적을 승인하는 사람에게만 의미가 있으며 보편타당성은 없다는 것이다.

왜냐하면 타인을 나의 욕망이나 소원성취를 위한 도구나 수단으로서, 혹은 자신을 자기의 감정이나 격정의 도구(예를 들면, 자기학대, 자기 포기)로 삼고 있기 때문이다. 이는 "너와 남의 인격을 수단으로 삼지 말고 목적으로 대우하도록 그렇게 행동하라"는 것이다. 인간을 모독하거나 남의 인격을 비하(卑下)하거나 사람을 목적이 아닌 수단으로 대하는 어떠한 행위도 해서는 안 된다고 하였다. 인간이 도덕적으로 행동하지 않고 오로지 자신의 이해에 따라 행동해서는 안 된다는 의미이다. 따라서 첫째는 도덕행위를 할 경우는 의무감에 따라서 해야 하며, 둘째는 인간은 존엄성에 준해서 행동하여야 한다는 것이다. 따라서 정언명법에 따라 행동할 것을 요구하였다.

우리는 살면서 "뱀의 지혜가 비둘기의 온순함보다 더 필요하다.", "도둑은 남의 물건을 훔치기만 하면 된다."라는 식의 유혹을 받기도 한다. 인생에서 유용함과 자기이익을 추구해야 한다는 것은 당연하지만 정언명법의 말을 깊숙하게 새길 필요가 있으며 만약에 불리할지라도 선을 반드시 행하여야 한다는 것이다. 일종의 '의무감'으로 이기적인 행동을 자제하고 언제나 보편타당한 행동을 하도록 요구하고 있다. 이것이 '실천이성'이다.

이러한 행위를 하는 이유는 무엇일까? "왜 도덕적 행위를 하여야 하는 것인가?"에 대한 의문을 시작하여 보자. 도덕적인 행위를 한 후의 결과는 어떻게 다가올까?

우리는 도덕적 행위를 반드시 해야 한다고 생각하지만, 현실은 그렇지 않다. 자애(自愛)를 위하여 공갈, 협박, 사기, 살인, 강도 등이 난무하고 악인이 선한 사람보다 더 잘사는 모습을 볼 수 있다. 이러한 "잘못된 세상을 똑같이 살아가야만 하는가?"에 대한 의문을 가진다.

칸트는 이러한 행위는 인간의 행복과는 전혀 관계가 없다고 하였다. 이러한 상태에서는, 즉 불합리하고 정의롭지 못한 사회에서 삶은 바람직한 도덕률이 없으므로 행복이 존재할 수 없다는 의미이다.

여기에서 칸트는 덕과 행복이 일치하는 최고선(最高善)을 끊임없이 추구하는 것이 '실천이성'이기 때문에 도덕적인 행위를 반드시 행하여야 한다고 하였다. 최고선은 최상선(最上善)이 실현된 다음, 덕과 행복까지 보장된 상태를 말하는데 이것을 가져오기 위해서는 순수한 마음으로 도덕법칙을 준수하려는 일종의 의무감에서 오는 최상선이 실현될 때 이루어진다.

그러나 인간은 자신이 갖고 있는 도덕적 의무감을 현실 세계에서 바람직하게 실현하기는 매우 어렵다는 것을 살아가면서 느끼게 된다. 현실과 우리의 의지는 반드시 일치하지는 않는다.

칸트는 여기에서 영혼 불멸과 신의 존재를 유도하였다. 즉, 인간의 행복은 쉽게 우리에게 다가오지 않기 때문에 도덕법칙에 따른 의지를 계속 유지할 필요성이 있다는 것이다. 이는 역설적으로 말하면 인간은 무한하게 존재하여야 한다는 것이다. 인간의 삶은 현세에 끝나지 않고 내세까지 이어져야 하며, 따라서 선한 사람에게는 행복을 주어야 하고 악한 사람에게는 불행을 가져다주어야 한다는 것이다.

이는 영혼 불멸하며 전지전능한 신이 이러한 행위를 판단해야 한다는 것이 전제되어야 한다. 왜냐하면 도덕을 실현하기 위해서는 이들의 존재가 분명히 있어야 하기 때문이다. 이것은 이성에 의한 증명은 아니며 행위가 세계에 관여하는 도덕의식은 감성적 현상을 다루는 이론적인 논리학보다는 우위에 있어야 한다는 뜻이다.

따라서 칸트는 칸트 이전에 관심을 가져왔던 합리적이고 경험론적인 인식의 문제들을 '실천이성'을 통하여 설명하였다. 즉, 우리가 경험적으로 느낄 수 없는 형이상학인 개념들을 『순수이성비판』에서 해결하지 못했으므로 '실천이성'을 통하여 설명하고자 하였다. 따라서 철학사에서 혁명을 가져올 수 있었다.

2. 공리주의

1) 공리주의의 배경과 개념

공리주의는 18세기 영국에서 일어난 철학의 한 사상이다. 이 시기는 과거의 비합리적인 전통이 지배하던 시기였다. 왜냐하면 시민혁명 이후에도 귀족계층이 여전히 득세했기 때문이다. 한편 당시의 영국은 산업혁명이 가장 먼저 시작되어 농업 중심 사회에서 산업 중심 사회로 변화하던 시기였다. 따라서 사람들은 공장이 있는 도시로 모여들어 도시를 중심으로 빠르게 발전하고 있었다. 이러한 환경에서 공리주의는 벤담(Jeremy Bentham, 1748~1832)의 '과연 진정으로 우리에게 유용한 것은 무엇인가?'라는 물음에서 출발하였고 밀(Mill)에 의해서 완성되었다.

공리주의(功利主義, utilitarianism)는 공리성(utility)을 가치 판단의 기준으로 하는 사상이다. 곧 어떤 행위의 옳고 그름은 그 행위가 인간의 이익과 행복을 늘리는 데 얼마나 기여하는가 하는 유용성과 결과에 따라 결정된다고 본다. 넓은 의미에서 공리주의는 효용, 행복 등의 쾌락에 최대의 가치를 두는 철학의 사상적 경향을 통칭한다.

공리주의는 쾌락은 계량할 수 있다고 주장한 벤담의 '양적(量的) 공리주의'와 쾌락에는 질적인 차이가 있음을 인정한 J. S. 밀(Mill)의 '질적(質的) 공리주의'로 나뉜다. 벤담은 1789년 발표한『도덕 및 입법 원리의 서론, Introduction to the principle of morals and legislation』에서 공리주의 사상의 핵심 원리들을 체계화하여 공리주의를 대표하는 사상가가 되었다.

그는 쾌락을 추구하고 고통을 피하려는 인간의 자연성에 따라 행동하는 것이 개인은 물론 개인의 집합체인 사회에도 최대의 행복을 가져다준다고 보았다. 그는 쾌락의 질적인 차이를 인정하지 않고 계량이 가능한 것으로 파악했으며, 강도(强度)·계속성(繼續性)·확실성(確實性)·원근성(遠近性)·생산성(生産性)·순수성(純粹性)·연장성(延長性)이라는 7가지 척도로 그것을 계산하려 했다. 그리고 '최대 다수의 최대 행복'을 도덕과 입법의 원리로 제시하였다. 하지만 J. S. 밀은 쾌락의 질적인 차이를 주장하며 벤담의 사상을 수정하였다. 그는 인간이 동물적인 본성 이상의 능력이 있어서 질적으로 높고 고상한 쾌락을 추구한다고 보았다. 그리고 법률로써 정치적 제재를 중시한 벤담과는 달리 양심의 내부적인 제재로서 인간이 가지는 인류애(人類愛)를 중시하였다.

2) 육체적 쾌락과 정신적 쾌락을 느끼는 데 있어서 어느 것이 더 유용하느냐는 문제가 되지 않는다-양적 공리주의(功利主義), 벤담-

영국의 도덕 철학자이자 법 개혁가인 벤담은 인생의 목적은 쾌락에 있다고 보는 공리주의를 주장했다. 다시 말하면, 도덕의 최고 원칙은 행복을 극대화하는 것, 쾌락이 고통을 넘어서도록 하여 전반적으로 조화를 이루는 것이라고 하였다. 공리주의 또는 '최대 행복의 원리'로 알려진 이 이론은 가장 많은 행복을 산출하는 것이 올바른 행위라고 여긴다. 즉, 옳은 행위는 '공리(유용성)'을 극대화하는 모든 행위이다. 그가 말하는 '공리(功利)'란 쾌락이나 행복을 가져오고 고통을 막는 것, 그 일체를 가리킨다. 그는 좀 더 커다란 행복을 가져올 수 있도록 영국의 법률을 개혁하기를 바랐다.

벤담은 그의 저서인『도덕 및 입법 원리의 서론(Introduction to the principle of morals and legislation』에서 자연은 인간에게 쾌락과 고통이라는 두 주인의 지배하에 두었으며 그것으로 인하여 우리가 무엇을 해야 할지를 결정해 준다고 하였다.

그런데 행복이란 무엇인가? 그의 답은 단순하다. 행복이란 쾌락이며 고통의 결여이다. 고통보다 더 많거나 커다란 쾌락은 더 많은 행복을 의미한다. 따라서 고통과 쾌락은 자연이 우리에게 부여한 삶의 위대한 안내자이다. 우리는 쾌락을 가져다주는 경험을 추구하며 고통스러운 것들을 회피한다. 쾌락은 그 자체로 좋고 유일한 것이다. 우리가 무언가를 원하는 까닭은 그것이 우리에게 쾌락을 주고 고통을 피하게 해 주리라고 믿기 때문이다. 따라서 만일 당신이 아이스크림을 원한다면 이는 오로지 그 자체로 좋은 것이 아니라 아이스크림을 먹을 때 쾌락을 느낀다는 점이 중요하다. 마찬가지로 우리는 자기를 불태우는 일이 고통스럽기에 회피하려 한다.

벤담은 쾌락을 측정할 수 있다고 하였다. 행복은 어떻게 측정할 수 있을까?

실제로 행복했던 때를 생각해 보자. 그때는 어떻게 느꼈는가? 당신은 행복을 수로 표현할 수 있는가? 예를 들어, 그것은 10중에 7 또는 8의 수준에 있었는가? 필자는 어느 가을날 설악산을 등반하다가 아름다운 단풍을 보고 그때 8 정도의 행복을 느꼈다. 심지어 아름다운 경치를 배경으로 해가 저물어 갈 즈음 운전자가 acceleration(가속기, 加速機)을 밟고 아내와 아이들이 흥분해 웃을 때는 10이라고 느꼈다. 이 같은 경험들에 점수를 매기는 것은 불합리해 보이지 않는다. 벤담은 쾌락이 수량화될 수 있으며 서로 다른 쾌락이 동일(同一)한 저울에서 같은 단위로 비교될 수 있다고 믿었다.

벤담은 정확성에 따라 차이는 있지만 쾌락을 강도(intensity), 지속성(duration), 확실성(certainty), 근접성(propinquity), 생산성(fecundity), 순수성(purity), 범위(extend) 등의 일곱 가지를 기준으로 측정할 수 있다고 했다.

벤담의 행복 계산법은, 첫째, 특수한 행동이 얼마나 많은 쾌락을 가져올지를 계산한다. 요컨대 그 쾌락이 얼마나 오랫동안 지속되며, 얼마나 강렬한지, 다른 쾌락을 얼마나 발생시킬지 고려하는 것이다. 그러고 나서 우리의 행동이 유발할 수 있는 고통의 단위를 뺀다. 우리에게 남는 것은 그 행동의 쾌락을 느끼는 가치이다. 벤담은 이를 유용성을 뜻하는 '효용(效用)'이라 일컬었는데, 하나의 행동이 더 많은 쾌락을 가져올수록 사회에 더 유용하기 때문이다. 이것이 벤담의 이론이 공리주의 혹은 효용주의(效用主義)로 알려지게 된 이유이다. 어떤 행동의 효용을 다른 가능한 행동의 점수와 비교하여 가장 많은 쾌락을 가져오는 것을 선택하는 것이 벤담의 공리주의이다.

쾌락의 원천과 관련해서는 어떠할까? 벤담은 육체적 쾌락과 정신적 쾌락을 느끼는 데 있어서 어느 것이 더 유용한가는 문제가 되지 않는다고 했다. 예를 들면, 운동을 통한 쾌락의 양과 공부를 통한 쾌락의 양은 같으며 계산되는 것은 오직 산출되는 쾌락의 양이다. 만일 쾌락이 똑같다면 활동 가치는 똑같다. 따라서 공리주의적 견해에서 운동이나 공부의 쾌락은 같다. 만약 운동하였을 때 쾌락의 양이 많이 나왔다면 운동의 효용가치가 높다는 것을 말하며 그것을 선택하여야 한다는 것이다.

민주사회에서도 마찬가지이다. 개인의 행복을 위하여서는 쾌락의 양이 많은 것이 좋지만, 즉 다시 말하면 민주사회에서는 국민이 주인이기 때문에 최대 다수의 최대 행복이라는 원리가 성립된다는 것이다. 전제국가나 귀족국가에서는 국민이 행복하기보다는 자기들의 이익을 염려하기 때문에 최대 다수의 최대 행복을 원하지 않는다는 것이다.

인간은 쾌락을 좋아하고 고통을 싫어한다. 공리주의 철학은 이 사실을 인정할 뿐 아니라 도덕적, 정치적 삶의 기초로 삼는다. 공리를 극대화한다는 원칙은 개인만이 아니라 입법자에게도 해당한다. 정부는 법과 정책을 만들 때 공동체 전체의 행복을 극대화하는 일은 무엇이든 해야 한다. 그렇다면 공동체란 무엇인가? 벤담에 따르면, 공동체란 "허구의 집단"이며 그것을 구성하는 개인들의 총합으로 이루어진다. 따라서 시민과 입법자들은 이렇게 물어야 한다. "우리가 이 정책에서 얻는 이익을 모두 더한 뒤에 총비용을 빼면, 다른 정책을 펼 때보다 더 많은 행복을 얻을까?"

공리를 극대화해야 한다는 벤담의 주장은 워낙 단호해서 그것을 반박할 그럴듯한 근거가 보이지 않는다. 그는 모든 도덕적 주장은 반드시 행복 극대화를 전제해야 한다고 주장한다. 사람들은 절대적이고 확실한 의무나 권리가 있다고 말할지 모른다. 하지만 그런 의무나 권리를 존중하면, 장기적으로 인간의 행복이 극대화된다고 확신하지 않는 한 그것을 옹호하기 어려울 것이다.

벤담은 "공리 원칙과 한판 붙겠다는 사람은 자신도 모르는 사이에 바로 그 원칙에서 나온 근거를 가지고 싸우는 꼴이다."라고 말했다. 모든 도덕적 싸움은 알고 보면 쾌락을 극대화하고 고통을 최소화하는 공리주의 원칙을 어떻게 적용하는가를 두고 이견을 보일 뿐이지, 원칙 자체를 문제 삼지는 않는다.

공리주의는 18세기 말에 전개된 급진적 이론이었다. 급진적이라는 뜻은 모든 사람의 행복이 평등하다고 주장했기 때문이다. 벤담의 말을 빌리면, "모든 사람을 하나로 계산하고 누구도 하나보다 더 많은 것으로 계산하지 않는다." 이처럼 아무도 특별 대우를 받지 않는다. 가령 귀족의 쾌락이 가난한 노동자의 쾌락보다 더 많은 것으로 계산되지 않았다. 이는 당시의 사회 질서가 아니었다. 귀족들은 토지 사용에 매우 커다란 영향을 끼쳤으며, 심지어 많은 귀족은 상원에 자리를 차지하고 영국의 법률을 결정할 권한을 상속받았다. 놀랄 일도 아니지만, 어떤 이들은 벤담이 평등을 강조하는 것에 불편해했다. 동물의 행복이 유의미하다는 벤담의 믿음은 당대에는 매우 급진적이었다. 쾌락과 고통을 느낄 수 있기에 동물도 벤담의 행복 방정식의 일부였다. 동물이 이성적으로 추론하거나 말할 수 없다는 것은 문제가 되지 않았다. 이는 벤담이 보기에는 도덕에 포함되기에 적절한 특징이 아니었다. 중요한 것은 고통과 쾌락에 대한 그들의 능력이었다.

3) 배부른 바보보다는 배고픈 소크라테스가 낫다-고급(질적) 쾌락, 밀-

공리주의는 벤담과 마찬가지로 모든 가치를 하나의 저울로 측정하는 주장에 대한 밀의 반응 역시 공리와는 무관한 도덕적 이상에 기대고 있음을 알 수 있다. 그는 벤담의 공리주의에 가능한 한 충실했다. 밀은 공리주의자들이 저급 쾌락과 고급 쾌락을 구분할 줄 안다는 것을 보여 주려 애썼다. 이러한 노력은 밀이 그의 저서인 『공리주의, utilitarianism』를 벤담의 '공리의 원리'에 가해진 비판으로부터 옹호하기 위한 목적으로 저술한 것만 보아도 알 수 있다.

쾌락에서 고급 쾌락과 저급 쾌락을 구분하지 않는다는 것은 모든 가치를 하나의 저울에 올려 계량하고 비교할 수 있다는 벤담의 믿음과 관련이 있다. 모든 경험은 그로 인한 쾌락이나 고통의 질이 아닌 양에서만 차이가 날 뿐이라면, 그것들을 하나의 저울에 올려 무게를 재는 것도 말이 된다. 그러나 밀은 쾌락에도 분명 '고급' 쾌락이 있다고 믿었다. 만약 어떤 쾌락은 가치 있는 반면에 어떤 쾌락은 천박하다면 사회는 모든 취향을 똑같이 계량해서는 안 되며, 그러한 취향의 합을 최대의 행복이라고 말할 수도 없다고 하였다.

그는 벤담과 달리 욕구의 양이나 강도만이 아니라 질을 평가해 고급 쾌락과 저급 쾌락을 구별할 수 있다고 믿었다. 그리고 다른 도덕적 이상이 아니라 공리만으로 그 구별이 가능하다고 생각하였다.

밀에 의하면 인간에게는 동물적인 욕구만이 있는 것이 아니라 질적으로 높은 도덕성 같은 욕구도 있다고 하였다. 따라서 쾌락을 양으로만 측정하는 것은 온전하지 않은 방법이라고 하였다. 앞에서 말했듯이 "배부른 돼지가 되기보다는 배고픈 사람이 되는 것이 낫고, 배부른 바보가 되기보다는 배고픈 소크라테스가 되는 것이 낫다."를 주장했다는 것이다.

밀은 우선 공리주의가 주장한 "행복을 양산할수록 옳은 행동이며, 그 반대 상황을 초래할수록 나쁜 행동이다. 행복이란 쾌락이 있고 고통은 없는 것이며, 불행이란 고통이 있고 쾌락은 궁한 것이다."라는 것을 기본전제로 하고 있다. 그는 또한 "도덕 이론의 바탕이 되는 삶의 이론인 쾌락 추구와 고통에서의 회피가 유일하게 바람직한 목표"라고 확신하며 "모든 바람직한 것은 쾌락이 내재한다는 점에서, 또는 쾌락을 추구하고 고통을 막는 수단이라는 점에서 바람직하다"라고 생각하였다.

밀은 쾌락과 고통이 전부라고 주장하면서도, "더 바람직하고 더 가치 있는 쾌락이 분명히 있다."라고 덧붙였다. 그렇다면 어떤 쾌락이 질적으로 더 우수한지 어떻게 알 수 있을까? 밀은 간단한 시험을 제안하였다. "두 가지 쾌락이 있을 때, 그 둘을 모두 경험한 사람들 전부 또는 거의 전부가 어느 하나를 절대적으로 좋아한다면, 그것을 좋아해야 한다는 도덕적 의무감 따위와는 상관없이 그것이 더 바람직한 쾌락이다."라는 것이다.

이리하여 밀은 단순한 양적 쾌락주의를 버리고 질적이고 고급스러운 쾌락주의를 추구하였으며 결국은 사회적 공리주의로 발전하여 나갔다.

(1) 개인의 자유를 옹호한『자유론』

밀의 저서를 살펴보면 그가 개인의 권리와 공리주의 철학의 화해를 위해 얼마나 노력했는지 알 수 있다. 밀은 공리주의를 영국의 철학자이자 그의 아버지인 제임스 밀(James Mill, 1773~1836)에게서 물려받아 벤담에게서 충실히 받아들였다. 그리고 자신의 저서 『자유론, On Liberty』에서 개인의 자유를 옹호하였다. 개인의 자유는 "인간은 남에게 해를 끼치지 않는 한, 원하는 것은 무엇이든 자유롭게 할 수 있어야 한다."라며 억압하여서는 안 된다고 하였다. 그것이 억압일 때는 악(惡)이 된다고 했다.

따라서 정부는 개인의 자유를 간섭하면서 개인을 보호하려 들거나 다수가 믿는 최선의 삶을 개인에게 강요하지 않아야 한다. 개인이 사회에 책임을 져야 하는 유일한 행동은 타인에게 영향을 미치는 행동이라는 게 밀의 주장이다. 내가 어떤 누구에게도 해를 끼치지 않는 한, "개인의 독립은 당연히 절대적이다. 개인은 자신, 그리고 자기의 몸과 마음에 대해 주권을 갖는다."라는 것이다.

그는 개인의 자유는 전적으로 공리주의 사고에 달렸다고 주장하였다. "내가 막연한 권리 덕에 남보다 유리한 입장에 선다고 판단된다면, 그런 이익은 공리와 무관한 것이어서 거부하겠노라고 말하겠다. 나는 공리가 궁극적으로 모든 윤리적 질문에 호소력을 갖는다고 본다. 그러나 여기서 공리는 넓은 의미의 공리이어야 하고, 진보하는 존재인 인간에게 영원히 이익을 줄 수 있는 공리이어야 한다."라는 것을 의미한다.

밀은 공리를 극대화하되, 매 순간만이 아니라 장기적인 관점에서 그리해야 한다고 주장한다. 오랜 세월에 걸쳐 개인의 자유를 존중하다 보면 인간의 행복이 극대화되리라고 믿고 있었다. 다수가 반대 의견을 막거나 자유사상가를 검열할 수 있다면 오늘 당장 공리가 극대화될지 몰라도 장기적으로는 사회의 불행이 늘고 행복은 줄 것이다.

반대 의견을 낼 개인의 자유와 권리를 옹호하면 장기적으로 사회가 행복해진다고 믿은 이유는 무엇일까? 밀은 몇 가지 이유를 제시한다. 반대 의견의 전부 또는 일부가 사실로 판명이 날 수 있는데, 그렇다면 대다수 의견을 수정할 수 있다. 사실이 아니라도, 다수 의견과 소수 의견이 치열하게 경쟁하다 보면, 다수 의견이 독단이나 편견에 빠지는 사태를 막을 수 있다. 마지막으로, 관습과 관례를 따르도록 강요하는 사회는 답답하고 순종적인 체제로 전락해 사회 발전을 촉진하는 힘과 활기를 잃기 쉽다는 것이다.

밀은 관습이나 관례 또는 다수 의견을 따르라고 강요하는 행위는 잘못이라고 말한다. 그럴 경우, 사람들은 능력을 한껏 발휘해 삶의 최고 목적을 달성할 수 없을 것이기 때문이다. 밀의 설명에 따르면 순응은 삶의 적이다. 밀은 행동과 결과만이 전부가 아니라 인격도 중요하다고 했다. 밀에게 개성이 중요한 이유는 쾌락을 주기 때문이라기보다 인격을 드러내기 때문이었다. "욕구와 충동이 온전히 자기만의 것이 아닌 사람은 인격이 없는 사람이며, 그것은 증기기관차에 기관사가 없는 것과 마찬가지다."라는 것이다.

4) 사회가 진화하면 할수록 쾌락은 곧 도덕과 일치되는 방향으로 진화한다–스펜서–

스펜서(Herbert Spencer, 1820~1903)는 당시의 영국인에게는 상상하지 못한 비국교도(非國敎徒) 출신이었다. 비국교도(Non conformists)는 영국의 명예혁명 이후 신앙의 자유가 확립된 뒤 국교회(國敎會)에 속하지 않은 자를 일컫는 말이다.

그는 부친은 사립학교 교사임에도 불구하고 자식들의 교육에는 무관심하였으며 스펜서 또한 40살까지는 공부에 관심이 전혀 없었다. 따라서 그가 영국 최고의 철학가가 되는 것은 누구도 상상하지 못하였다. 그 이유는 당시까지만 해도 그가 역사, 자연과학, 일반문학을 전혀 학습한 적이 없었기 때문이다. 그는 다음과 같이 회고하였는데 "소년 시절에도 청년 시절에도 영어 교육은 전혀 받지 않았으며 오늘날까지 문장론에 대한 지식은 전혀 갖지 못했다."라는 것은 알아주는 사실이다. 왜냐하면 이는 일반에게 인식되고 있는 사실과 모순되기 때문이다. 그러나 그는 40세 때 "『일리아드』를 읽으려고 했으나 여섯 권 정도 읽고 나자 더 이상 읽는 것은 신물이 났으며 끝까지 읽느니 차라리 큰돈을 버는 것이 낫다고 생각했다."라고 자랑스러워 할 정도였다.

이러함에도 불구하고 그의 저서가 『사회정학』, 『심리학』, 『생물학』, 『사회학』, 『윤리학』 등으로 다양한 것은 매우 아이러니(irony)하다. 왜냐하면 관련된 책을 공부한 적이 없었기 때문이다. 그러나 이는 독서를 통해 무수한 사실들을 익힌 것보다 직접 관찰에 의한 것이다.

스펜서는 약 40년간의 집필을 통해 저술한 『종합철학』을 통해 베이컨(Bacon) 이후 영국의 경험론을 집대성했다. 이 책에서 당시에 금기되고 있던 진화론적인 입장에서 사회현상이나 자연현상을 설명하려고 하였다는 것이다. 이즈음에 다윈(Charles Darwin, 1809~1882)의 『종의 기원(種의 起源)』과 연관이 있었다. 이 당시만 하더라도 진화론자들은 사회에서 죄인으로 취급받거나 공공연히 모욕당하였다. 그들이 발간하는 책들마다 적자(賊子)였으며 스펜서 또한 자비를 들여 결손(缺損)을 감수하면서 발간을 계속하였다.

스펜서는 진화론적인 쾌락주의를 주장했다. 다시 말하면, 벤담과 밀의 쾌락주의가 개인주의에 관심을 두었다는 점을 비판하면서 일반사회의 행복과 안녕(安寧)을 목적으로 하는 최대 다수의 최대 행복을 주장했다.

그는 자연도태와 생존경쟁의 시험에 통과할 수 없는 도덕률은 처음부터 입에 붙은 말일 뿐, 아무짝에도 쓸모없다고 생각했다. 행위는 다른 어떤 것과 마찬가지로 생활의 목적에 잘 적응하는지에 따라서 선과 악이 판가름 난다는 뜻이다. 최선의 행동은 생물체와 마찬가지로 생존경쟁, 적자생존, 자연도태의 원리에 따라 진화하고 발전하여 나가므로 사회가 진화하면 할수록 쾌락은 그 사회의 도덕과 일치하는 방향과 나아간다는 것이다. 이는 사회를 하나의 집합체로 보지 않고 유기체로 본 것이다.

예를 들면, 어느 부족에게서는 일부다처제뿐만 아니라 동국인(同國人), 심지어 존속살인까지 도덕적으로 시인하고 있다. 또한 아프리카 잠비지(아프리카에서 인도양으로 흐르는, 빅토리아 폭포를 소유) 강(Zambezi River)변에 사는 마코로로족의 여자들은 일부일처(一夫一妻)라는 말을 듣고 아내를 한 사람밖에 거느리지 않는 것을 '훌륭한' 일은 아니라고 말하며, 적도의 어느 부족에서는 남자가 결혼하여 여유가 생기면 아내는 또 결혼할 것을 강요하며, 남편이 거부하면 '노랭이!'라고 놀린다고 한다.

이는 어느 정도의 유전적인 것들이 개인에게 영향을 미치며 이것이 도덕 개념에 많은 영향을 미치고 있다는 것이다. 그러나 타고난 도덕 개념이 있다면 많은 혼란을 일으키고 있을지도 모른다. 왜냐하면 우리의 현실은 교회에서나 책에서 배우는 것과는 매우 모순되기 때문이다.

예를 들면, 그 사회가 무엇을 추구하느냐에 따라 달라지며 국가마다 다르다는 것이다. 살인은 분명히 나쁜 행위이다. 그러나 제국주의나 전체주의 국가와 같이 평화가 상호부조(相互扶助)의 이익을 가져온다는 것을 확실하게 가르쳐 주는 곳에서는 침략, 약탈, 살인 등이 더욱 발달한다는 것이다.

스펜서는 사회주의제도가 자유방임주의 군주정치보다는 더욱 유용하다고 하였다. 왜냐하면 자유를 제한하기 때문이다. 그는 『사회정학』에서 경제적 기회를 균등하기 위해서 토지를 국유화하자고 처음에 주장하였다가 철회하였다. 왜냐하면 정당한 토지를 소유하기 위한 노력을 한 결과로 획득한 토지는 자기의 자손들이 경영할 수 있는 경우는 국유화할 필요는 없다는 것이다. 어떤 사람이라도 자기의 노력에 의한 재산권의 취득은 평등하게 가질 필요성이 있다고 하였다.

인간의 행위는 정치적, 종교적, 사회적으로 구속받기는 하지만 이를 아우르는 것은 무엇보다도 도덕적인 규제이다. 이는 각 개인이 사회의 모든 분야에서 적응해야 하는 의무로서 다른 사람에게 적극적으로 배려하고 자기에게는 충족과 만족을 주는 것으로 자애(自愛)와 이타정신(利他精神)을 말한다. 이기주의와 이타주의는 항상 충돌한다. 개인과 가족, 사회지도층 혹은 종족이나 국가 간에는 항상 이 둘은 갈등을 빚고 있다는 것이다. 이 둘의 갈등에서 이기주의가 우세한 것은 당연한지도 모른다. 그러나 사회적인 한도 내에서 개인의 행복을 추구하는 것은 일반적인 조건이라 하지만 이를 통해 범위를 넓게 확대하여 이타적인 행위를 크게 발달시키는 일이다.

예를 들면, 개인의 이익과 타인의 이익을 고려하는 행위를 갖추는 것이 중요하다는 것이다. 만일 자기에게 자녀가 없으면 양자를 얻는 경우와 입양을 하는 경우를 보게 된다. 이는 자신의 이기적인 마음을 충족하기도 하지만 다른 한편으로는 이타적인 배려가 필요한 일이다. 애국심이 강하다는 것이 자기 자신의 이해보다는 다수의 이해를 소중하게 생각하는 것처럼 끊임없는 사회적인 훈련은 인간의 본성을 단련시켜 마침내는 동정의 즐거움을 자발적으로 추구하여 사회에 이타적으로 전환한다는 것이다. 그렇게 되면 사회적인 의무를 강요하는 의무감은 소멸이 될 것이며 이타적인 행위는 사회적 유용이라는 자연도태에 의하여 본능으로 발전되고 유쾌한 감정으로 이어진다는 것이다. 따라서 인간의 자연적인 진화는 우리를 끊임없이 완전한 국가로 발달시킬 수 있다.

결론적으로 말하면 정의와 선을 바탕으로 사회를 이끌어 가야 한다는 데는 동의를 하나 현실에서는 절대적인 정의나 선은 존재하지 않으며 상대적으로 쾌락을 기준으로 하여 고통이 더 적은 것이 기준이 된다는 것이다. 이것이 보통 윤리학과는 다른 상대적 윤리학이다.

3. 공리주의의 장단점 및 영향

공리주의는 인간의 행복과 자유를 증진하고 고통을 최소화한다는 면에서 여러 사람의 이익이 대립하는 경우 선택할 수 있는 상식적이고 구체적인 지침을 제공할 수 있다. 쾌락과 고통의 합계를 고려해서 방향을 설정하라는 공리주의적 지침은 '이것이냐?, 저것이냐?'의 갈림길에서 선택할 수 있는 길을 제공하여 준다는 것이다. 또한 정의의 원칙들과 이러한 원칙들로부터 도출되는 권리의 상대적 우선성이라는 중요한 문제점을 분명히 인식하고 있다.

많은 사람이 지적하는 공리주의의 가장 두드러진 약점은 개인의 권리를 존중하지 않거나 제한을 둔다는 점이다. 오직 최대 다수의 만족도에만 관심을 두는 탓에 소수의 개인이 희생될 수 있다는 것이다. 공리주의자들에게 개인은 단지 사람들의 선호도를 더할 때 계산되는 한 항목에 지나지 않는다. 선·악을 판단하는 기준인 행위의 결과를 정확히 예측하기 어렵고, 인간의 내면적 동기에 소홀하며, 인간의 존엄성이나 정의의 문제를 다루지 못한다. 공리주의는 소수가 불편하더라도 타인이 큰 이익의 총량을 누린다면 정당하다고 말하면서 타인이 누릴 보다 큰 이익의 총량에 의해 소수의 불편이 정당화할 수 있다는 점을 들고 있다. 문제는 소수에게 불편을 부과하는 일이 다른 사람들이 누릴 더 큰 이익의 총량에 의해 정당화될 수 있는지에 관한 여부이며, 또한 정의의 중대성이 과연 모든 사람의 평등한 자유를 요구하며 모든 사람에게 이익이 되는 경제적, 사회적 불평등을 허용할 만큼 대단한 것인지의 여부이다. 따라서 개인의 행복과 최대 다수의 행복이 어떻게 조화를 이루는 것이 관건이다.

공리주의 원리는 서구사회제도의 근간이 되는 민주주의와 자유시장의 경제질서 형성에 크게 기여를 하였다. 민주주의와 시장 경제체제를 바탕으로 하고 우리에게는 공리주의 원리가 우리 사회제도의 틀 속에 깊숙하게 자리 잡을 수 있도록 법과 제도 등을 바르게 잡을 필요성이 있으며 정치지도자들은 최대 다수의 행복을 위한 정책을 병행함과 동시에 소수의 권익도 보호할 수 있는 정치적 역량을 발휘하여야 한다는 것이다. 그중 공리주의는 최대 다수의 최대 행복이기 때문에 이러한 원칙에서 나온 것이 다수결의 원칙이다. 이러한 다수결의 원칙은 위험이 존재하더라도 현재 민주주의의 가장 큰 보편적인 원칙 중의 하나가 되었다.

Chapter

08

직업생활에 있어서 비언어적 의사소통의 실제: 첫인상

08

Chapter

직업생활에 있어서 비언어적 의사소통의 실제: 첫인상

1. 첫인상

첫인상이라는 말은 어떠한 사물이나 대상을 첫 만남을 통해 느끼는 정서와 감정을 말한다. 따라서 우리는 어떠한 대상이나 사물을 처음 접할 때 어떤 설렘이 존재하지만 때로는 그렇지 않은 면도 있다.

미국의 심리학자인 앨버트(Albert)의 메라비언의 법칙(The Law of Mehrabian)에 의하면 이미지를 구성하는 요소로서 시각적 요소가 55%, 청각적 요소가 38%, 내용적 요소가 7%를 차지한다고 한다(한수정 외, 2020에서 재인용). 이러한 연구 결과를 보았을 때 첫 만남이 매우 중요하다는 것을 보여 주는데, 이유는 첫인상으로써 그 사람에 대한 이미지가 각인되기 때문이다. 예를 들면, 처음 만날 시 잘못 인식되면 상대방의 기억 속에 상당히 오랫동안 기억되어 있어서 이를 회복하는 데 상당한 시간이 소요된다는 것이다. 다시 말하면, 인간에게는 처음에 인지된 정보가 나중에 인지된 정보보다 더 강렬하다는 것이다.

또한, 사람들은 다른 것보다 시각적인 것에 매우 민감하다. 시각적으로 민감하다는 것은 결국은 외모에 영향을 많이 받는다는 것이다. 사람들은 첫 만남을 통해 상대방을 관찰하고 그 사람에 대한 느낌을 관찰하게 된다. 여기에서부터 인간은 소통이 시작된다는 것이다. 예를 들면, 사람들은 첫 만남의 인상이 깊을수록 만나려는 욕구가 강하다고 볼 수 있다. 사람들은 처음 접할 때 어느 정도의 경계심이나 어색함 때문에 만남을 회피한다. 그 이유는 짧은 시간에 상대방에 대한 파악이 시작되기 때문이다. 예를 들면, 도움되는 사람, 안 되는 사람, 좋은 사람, 나쁜 사람 등을 파악하는 데 주력하기 때문이다.

조사에 의하면 사람을 만나 2~3초에 첫인상을 형성하여 최초 30초 후에 그 사람에 대하여 최종결단을 내린다고 한다. 따라서 첫인상을 바꾸는 데는 어떤 충격적인 계기가 마련되어야 한다는 것이다. 한번 최초의 기회가 포착되었다면 반드시 기회를 잡아야 하며 놓쳐서는 안 될 것이다. 따라서 호감도를 높이도록 해야 할 것이다. 다음은 호감도 자가진단표이다. 스스로 작성하여 보자.

호감도 자가진단표(표형종, 2014)

작성 방법은 해당이 되는 문항을 각자 읽고 해당이 되는 곳에 체크를 하면 된다. YES에는 1점, NO에는 0점, 해당이 없다는 0.3점을 주고 합계를 내면 된다.

순서	문항	YES	NO
1	나는 나 자신을 사랑하고 누구를 만나든 당당하게 행동한다.		
2	의견이 달라도 차이를 인정하고 입장을 바꿔 생각한다.		
3	남의 얘기를 잘 듣는 편이라 누구든 나와 대화하기를 좋아한다.		
4	직업이 다른 사람을 만나도 쉽게 공통점을 찾는다.		
5	잘난 척하기보다는 진솔하게 단점을 드러내는 편이다.		

순서	문항	YES	NO
6	나보다 나이 어린 사람에게도 모르면 모른다고 솔직히 말하고 도움을 청하는 편이다.		
7	문제가 생기면 남을 탓하거나 투덜거리지 않는다.		
8	나쁜 일이 있어도 그 속에서 좋은 점을 찾는다.		
9	험담하지 않으며 뒷담화에 동참하지 않는다.		
10	사람들에게 자연스럽고 기분 좋게 호감을 전달할 수 있다.		

■ **체크 결과 해석하기**

- **총점 8~10점:** 원하기만 하면 누구와도 친밀한 관계를 구축할 수 있으며 호감도 역시 만점인 사람이다.
- **총점 4~7점:** 이미 호감 요인을 많이 가지고 있다. 첫 만남을 지속적인 우호관계로 발전시킬 수 있는 역량이 있다. 저마다 부족한 점은 있다. 이를 보완하면 호감도는 높아질 것이다.
- **총점 3~0점:** 첫 만남에서 호감도를 얻기가 쉽지 않다. 만약 얻게 되더라도 친밀한 관계로 발전시키는 데 어려움이 있다. 자신의 태도를 점검해 보고 해결책을 찾는 작업이 필요하다.

호감도 작성에서 낮은 결과가 나온 사람은 비관할 필요가 없다. 호감도 역시 훈련과 연습을 통해 충분히 보완할 수 있다. 호감도를 높이는 방법은, 첫째, 표정 연습이나 미소 연습을 하는 것이 좋다. 특히 미소 연습은 입꼬리 올리기라든가 눈동자를 여러 방향으로 움직여서 자연스럽게 만들 필요가 있으며 눈 주위의 주변 근육을 발달시키는 것이 좋으며 "위스키"한 상태를 유지하며 힘을 빼고 입을 다무는 것이 좋다.

심리학에서 '첫인상' 효과가 있는데 다른 말로 하면 '고약한 심리'라고도 한다. 그 이유는 누구든 상대와 처음 직면하면 좋은 면보다 나쁜 면들이 일찍 각인되어 오래 남는 것을 말하기 때문이다. 따라서 우리는 상대방에게 좋은 이미지를 주기 위해 노력해야 한다. 우리가 알고 있는 미스코리아나 미인들은 반드시 좋은 첫인상이나 이미지를 주는 것은 아니다.

만약 본인의 건강에 좋지 않은 신호가 왔을 때 자기의 모습을 완전하게 보여줄 수가 없을 때가 있다. 이때 처음 보는 상대방과의 약속은 미루는 것이 좋다. 아픈 모습으로 만나면 오히려 상대방에게 좋지 않은 인상을 주기 때문이다. 왜냐하면, 상대방은 당신이 아픈지, 기분이 우울한지, 걱정거리가 있는지를 모르기 때문에 당신을 허약하고 자신감이 부족한 사람으로 생각할 수 있기 때문이다. 따라서 condition이 최고조에 다다를 때 만나는 것이 첫인상에 좋다는 것이다. 그렇다고 해서 외형적인 모습에만 신경을 쓴다면 그건 오해이다. 무엇보다도 상대방을 여러 차례 경험하고 대화하면서 서로 간의 진정성을 보여 주고 받는 노력도 병행해야 할 것이다.

1) 첫인상의 심리적 효과

앞에서 첫인상의 중요성에 대하여 살펴보았다. 이렇게 중요한 첫인상은 심리적 효과로 설명된다. 여기에는 여러 가지 첫인상의 법칙이 있는데 초두효과, 맥락효과, 부정성의 효과, 후광효과, 대비효과, 유사성의 원리, 닻 내리기 효과, 현저성 효과, 방사 효과, 악마효과 등이 있다. 간단하게 설명하면 다음과 같다.

■ 초두효과(Primary Effect)

'초두효과'는 먼저 알게 된 정보가 나중에 알게 된 정보보다 더욱 강력하다는 것이다. 예를 들면, 철수라는 학생이 있다고 가정하자. A 선생님에게 철수에 대하여 긍정적인 이야기를 먼저 들려주었다. 시간을 두고 다시 A 선생님에게 부정적인 이야기를 해 준 결과 긍정적이라 평가하고 있다는 것이다. 또 다른 예를 들면, 여러 개의 단어나 정보가 있을 때, 처음에 제시한 단어나 정보를 가운데 있는 정보보다 더 잘 기억하는 현상으로 서열 위치 효과(serial position effect)의 맥락에서 설명할 수 있다.

또 하나의 예를 들어보자. 철수는 "평소에 착하고 근면하고 신의가 있고 타인에 대한 배려심이 많고 촐랑대며 독단적인 사람이다.", 철수는 "촐랑대며, 독단적인 사람이고 평소에 착하고 근면하고 타인에 대한 배려심이 많다"라고 말하여 영자에게 선을 보게 하였다. 선을 본 영자는 철수를 서로 다르게 보고 있다는 것이다. 먼저 무엇을 들었는가에 따라 철수는 선을 성공적으로 보거나 노총각으로 사느냐의 기로(岐路)에 서게 될 것이다. 이를 '초두효과'라고 한다.

이러한 초두효과는 심리적으로 일관성을 유지하려고 하며 처음 생각과 다른 정보가 유입되면 정보를 제거하려 하거나 바꾸려고 한다는 것이다. 위의 예의 경우에 만약 철수가 다른 사람에게 돈을 100만 원 빌려 갚지 못했을 경우 긍정적인 이미지를 가진 사람과 부정적인 이미지를 가진 사람은 서로 다른 생각을 하게 된다는 것이다.

■ 맥락효과(Context Effect)

맥락효과는 처음 상대방에게 긍정적인 감정을 품었으면 다음에 이어지는 행동이나 말도 앞의 정보를 처리하는 데 도움을 주고 맥락을 제공한다는 것이다. 예를 들면, 철수가 영자와 선을 보는데, 매우 미인이어서 처음에 매우 호감이 있다고 가정하자. 두 번째 만남에서 영자의 유창한 말을 듣고 난 뒤의 생각은 '얼굴도 미인인 영자는 지혜롭다'라고 긍정적인 생각을 한다는 것이다. 부정적으로 보았던 사람은 말을 잘한다고 해서 지혜롭다고 보지 않고 사기꾼이라 생각한다는 것이다.

■ 부정성 효과(Negativity Effect)

부정성 효과는 어떤 사람에 대한 첫인상이 매우 좋았는데 그 사람에 대한 나쁜 말을 들으면 그 사람에 대한 긍정적인 인상이 나쁜 인상으로 바뀌는 것을 말한다. 반면 어떤 사람에 대한 첫인상이 좋았는데 나쁘게 평가되면, 그 사람에 대한 긍정적인 말의 정보, 예를 들어 '성실하다', '근면하다'라는 말을 들었는데 '이기적이다'라는 부정적인 정보를 주었을 때 그 사람의 인상을 좋게 바꾸는 데 아무런 도움이 되지 않는다는 것이다. 호감이 가는 인상은 부정적인 정보를 접하면 쉽게 나쁜 쪽으로 바뀔 수 있다. 결론적으로 말하면 긍정적인 인상이 부정적인 인상보다 변화하기 쉽다는 것이며 부정적인 특징이 긍정적인 특징보다 인상의 형성에 더욱 크게 영향을 미친다는 것이다.

예를 들어, 사람의 심리는 열 가지를 잘하다가도 한 가지 일을 실수하면 그 사람에게 서운함을 느끼나 나쁘게 보게 된다는 것이다. 철수는 항상 근면하고 성실하다는 평판이 좋아 동네 처녀에게 장가를 가려고 하는데 술을 많이 먹고 노상방뇨(路上放尿)를 하였다고 가정하면 동네 처자는 '철수는 저런 사람이구나!'라고 생각하게 된다는 것이다.

이런 현상이 생기는 이유에는 두 가지가 있다. 하나는 생존을 위한 인간의 전략이다. 인간은 부정적인 정보로 인하여 자신에게 유리하도록 진화되었다는 것이다. 다른 하나는 사람들은 단점을 가슴속에 넣고 장점을 드러내는 경향이 있다. 따라서 부정적인 정보가 입력되면 훨씬 더 영향을 받는다는 것이다. 따라서 인간은 항상 좋고 선한 행동을 하더라도 나쁜 행동에는 휘말리지 말아야 한다. 한순간에 인생이 나락으로 떨어질 수 있기 때문이다. 그 예로, 유명한 골프선수 타이거 우즈도 불륜설과 음주 교통 사고설에 연루되어 한동안 고통을 맛보아야 했고, 우리나라의 몇몇 유명한 연예인들은 세금 포탈이나 불륜설에 휘말려 방송계를 떠나야만 했다는 것이다.

■ **후광효과(Halo Effect)**

후광효과는 일반적으로 어떤 사물이나 사람에 대해 평가할 때 그 일부의 긍정적, 부정적 특성에 주목해 전체적인 평가에 영향을 주어 대상에 대한 비객관적인 판단을 하게 되는 인간의 심리적 특성을 말한다. 후광효과는 일종의 사회적 지각의 오류라고 할 수 있는 현상이다. 예를 들면, '첫눈에 반했다'라는 말이 여기에 해당이 될 것이다.

어떤 사람의 한 가지 장점이나 좋은 특성 그리고 매력 때문에 다른 영역에서도 좋게 평가하는 것을 말한다. 이러한 사람은 매력적이지 못한 사람에 비하여 대인관계, 자신감, 적극성, 지적 능력, 성실성 등 모든 부분에서 좋은 평가를 받는다는 것이다. 여기에 재미있는 연구 결과가 있다.

2013년 1월 7일 호주 멜버른 대학과 호주 국립대학 공동 연구팀이 "매력적인 외모와 경제적 가치의 연관성"에 대한 연구 결과를 발표하였는데 이 연구에서 평균 이상의 외모 그룹과 평균 이하의 외모 그룹 간의 평균 연봉 격차가 3,600만 원 나는 것을 발견하였다(이경리 외, 2021에서 재인용).

또한, 우리나라도 재미있는 연구 결과가 있다. 즉, 후광효과는 서구와 달리 더욱 강하게 남자에게서 나타난다는 것이다. 예를 들면, 어떤 매력적인 남자는 다른 모든 능력—능력, 가정에의 헌신, 바람직한 성격의 소유자—으로 인식하고 있다는 것이고 반면에 여자는 양면성이 나타나고 있다. 적당히 매력적인 여자는 후광효과가 나타나지만 지나치거나 뒤지는 매력을 소유하고 있는 여자는 양면성이 있다는 것이다. 즉, 지나치게 매력이 있는 여자는 가정에는 소홀히 하며 자기중심적이고 성격이 '까다롭다'라는, 속되게 말하면 '인물값을 한다.'라고 하여 낮은 평가를 받고 있다는 것이다.

■ 대비효과(Contrast Effect)

대비효과는 전후에 대비시키는 것에 의해 인상이 크게 바뀌는 심리 현상을 말하는데 인간은 사물을 상대적으로 판단하는 경향이 있다는 것이다. 다시 말하면, 객관적이지 못한 뇌를 소유하고 있다. 이로써 두 번째로 느낀 자극이 처음에 받은 자극과 다를 때는 그것이 실제 이상으로 처음 것과 다르게 느껴지는 심리적 현상을 말하는 것이다.

사람들은 어떠한 판단을 할 때 그것과 비교될 만한 것이 있으면 결정이나 판단하기에 쉽다는 것을 말한다. 예를 들면, 사과 장수가 본인의 사과를 팔려고 진열하여 놓았을 때 팔고자 하는 물건보다 더 질이 떨어지는 사과와 같이 내놓으면 팔고자 하는 물건을 상대에게 쉽게 결정할 수 있는 효과를 대비효과라고 한다. 예를 들면, 고급백화점에 가서 옷을 사려고 하면 부호들이 산 물건보다 비싼 물건을 선택하게 만드는 효과이다. 이러한 예를 몇 가지 더 적어 보도록 하겠다.

1차로 초콜릿을 먹은 후에 신 레몬을 먹으면 단순히 레몬을 먹을 때보다 더 시다고 느껴지는 것이다. 그러나 같은 자극에는 대비효과가 나타나지 않는다. 초콜릿을 먹은 뒤에 귤의 향을 맡는다면 대비효과는 일어나지 않는다는 것이다.

또 하나의 예는 과학 시간에 많이 해 보았을 것이다. 두 개의 물그릇을 준비해서 하나는 따뜻한 물로 채우고, 다른 하나는 얼음물로 채워 보자. 그리고 오른손을 잠시 얼음물 속에 넣는다. 그런 다음 두 손을 동시에 따뜻한 물 속에 넣어 보자. 어떨까? 양손의 느낌이 똑같을까? 아니라는 것이다. 왼손은 물이 미지근하다고 느끼고, 오른손은 뜨거운 물로 느껴질 것이다. 이렇게 느껴지는 것은 '대비효과(Contrast effect)' 때문이다. 보통 사람들은 한 개의 사물을 보여 주고 그 가치에 대해 말하라고 하면 명확하게 판단하지 못한다. 그러나 뭔가 값싸고 보잘것없는 것을 뒤이어 보여 주면 앞에서 본 것이 더 아름답다거나 가치 있는 것이라는 판단을 할 수 있다는 것이다. 어떤 사람이 키가 큰지 물어볼 때도 저마다 다르게 대답할 수 있다. 그러나 곁에 있는 누구보다 크냐고 물으면 쉽게 대답할 수 있다.

이런 대비효과는 일상에서 자주 일어나는 '생각의 오류'를 가져오고 있다. 만일 당신이 100억이 넘는 저택을 구입(購入)했다고 가정해 보자. 생각만 해도 흐뭇하겠지만 일단 가정해 본다. 그러나 왠지 모르게 100억에 비해 초라한 낡은 현관문을 바꾸고 싶은데 건축업자가 고급 저택에 어울리는 1억이나 되는 현관문을 추천한다면 당신은 분명 현관문을 살 것이다. 왜냐하면, '100억을 투자했는데 1억 정도야?'라는 생각에 큰돈이라도 사실상 가볍게 생각한다는 것이다.

이러한 실험 중에서 새로운 것을 소개하면, 사람들은 식료품을 살 때 15분을 더 걷더라도 10불을 절약할 수 있는 상점을 선택하였다. 그러나 천 불짜리 양복을 990불에 살 수 있다고 해서 15분을 더 걷겠다고 하는 사람은 아무도 없었다는 것이다. 분명 같은 15분이고 같은 10불인데도 사람들의 선택은 달라진다는 것이다. 할인매장에서 100불짜리 상품을 60불에 판다면 원래 정가가 60불인 제품보다 값이 더 싸 보이는 이유가 이러한 '생각의 오류' 때문이다. 할인매장이 성공하는 이유는 다분히 이러한 생각을 가지고 판매 전략에 활용하기 때문이다.

삶에서도 이러한 대비효과는 인생의 전반에 영향을 미치고 있다. 한 예를 들자면, 어떤 매력적인 처녀가 지극히 평범한 남자와 결혼하였는데 매우 놀라웠다. 그녀의 동반자는 생각지도 못한 반전의 결혼을 하였다. 그녀는 서울대학을 나와서 좋은 직장을 갖고 있었지만, 이에 반하여 남자는 가난한 가정 형편으로 인해 대학을 나오지 못하고 공장에 취직해서 일하고 있었고, 인물도 평범한 사람이었다. 그러나 그녀의 선택기준은 단순하고 분명했다. 그가 좋은 아버지가 될 수 있다고 보았으며 착하고 성실한 것이 그 선택의 이유였다는 것이다. 그녀의 아버지는 당시로는 일류대학을 졸업했으나 성실하지 못했고, 게으르고 폭력적이었기에 단지 그녀의 아버지와 대조되는 평범한 남자가 좋게 보였다는 것이다.

■ 닻 내리기 효과(Anchoring Effect)

다니엘 카너먼(ןמנהכ לאינד, Daniel Kahneman, 1934년~)은 이스라엘 국적의 심리학자이자 경제학자이며, 2002년 노벨 경제학상을 수상한 인물이다. 그의 학문적인 업적은 판단과 의사결정 분야의 심리학, 행동경제학과 행복 심리학에서도 오늘날 많은 영향력을 가지고 있다.

그는 다음과 같은 실험을 하였다.

A반,	8 × 7 × 6 × 5 × 4 × 3 × 2 × 1 = ?,	추정치 결과 2,250
B반,	1 × 2 × 3 × 4 × 5 × 6 × 7 × 8 = ?,	추정치 결과 512

어느 고등학교 A반 학생들에게 5초 안에 그 값을 추정하라고 한 실험이다. 또한, B반 학생들에게는 숫자만 바꾸어서 동일 방법으로 그 값을 추정하게 하였다. 이러한 실험에서 놀랄 만한 결과가 도출되었다. 추정치 결과로 2,250과 512가 도출되었는데 이러한 이유는 맨 앞의 숫자에 따라 달라졌기 때문이다.

그 이유에 대해 여러분은 미리 감지하였을 것이다. '8 × 7 = 56 × 6 = 336'과 같은 식으로 연이어서 어려운 숫자가 나오면 시간 내에 암산하는 데 어려움이 따른다는 것이다. 이를 '닻 내리기 효과'라고 한다. 닻 내리기 효과는 머릿속에 잔상처럼 남은 임의의 수가 기준점이 되어 이후 어떤 수를 생각해야 할 때, 영향을 미치는 현상을 말한다. 한번 입력된 첫인상에 대한 정보는 정신적 닻으로 작용하여 그 이후의 일들에 첫인상의 잣대로 사용되고 판단된다는 것이다.

이러한 실험의 예로 다니엘 카너먼은 또 다른 하나를 제시하였다.

1974년 유엔에 가입한 나라들 가운데 아프리카 소속 국가들은 얼마나 되느냐는 질문을 실험 참가자들에게 하였다. 이때는 아프리카 국가들 상당수가 유엔에 가입하지 않았을 때였다. 다니엘 카너먼은 실험 참가자들이 질문에 대답하기 전에 먼저 돌림판을 돌리게 했다. 이 돌림판에는 0에서 100까지의 수가 쓰여 있었는데, 실제로는 10과 65 두 수 중 하나에서 멈추게 되어 있었다.

그런데 숫자판을 돌려서 65가 나온 사람들은 평균 45%라고 대답했고, 10이 나온 사람들은 평균 25%라고 대답했다. 큰 수가 나온 사람들은 높은 비율로 대답하고, 작은 수가 나온 사람들은 낮은 비율로 대답한 것이다. 그런데 재미있는 사실은 10과 65는 아무런 관련이 없는 숫자라는 것이다. 단순히 돌림판을 돌려서 나온 수이기 때문이다. 그런데도 실험 참가자들은 이 수에 영향을 받았다. 이처럼 머릿속에 잔상처럼 남은 임의의 수가 기준점이 되어 이후 어떤 수를 생각해야 할 때, 영향을 미치는 현상을 '닻 내리기 효과'라고 한다. 배가 어느 지점에 닻을 내리면, 그 지점에서 크게 벗어나지 못하고 주변에 머물러 있게 되는 데서 따온 말이다.

이러한 효과는 여러분이 시험을 치를 때 많이 경험해 보았을 것이다. 이러한 효과는 정답을 모를 때 사용되기도 한다. 예를 들어, "미국의 미시시피강의 길이를 물어보았을 때 8,000km와 800km를 기준으로 물었을 때 평균 km의 추정치로 5,500과 2,000km가 나왔다. 결국 기준이 높을수록 강의 길이가 긴 것으로 답하였다는 것이다. 이것이 닻 내리기의 효과가 적용되었다는 것이다. 다시 말하면, 처음의 기준점에 대한 닻 내리기를 엉뚱하게 하면 사람들은 다르게 판단할 수 있도록 유도한다는 것이다.

이를 피부에 와닿을 수 있도록 설명하여 보자. 주부들이 마트에 고기를 사러 갔을 때 가격이 600g에 10,000원이었다. 비싸서 근처에 있는 백화점에 가서 보니 600g에 10,000원이 아니라 세일을 하여 8,000원이었다고 가정하였을 때 여러분은 어디에서 살 것인가? 아마도 주부들은 백화점에서 대부분 구매할 것이다. 이러한 것은, 백화점의 상술(商術)인 것을 잊지 말아야 한다. 바로 닻 내리기를 이용한 상술(商術)이다.

이러한 예는 종교에서도 이용된다. 닻 내리기의 효과를 인식해야 한다는 것이다. 초기의 기준을 잘 계산해서 생각해 보아야 한다는 것이다.

한 예로, 사람들이 어떤 상황을 평가할 때 초기에 외부로부터 주어진 정보나 시작점에 따라 자신의 평가를 조절하는 성향을 말한다. 불교 경전 『금강경』에는 "부처를 찾다 부처를 만나게 된다면 부처를 죽여라(살부살조살부살모, 殺佛殺祖殺父殺母)"라는 말이 있다. 이를 해석하면 "비로소 해탈하여 어떤 것에도 구속받지 않고 일체(一切)의 모든 것에 완전히 벗어난 자유를 얻을 수 있다는 것"이다. 이 말은 닻 내리기의 효과를 극복하는 방법을 말하고 있다. 모든 것을 내려놓음으로써 새로 받아들일 준비를 해야 한다는 것이다. 즉, 어떤 깨달음을 얻게 된다면 그 깨달음은 버리고 새로움을 받아들이는 자세를 가져야 한다는 것이다.

■ 유사성의 원리(Principle Of Similarity)

유사성의 원리를 한마디로 표현하자면 사람들은 대개 자기와 비슷한 가치관이나 태도, 종교, 취미 등이 유사한 사람을 좋아한다는 것이다. 이를 유사성의 원리라고 하는데 자신과 다른 사람에게는 감정이 동화되지 않는—호감을 느끼지 못하는—것을 '반감 가설(Repulsion Hypothesis)'이라 한다. 그러한 이유에는 여러 가지가 있는데, 첫째, 비슷한 유(類)의 사람들은 서로의 행동이 쉽게 예측되기 때문이다. 또 한 가지는 객관적으로 자신이 '옳다'라는 것을 증명해 주며, 내가 싫어하는 것은 자신과 비슷한 사람도 싫어할 것이라는 믿음 때문이다. 따라서 비슷한 사람들은 친근감이 생기게 되는데 그 이유는 공통분모가 많아서 모임의 횟수가 다른 사람들에 비해서 많기 때문이다.

앞에서 우리는 첫인상의 중요성에 관하여 서술하였다. 첫인상은 인간관계에서 매우 중요하듯이 그 사람이 가지고 있는 모든 것이 담겨 있다는 것이다. 이를 위해서는 첫인상을 긍정적으로 보여야 하고 옷을 잘 입거나 하는 외적인 모습도 보여야 한다. 사람의 됨됨이가 중요하다고 하지만 매력적인 외모도 중요하다. 그러나 실제로 만남의 과정에서도 주의할 것이 있다. 첫 만남에서의 공통적인 화제를 찾는 것이 중요하다. 우리나라 사람들이 많이 하는 방식으로 대화하면 대부분은 공통 분모를 찾게 된다는 것이다.

예를 들어 처음 만나는 사람은 처음에 매우 어색하다.

2) 첫 만남에서 좋은 인상 남기기

앞에서 우리는 비언어적 의사소통에 있어서 첫인상의 중요성에 대한 여러 가지 효과와 중요성에 대하여 설명하였다. 의사소통은 얼굴에서 제일 먼저 나타난다고 하였다. 그만큼 자기 경험이나 그 외, 모든 것이 묻어 있기 때문이다. 과거에는 내면적인 모습을 강조한 시기도 있었지만, 오늘날에는 얼굴 이미지 자체에서 풍겨 나오는 진실성은 무시할 수 없다는 것이다. 즉, 외모상으로 나타나는 첫인상은 복장, 에티켓 등을 이야기하고 있지만, 얼굴에 나타나는 첫인상은 그 사람에 대한 모든 것이 나타나고 있다는 것이다.

여러분들에게 질문을 던져 보자. 만약 여러분이 그 사람을 만난 적이 없다고 가정해 보자. 그러면 '처음 만났을 때 좋은 사람이라는 생각하는 것은 어떻게 알 수 있을까?' 하는 것이다. 여러 가지 답이 나올 것이다. 그러나 무엇보다도 처음 만났을 때의 인상이 좋으면 관계 형성이 이루어져 계속 만남이 이루어지게 될 것이다. 따라서 이러한 만남을 통해 그 사람의 진실을 알 수 있을 것이다.

그러나 이러한 경우를 상상하여 보자. 첫인상이 별로 마음에 들지 않았는데 '만나 보니 좋더라'라는 말을 우리는 많이 한다. 이러한 경우는 어떠한 상황일까? 질문에 답은 간단하다. 여러 번 만나다 보니 좋아진 경우이다. 첫인상이 좋지 않으면 계속 만날 일이 없다는 것이다. 첫인상이 좋으면 계속 서로가 호감을 느껴서 만나는 기회가 많아져서 '정말로 좋은 사람이구나'라는 말을 듣기를 원한다. 따라서 서로 간의 호감을 빨리 느낄 수 있어서 참만남을 이룰 수 있는 첫인상을 좋게 하는 방법을 터득해야 할 것이다.

첫인상을 좋게 하는 방법에는 여러 가지가 있다. 외모상으로 표정을 손보거나 깔끔한 옷을 자기만의 모습으로 입어서 외적 매력을 뽐내는 것도 중요하다. 처음에는 외적 매력이 서로 간에 신뢰를 주는 데 여러 가지 영향을 미친다는 것이다. 아무리 학벌이 높고 경제적으로 부유하고 사람됨이 좋다고 해도 첫인상이 좋지 않으면 만남의 기회가 적어져 연애나 비즈니스에 악영향을 미칠 수 있을 것이다. 그러나 외적 매력을 뽐내는 것도 중요하지만 만나서 이야기하는 과정도 매우 중요하다.

첫째는 처음 만나서 이야기하는 경우 서먹함을 없애기 위해 공통의 관심사에 관해 말하는 것이 유익하다는 것이다. 즉, 화제(話題)를 선택하는 데 유의하라는 것이다. 예를 들면, 처음 만나는 경우 무슨 말을 먼저 해야 할지 몰라 서로 당황하는 경우가 있을 때 그 대화는 오래가지 못해 자기 모습을 나타내는 데 실패할 수 있다. 특히 연애할 경우 처음 만났을 때를 생각해 보자. 두 사람이 처음 만나기 때문에 서로 할 말이 없어서 그냥 차를 마시고 끝나는 경우가 있다. 이러한 경우는 첫 호감도를 가지는 데 실패할 것이다. 이와 같은 상황이 발생하면 제일 먼저 공통점을 찾아서 화제를 선택—취미, 운동, 출신지, 체험 등—하고 이야기를 적극적으로 하는 것이 효과가 있다.

그러나 이야기하다 잘 모르는 부분이 있으면 호기심을 가지고 귀를 기울이면서 솔직하게 잘 모르니 가르쳐 달라고 하는 것이 좋다. 괜히 아는 척하면 상대방에게 비호감을 줄 수 있기 때문이다. 또한, 어색하더라도 존칭으로 부드럽게 상대방의 이름을 불러 주는 것도 하나의 방법이라 할 수 있다. 이러한 첫인상을 좋게 만드는 방법은 다양해서 각자의 능력에 따라 생각하고 행동할 필요가 있다.

둘째는 기회는 자주 오지 않는다는 것이다. 따라서 상대방에게 세 가지 좋은 느낌을 주도록 노력해야 할 것이다. 인생에 있어 기회를 잘 포착하기 위해서는 상대방과 만남이 이루어지도록 횟수를 늘려야 하는데 이러한 기회는 자신의 매력적인 내용을 보여야 한다는 것이다. 따라서 무엇이든 세 가지를 선물할 준비가 되도록 노력해야 한다는 것이다. 이러한 세 가지는 신뢰감, 자신감, 친근감이 주요 항목일 것이다.

셋째는 부지런히 자기를 관리하고 있다는 노력을 보여 주도록 해야 한다. 물론 현실에서는 결과를 보고 사람을 결정한다고 하지만 부지런히 자기관리를 하고자 하는 모습이면 충분하다는 것이다. 예를 들면, 서로가 알지 못하는 사람들은 옷차림, 인상, 태도 등이 상대방에게 어필하는 데 영향을 미친다. 그러나 이러한 외면적 태도는 '겉모습만 화려하다'라는 말을 듣게 될 것이다. 이는 역으로 생각하면 상대방은 겉모습으로 잘못 판단했다는 것을 인정하는 셈이다. 즉, 짧은 시간 안에 판단하는 것을 오판이라고 생각하므로 항상 최고가 되겠다는 기술과 방법들을 꾸준히 연구하고 터득해야 한다는 것이다.

이러한 생각이 현실에서는 타당하지 않다는 것이 안타깝다. 요즈음 취업을 위해, 결국은 첫인상을 위해서 성형수술, 부분적인 지식, 태도, 표정, manner 등을 가지고 극히 짧은 시간에 판단하기 때문이다. 아무리 자기관리를 한다고 해도 이러한 것을 무시할 수는 없다. 결론적으로 말하자면 항상 최선의 모습을 보이면서 내면적인 모습과 외면적인 모습이 조화로울 때 우리는 상대방에게 친근감을 나타낼 수 있을 것이다. 이러한 것은 공부를 잘한다고 해서 혹은 돈이 많다고 해서 결코 가질 수 있는 것이 아니함으로 항상 노력하고 생활하는 태도를 익혀야 할 것이다.

Chapter

09

직업생활에 있어서 비언어적 의사소통의 실제: 표정

09
Chapter

직업생활에 있어서 비언어적 의사소통의 실제: 표정

1. 표정

1) 표정의 중요성과 훈련법

표정은 '마음속에 품은 감정이나 정서 따위의 심리 상태가 겉으로 드러나는 모습'을 말한다(이경리 외, 2021). 비언어적 의사소통에 있어서 표정 또한 매우 중요하다. 즉, 첫인상을 결정짓는 중요한 요소 중 하나라는 것이다. 앞에서 말했듯이 사람을 처음 접할 때 시각적인 모습이 절반 이상을 차지하는데 그중에서도 80%가 표정이다(유정화 외, 2021).

우리는 대개 착각하는 경우가 있다. 혹자는 잘생긴 남녀가 호감을 줄 수 있다고 생각하는 경우이다. 그렇지는 않다. 호감이 있는 얼굴은 표정에서 나타나는 것이다. 사람의 신체 중에서 속마음을 가장 잘 나타내는 부분이 얼굴 중에서 표정이라 할 수 있다. 즉, 상대방에게 속에 있는 마음을 잘 나타내고 기분을 잘 표현하기도 하며 호감을 주는 데는 표정이 가장 우선시된다는 것이다. 이에 대하여 유정화(2021)는 다음과 같이 제시했다.

> 표정은 마음의 창이며 심성의 분화구이다. 마음이 어두우면 표정이 흐리고 심성이 악(惡)하면 표정이 표독해질 수 있다. 표정으로 거짓을 말하기 어려우며, 굳어진 표정으로 밝고 아름다운 대화나 성공적인 만남이 이루어지기는 더욱 어렵다. 그러므로 표정을 보면 그 사람의 마음속을 들여다볼 수 있고 그 사람의 상태를 한눈에 알 수 있기에 표정은 그 사람됨을 나타내는 전체라고 말한다.

이렇듯 표정이 첫인상을 좌우한다고 말할 수 있다. 그러므로 항상 표정을 선(善)하게 관리해야 한다. 선하게 한다는 것은 표정을 자연스럽게 한다는 것이다. 인간의 기본 정서는 얼굴에서 풍겨 나오는 표정에서 나타나기 때문이다. 거짓으로 말할 때와 진실한 마음에서 나오는 이야기는 얼굴에서 자연스럽게 나타나고 혹은 임의(任意)로 나오는 표정은 전혀 다르게 나타난다는 것이다.

따라서 얼굴이 잘생겼다는 것과 호감이 있다는 서로 관련성은 조금 있지만, 상대방에게 주는 인상은 다르다. 주위 사람에게 호감이 있는 표정을 보면 대체로 웃는 얼굴이 공통점이라 할 수 있다. 우리의 얼굴에서 희로애락(喜怒哀樂)을 표현하는 근육은 대개 48개로 구성되어 있다. 이러한 근육을 이용하여 만들 수 있는 표정은 대략 7,000~10,000여 개가 된다고 한다. 이러한 표정을 갖기 위해서는 다음과 같은 노력이 필요하다.

첫째, 자신감을 가져야 한다는 것이다. 즉, 자신감이 표정을 밝게 만든다는 것이다. 사람의 표정은 다양하게 나타난다고 하였다. 이러한 표정은 자기 내면상태에 따라 달라진다고 한다. 외부적 환경이나 조건들은 오래가지 않는다는 것을 말하고 있다. 예를 들어, 기분이 나쁠 때를 생각했다고 가정해 보자. 이러한 사람은 얼마나 웃음이 오래갈까? 답은 마찬가지이다. 오래가지 않는다는 것이다. 왜냐하면, 마음에 있는 내면적인 모습이 우울하였기 때문이다. 따라서 심리적으로 무엇이든지 할 수 있다는 긍정적인 자신감을 가지고 당당하게 행동해야 한다는 것이다.

둘째, 인생을 살아가면서 항상 좋은 일만 생기는 것은 아니라는 것이다. 다시 말하면, 삶을 자기 위주로 살아가지는 못한다는 것을 의미한다. 인생사에서 자신을 통제하지 못하고 의지와 상관없이 항상 일이 일어나기 때문이다. 따라서 기분을 통제할 수 있는 정신적 태도가 필요하다는 것이다.

이러한 정신적 태도는 어디에서 나오는가? 그것은 긍정적인 태도와 분위기를 갖는 것이다. 이러한 태도와 분위기는 자기 자신뿐만 아니라 상대방에게도 긍정적인 효과를 줄 수 있다. 이러한 긍정적인 태도와 자세로 인하여 현실에 충실할 수 있고 미래를 향한 힘을 발휘하여 생산적 환경을 만들어 낼 수 있다는 것이다. 즉, 나쁜 일이 생기더라도 그것에 연연하지 않고 긍정적으로 나갈 수 있는 정신적 자세를 가져야 한다는 것이다. 결론적으로 말하면 슬럼프에서 빠져나와 하루하루 열심히 살아갈 수밖에 없다. 그래야 밝은 표정이 생긴다는 것이다.

셋째, 사랑과 용서로써 생활하자는 것이다. 후덕한 사람을 보면 공통으로 그들에게서 사랑과 용서라는 이미지가 나온다는 것이다. 이러한 후덕함은 자신의 표정도 밝게 나타날 뿐만 아니라 상대방에게도 긍정적으로 보인다.

사람은 살면서 고통이나 죽음을 피할 수 없는 운명을 가진 존재이다. 비록 이러한 운명을 가지고 태어났더라도 그것에 늘 몰두하면 표정은 어두울 수밖에 없을 것이다. 예를 들어, 친한 친구가 자신에게 어떠한 일로 고통을 주었다고 상상해 보자. 여러분이 그들에게 분노를 느끼고 있다고 가정한다면 여러분 또한 고통을 받게 되며 표정이 밝지 않아진다는 것이다. 따라서 분노를 버리고 용서와 사랑으로써 대한다면 결국은 자기 자신에게 밝은 표정으로 돌아올 수 있다는 것이다.

넷째, 표정 관리를 위한 노력을 해야 할 것이다. 이러한 표정 관리는 하루아침에 되지 않는다. 따라서 항상 생활하면서 서서히 고쳐 나갈 수밖에 없다. 이를 위해서는 아침에 일어나자마자 거울로 자기 얼굴을 보거나 가족사진 혹은 사랑하는 사람의 사진을 보면서 시작하면 효과가 있다. 예를 들어, 요즈음 젊은이들이 많이 하는 방법으로 거울을 보면서 웃는 연습을 하거나 전화를 걸면서 웃는 사진을 보고 모니터에 배경 사진을 설정해 놓고 바라보는 것도 효과가 있다.

다섯째, 상대방의 눈을 보는 연습을 해야 한다는 것이다. 눈빛은 얼굴에서 가장 강렬한 요소를 가지고 있다. 이러한 눈빛으로 상대방의 눈을 중심으로 위에서부터—머리, 입, 코 등—수직 선상에 있는 어느 일정한 부분을 바라보는 것이 효과적이다. 그러나 문제는 시선을 서로 마주치면서 보면 시비가 일어나는 경우가 종종 발생하는데 이를 무시하는 것이 좋다. 의사소통에는 필요하기 때문이다. 다만 주의할 것은, 미소를 함께 보내면 절대 문제가 생기지 않는다는 것이다. 이를 위해서는 거울을 보면서 자신의 표정과 눈빛을 확인하면서 연습해야 한다는 것이다. 그러나 선천적으로 눈매가 강하고 예리한 사람이 있는데 이런 경우에는 약간 색 있는 안경을 착용하는 것도 매우 적절하다.

2. 미소(微笑)는 왜 필요한가

우리 속담에 "웃는 얼굴에 침 못 뱉는다."라는 말이 있다. 웃음은 얼굴의 후덕함을 보여 주므로 상대방에게 안정을 주는 효과가 있다는 것이다. 따라서 웃음의 일종인 가볍게 미소 짓는 훈련을 하는 것이 상대방에게 좋은 효과를 줄 수 있다는 것이다. 이러한 미소는 여러 방법을 통해 훈련해야 한다. 웃음이 너무 헤프거나 모자라면 상대방이 오해할 염려가 있으므로 이에 대한 대비가 필요하기 때문이다.

먼저 미소를 지으면 얻게 되는 효과에 대해 살펴보자.

첫째는 건강에 유익하다. 기분이 좋아지면 제일 먼저 얼굴에 웃음을 짓는데 이는 엔도르핀을 나오게 하여 건강에 좋다는 것이다. 웃으며 일하다 보면 자신의 기분조차 좋아진다는 것이다. 건강이 좋다는 것은 mind control이 된다는 뜻이 된다. 결국은 모든 일을 신바람 나게 할 수 있을 것이며, 모든 일을 완수하는 데 능률이 따를 것이다.

둘째는 표정을 예쁘게 하여 매력적으로 보이게 한다는 것이다. 미소를 가진 얼굴은 상대방에게 긍정적으로 보일 뿐만 아니라 자신에게도 강한 자신감을 주고 매력적인 모습을 가지게 된다는 것이다. 따라서 대화할 시에는 진지함을 보여 주는 것도 좋지만, 상대방을 편안하게 해 주는 것이 대화의 장으로 나오게 하는 데 유리하다. 이를 '감정이입의 효과'라고 할 수 있는데, 예를 들어 가벼운 미소는 행복감을 표시하듯이 상대방에게도 행복을 선사할 수 있는 전염병이다.

셋째는 말은 칼보다 강하듯이 미소는 말보다 강하다는 것이다. 우리는 대화하거나 상대방을 설득하기 위해 강렬하게 논쟁하는 경우가 있다. 그러나 그 논쟁 뒤에는 초지일관(初志一貫)으로 해야 할 것이 미소를 잃지 않는 것이다. 미소는 인간의 감정을 이완시키는 효과가 있기 때문이다.

앞에서 언급했듯이 웃음을 통해 여러 가지 효과를 기대할 수 있다. 따라서 우리는 미소를 통해 긍정적인 인간관계를 형성하는 것이 좋은데, 이는 태어날 때부터 가져오는 것이 아니라 훈련을 통해서 가능하다는 것이다. 자연스러운 자신만의 이미지를 갖는 훈련을 소개하고자 한다.

1) 눈 운동

■ 눈썹

눈썹은 표정을 자연스럽게 해 주는 데 가장 중요한 부분이라 할 수 있다. 표정에서 희로애락(喜怒哀樂)을 표현하는 데는 눈썹과 이마 주변의 근육이 가장 먼저 나타나게 된다. 따라서 주변의 근육을 풀어야 하는데 방법은 아래와 같다.

- 양손 '검지손가락'을 수평으로 해서 눈썹에 가볍게 붙인 상태로 눈썹만 상하로 움직여 준다.
- 이마에 주름이 생기도록 눈썹을 '올렸다, 내렸다'를 5회 반복을 하는데 내리는 시간은 3초 정도면 충분하다. (서로 연습해 보자.)

■ 눈

- 먼저 조용히 눈을 감고 천천히 숨을 깊게 마신다.
- 마음이 차분해지면 눈동자를 상하좌우로 돌리면서 위에서부터 원을 그리면서 시계방향으로 천천히 돌린다.
- 시계방향의 반대로 돌린다. 이러한 동작을 반복해서 2~3회를 실시한다.
  **동료들과 함께 연습한다.

2) 볼 운동 연습

볼 운동의 최선은 입안에 공기를 불어 넣고 좌우로 돌려 주는데 볼에 공기는 터질 듯이 가득 있는 것이 효과적이며, 생각보다 얼굴 근육이 빠근하다는 생각이 들도록 반복해 주는 것이 효과적이다. 다음은 웃음지수 checklist이다. 작성해 보고 자신이 갖추어야 할 것들에 대해 생각해 보자.

■ **웃음지수 checklist**

	Smile for me	전혀 그렇지 않다	그렇지 않다	보통이다	그렇다	매우 그렇다
1	나는 나 자신을 좋아한다.					
2	나는 일상의 작은 일에서도 행복을 느낀다.					
3	슬퍼질 때 일부러 더 즐거운 생각을 한다.					
4	내가 실수했을 때 스스로에게 긍정적인 말을 한다.					
5	잔뜩 긴장된 순간 웃음으로 여유를 찾는다.					
6	내겐 힘든 상황에서 웃게 만드는 꿈(비전)이 있다.					
7	하루의 시작(또는 퇴근 시)을 웃음으로 한다.					
8	혼자 있을 때도 좋은 생각을 하며 웃음 짓곤 한다.					
9	나의 평소 표정은 밝은 편이다.					
10	박장대소처럼 큰 소리로 웃는 것이 자연스럽다.					
11	나는 웃으면 건강해진다고 생각한다.					
12	재미있는 얘기를 할 때 자신 있게 한다.					
13	나는 생활 속에서 웃음거리를 쉽게 찾아낸다.					
14	나에 대한 충고나 비판을 겸허한 웃음으로 수용한다.					
15	내 기억 속엔 재미있고 즐거운 추억이 많다.					
16	나는 가족(동료)들과 하루에 5번 이상 웃는다.					
17	가족(동료)들의 짜증을 웃으면서 들어준다.					
18	가족(동료)들에게 감사의 표현을 자주 한다.					
19	나는 비꼬는 유머나 부정적인 유머를 피한다.					
20	지금 3개 정도의 재미있는 유머를 할 수 있다.					

	Smile for me	전혀 그렇지 않다	그렇지 않다	보통 이다	그렇다	매우 그렇다
21	사람들은 즐거운 분위기를 위해 나를 찾는다.					
22	대화할 때 많이 웃는다.					
23	화나는 상황에서는 먼저 웃으며 화해를 청한다.					
24	낯선 사람에게도 자연스럽게 웃을 수 있다.					
25	다른 사람의 실수를 웃음으로 넘길 수 있다.					
26	웃음을 통해 상대방의 기분을 바꿔 준다.					
27	다른 사람들을 자주 칭찬하는 편이다.					
28	타인의 즐거움을 위해 우스꽝스럽게 행동할 수 있다.					
29	같은 말도 더 재미있게 하려고 노력한다.					
30	대부분의 상황에서 긍정적인 면을 본다.					

위의 웃음지수 checklist를 스스로 작성해 보고 모자라거나 부족한 면이 있다면 스스로 고쳐 나가야 할 것이다. 즉, 표정이나 웃음에 관한 부분에서 장단점을 살펴본 뒤 스스로 개선해야 할 점들을 살펴보고 정리해 보아야 할 것이다.

Chapter

10

직업생활에 있어서 비언어적 의사소통의 실제: 시선 처리, 자세, 옷맵시, 목소리

10
Chapter

직업생활에 있어서 비언어적 의사소통의 실제: 시선 처리, 자세, 옷맵시, 목소리

1. 시선 처리

사람을 처음 만나거나 소개받을 때 가장 먼저 눈과 시선으로 신호를 주고받는다. 처음에는 눈을 통한 의사소통이 가능하다. 눈은 마음의 거울이라는 말이 있듯이 우리는 눈을 통하여 의사를 통한다는 것이다(意思疏通). 왜냐하면, 눈동자는 통제 불가능하므로 눈을 통해 그 사람의 영혼이나 마음을 나타내 주기 때문이다.

물론 앞에서 말했듯이 첫인상이라든가 표정을 통해 처음 사람을 접하지만, 신체 언어로서 비로소 시작되는 것이, 시선 접촉 혹은 눈을 맞춤으로써 사회적 상호작용을 하는 것이다. 즉, 눈은 사람의 변화—감정, 느낌—등을 가장 빠르게 전달해 준다는 것이다. 우리는 상대방에게 관심이 있다면 쉽게 눈을 맞추지만 그렇지 않을 때는 시선을 아래로 거두거나 심지어 피하는 경우가 있다.

눈 맞춤에 대한 예는 사랑하는 연인에게서 찾아볼 수 있다. 서로 간의 애틋한 감정은 말이 아니라 애틋한 눈을 보면 알 수 있을 것이다. 애틋한 눈이라는 것은 호감이 있다는 것을 말하며 서로가 증오한다면 한사코 만나기를 거부하거나 만나더라도 시선은 다른 곳을 향하게 될 것이다.

상대방을 알아보는 경우 가장 쉬운 방법이 그 사람의 눈을 읽는 것이라고 서두에서 말했다. 다시 말하면, 그 사람 눈빛의 생기 유무에 따라서 상대방에게 풍기는 인상이 달라진다는 것이다. 눈빛은 그 사람의 말을 투영하므로 눈빛이 강렬하면서 말할 때는 그 사람의 말에 신뢰성이 있으면서 설득력이 강해진다는 것이다.

심리 상태를 알아보는 데 상대방 눈의 위치, 즉 눈을 보면 단번에 알아차릴 수 있을 것이다. 예를 들면, 그가 거짓말을 하는지, 진실을 말하는지 혹은 순수한지, 악의가 있는지를 찾는 데는 그보다 좋은 방법이 없다는 것이다. 만약 진실 유무를 가린다면 상대방이 시선을 어디에 두는지를 보면 알 것이고 혹은 눈 깜박이는 정도나 횟수에 따라 나타난다는 것이다.

이에 관한 연구는 미국의 심리학자인 캘러먼과 루이스가 실시한 시선 맞춤의 호감도 상승과 관련된 실험에서 나온 것이다. 그의 연구에 따르면 생면부지의 남녀 48명을 두 그룹으로 나누어 한 그룹은 특별한 지시를 하지 않았고 또 하나의 그룹은 2분간 서로 눈맞춤을 하게 하였는데 눈맞춤을 한 그룹은 서로에 대해 호감을 느끼기 시작했다는 것이다. 즉, 호감도가 상승했다는 것이다.

가벼운 이야기로 사랑하는 사람이나 처음 만난 사람의 눈을 바라보면 어떤 일이 일어날까? 결론은 사랑하는 사람과 3분간 눈을 마주치면 두 사람의 심박수가 똑같아진다는 것이다. 이러한 연구 결과를 확인하기 위해 여러분도 사랑하는 사람과 확인해 보자.

네덜란드의 야사 반 스타라턴 교수의 연구에 의하면 눈 맞춤하는 시간으로 상대방의 관심을 판단할 수 있다. 예를 들어, 남자의 시선이 여자의 눈에 적어도 4.5초 이상 머문다면 상대에게 관심이 있고 눈 맞춤 시간이 8.2초 이상이라면 그 사람에게 완전히 빠졌다는 증거이다. 그 반대인 경우도 마찬가지의 결론이 도출되었다는 것이다.

우리는 누군가와 눈을 마주치면 나도 모르게 설레게 된다는 것이다. 그 이유는 상대방의 혈관에서 사랑의 호르몬이라 불리는 페닐에틸아민을 솟아나게 하는 것이 상대방의 눈을 바라보는 것이기 때문이다. 그러나 스페인 바르셀로나대학 연구팀의 조사에 의하면 사람이 타인의 얼굴을 볼 때 눈 부위부터 집중적으로 관찰하게 되는데 이는 뇌가 눈 부위에서 정보를 얻도록 진화했기 때문이다. 그러니까 누군가 내게 눈맞춤을 했다고 해서 무조건 그 사람이 나에게 관심이 있다고 생각해서는 안 된다는 것이다. 서로 간에 눈 맞춤의 시간이 좌우한다는 것이다. 따라서 상대방과 대화한다면 호감도를 높이기 위해서 대화시간의 85% 이상을 '눈 맞춤' 하라는 것이다. 랄프 왈도 에머슨(Ralph Waldo Emerson)의 말처럼 "사람의 눈은 혀만큼이나 많은 말을 한다. 게다가 눈으로 하는 말은 사전(事典)이 없이도 전 세계 누구나 이해할 수 있다(지식채널e, "눈 맞춤의 힘")."

이에 대한 예를 하나 소개하면 다음과 같다.

■ 말보다 중요한 것

로버트 케네디가 일본 와세다대학을 방문해 강연했을 때의 일입니다.

반미감정이 높았던 당시 오쿠마 강당에서 케네디가 강연을 마치고 강단을 나서자 학생들은 욕설을 퍼부으며 "양키 고 홈"을 외쳤습니다.

그러자 케네디는 다시 강단으로 돌아와 마이크를 잡고 "노래 한 곡을 불러도 됩니까?"라고 말하고는, 와세다대학의 교가를 부르기 시작합니다.

학생들은 언제 야유를 퍼부었냐는 듯 케네디를 따라 교가를 불렀고 어느새 숙연한 분위기가 연출됐습니다.

와세다대학 학생들을 위해 준비한 노래는 케네디의 백 마디 연설보다 강했습니다. 상대방의 혈관에서 사랑의 호르몬인 페닐에틸아민을 솟구치게 하는 가장 쉬운 방법을 연구하던 미국의 심리학자 캘러먼과 루이스는 1989년 그들 나름대로 낭만적인 실험을 합니다.

생면부지의 남녀 48명을 모집하고 한 그룹에는 특별한 지시 없이, 다른 한 그룹에는 2분간 상대의 '눈'을 바라보게 한 것입니다.

2분 후, 특별한 지시가 없었던 그룹은 아무런 변화가 없었지만, 서로 상대의 눈을 바라보았던 그룹에서는 "가까이서 보니 그녀의 눈이 참 예쁘더군요.", "눈을 마주치고 있으니 나도 모르게 설레었어요." 등의 반응을 보여 서로에 대한 호감도가 상승하는 것으로 나왔습니다.

굳이 말을 하지 않아도 서로의 눈에서 나오는 무언가가 서로의 교감을 강하게 만들어 주는 것입니다.

눈은 영혼의 문이고 영혼 안에 있는 영이 눈을 통해 말보다 몇 배나 강한 유대감을 형성해 주는 것입니다.

자신의 마음을 알리고 싶거든 눈싸움(상대의 눈을 바라보며 눈을 깜빡이지 않고 오래 뜨고 있는 내기)을 하자고 해 보세요. 서로 상대의 눈을 응시하면서 반드시 좋은 감정이 생기게 될 것입니다. 부부싸움 할 때 아내가 이런저런 이야기를 하며 남편의 잘못을 지적합니다.

남편은 조용히 듣고 있다가 한마디 합니다. "시끄러워. 너 목소리 듣고 있기 정말 힘들다." 언쟁하는 것들을 자세히 들어보면 사실 목소리가 높아지고 감정이 격해지는 것은 그 논쟁의 내용 때문이 아닙니다. 그 말을 하는 목소리의 듣기 좋음과 싫음이 내용보다 더 중요한 것입니다.

어떤 내용의 '말을 하느냐?'라고 하는 것은 의사소통 전체에서 볼 때 그 비중이 참으로 낮다고 합니다. 말하는 방법이 더 중요하다는 것입니다.

말하는 속도, 말씨, 음정, 음색, 어투, 억양 등이 말하는 방법에 해당합니다. 사람이 받아들이는 말의 내용은 10%에 불과하고, 나머지 90%는 그 말과 표정에 섞여 있는 무언가를 받아들인다는 것입니다. 그래서 케네디의 연설 내용보다는 그들의 교가를 불러 주는 것이 그들의 마음을 더 잘 움직일 수 있었던 것입니다.

저도 처음엔 강론에서 내용이 중요하다고 생각했었습니다. 그러나 지금은 내용보다는 그 말을 하는 나의 존재에서 번져 나가는 영적인 힘이 더 중요하다는 것을 느낍니다. 그래서 미사 시작 전에 항상 성체조배를 하며 마음을 주님의 영으로 채우려고 노력합니다.

아무리 잘 준비한 강론내용이라도 정신이 안정되어 있지 못한 상태에서 하면 신자들의 마음에 깊이 박히지 않는 것을 느낍니다.

오늘 복음에서 예수님은 박해받아 왕과 총독들 앞에 끌려 나가게 될 때 변론을 미리 준비하지 말라고 하십니다. 변론을 미리 준비한다는 것은 자신의 힘으로 그리스도를 증거하겠다는 생각이 들어 있습니다. 그러나 스테파노처럼 성령으로 가득 차면 사람들은 그 말씀이 사람에게서 나오는 것이 아니라 하느님에게서 나온다는 것을 알아차리게 됩니다.

말의 내용만 너무 믿지 맙시다. 말하는 이의 영적인 상태가 더 중요합니다. 난로가 따듯한 이유는 그 안에 불이 있기 때문입니다. 사람을 만나기 전에 머리를 너무 채우지 말고 '마음'을 채웁시다.

–수원교구 전삼용 요셉 신부님에서 재인용

"술은 입에서 오고 사랑은 눈에서 온다."라는 말이 있다. 이는 눈 맞춤의 중요성에 대하여 말한 것이다. '이러한 시선에 대한 접촉은 왜 이런 사랑의 호감도를 상승시키는 것인가?'에 대해 인류학자 헬렌 피셔(Helen Fisher)는 "인간의 원시적 본능"으로 설명하는데, 예를 들면 눈과 눈이 마주치면 인간의 두뇌 가운데 원시적 영역이 자극받아 두 가지 기본 감정, 즉 접근하느냐 후퇴하느냐 중 어느 한쪽을 선택하게 된다는 것이다. 만약 이 주장이 맞는다면 상대방을 공략하기 위해서라면 사냥감(?)에 관하여 거의 위협에 가까울 만큼 강렬한 눈빛 교환을 하는 것이 유익하다는 것이다.

또 재미있는 눈에 대한 실험이 있다. 소개하면 다음과 같다.

여성이 결혼하였든 안 했든 아기 사진을 보면 동공이 커진다. 그러나 남자들은 자식이 있는 경우에만 이 같은 특징을 보인다. 따라서 싱글 맘을 꼬이려는 선수들이 공원을 배회하다가 유모차에서 버둥대며 우는 아기를 보며 자지러지곤 하는 모습을 본다면(미국에선 종종 볼 수 있는 광경이다), 그의 머릿속에는 '아기의 엄마를 어떻게 한번 꼬여 볼까?' 하는 생각이 있다고 보면 된다.

영국에선 아주 재미있는 실험을 한 적이 있다. 점잖은 신사들에게 신인 여배우의 사진과 영국 화가 휘슬러가 그린 '어머니의 초상'을 보여 주며 비교하라고 했다. 그랬더니 신사들은 위엄 있는 노부인의 모습에 온갖 찬사를 쏟아 냈지만, 막상 동공의 변화를 관찰을 해보니 이런 찬사가 무색할 정도로 신인 여배우 사진에서 동공이 훨씬 더 팽창했다.

'동공의 팽창'이 나타내는 신호의 의미를 알아내기 위해 동공계측학(pupillometrics)이라는 엽기적인 분야를 창시한 에크하르트 헤스 박사가 했던 독창적인 실험의 결과는 신기하기까지 하다. 똑같이 인쇄한 두 장의 매혹적인 젊은 영국 여성의 사진을 남자들에게 보여 주되, 한쪽 사진만 연필로 눈동자가 좀 더 커 보이도록 조작했다. '이 두 장의 여자 사진 중에서 어느 쪽이 더 마음에 드냐'는 질문에, 남성들의 답변은 한결같이 동공이 크게 팽창된 여자의 사진이었다. 벼락 같은 사랑은 평소보다 몇mm 늘어난 동공에서 시작된다. 섹시하면서도 도발적인 눈빛을 보내고 싶다면, 당신의 동공을 넓혀라.

그러나 동공을 넓히는 것도 연습을 통해 가능하다는 것이다. 연필로 사진의 동공을 크게 그리듯 마음대로 조작할 순 없지만, 동공의 크기도 어느 정도는 인위적으로 조절할 수 있다. 이탈리아에선 르네상스 시절 이미 동공이 크면 더 sexy해 보인다는 사실을 알고 아가씨들이 동공을 확대하기 위해 특별한 안약을 넣었다. 당시엔 몰랐지만, 이 안약은 아트로핀 제제를 주성분으로 했는데, 아트로핀은 원래 동공을 키울 뿐만 아니라 심장박동을 가속화하고 입술을 바짝 마르게 하며 가볍게 손을 떨게 만들기도 한다. 한마디로 말해, 사랑에 빠졌을 때와 유사한 증상이 나타나게 하는 것이다. 약의 이름도 의미심장하다. 벨라 도나(Bella Donna), 이탈리아어로 '아름다운 부인'이란 뜻이다.

■ **명대사 "당신의 눈동자에 건배"**

좀 느끼하지만, 과학자들이 권하는 '눈빛으로 유혹하는 기술'은 끈적끈적한 눈빛을 보내라는 것이다. 사람들은 대화할 때 문장이 끝나거나 침묵이 흐르면 어색해서 잠시 시선을 딴 데로 돌리는 경향이 있다. 그러나 대화 사이사이 짧은 침묵이 이어지는 동안 상대방의 눈에서 시선을 떼지 말고 쳐다보라는 것이다. 그러면 상대방은 마치 전기에 감전된 것처럼 짜릿함을 느낄 것이다. 소설에서 흔히 상대방에게 마음을 뺏겼을 때 '그는 그 여자에게서 눈을 떼지 못했다'라고 표현하지만, 눈을 떼지 않는다면 마음을 뺏기는 쪽은 상대방이라고 과학자들을 지적한다.

2차 세계대전 중 모로코를 무대로, 사랑하지만 서로를 위해 헤어져야만 했던 연인의 가슴 아픈 러브스토리를 그린 〈카사블랑카〉의 명대사를 기억하는가? 주인공 험프리 보가트가 한 손에 wine 잔을 들고 잉그리드 버그먼을 응시하며 했던 한마디, "당신의 눈동자를 위해 건배"(Here's looking at you, kid). 이 명대사가 얼마나 명번역인지, 과학자는 지난 30년간의 연구를 통해 비로소 알게 되었다.

–한겨레 21, 2007. 7.

우리는 시선을 맞추는 것의 중요성에 대한 여러 가지 실험에 대하여 살펴보았다. 그러나 시선은 어디에 어떻게 맞추느냐도 매우 중요할 것이다. 지금부터는 시선 맞추는 법에 대하여 설명하고자 한다.

앞에서 말했듯이 시선은 상대방의 진실성이나 호감도 그리고 의사소통에 있어서 중요하다고 설명했다. 우선 시선을 맞추는 법을 정리하면 다음과 같다.

첫째는 상대방의 눈을 바라보는 것이 일반적이다. 이는 사람에 따라 다르다는 것을 우선 생각하여야 할 것이다. 이는 상대에 따라 기분이 달라질 수 있으므로 두 눈과 코로 이어지는 삼각지대를 응시하면서 천천히 이동하는 것이 좋다.

둘째는 여러 사람을 보는 경우—특히 대중 연설—는 두루 응시하면서 당당하게 바라보아야 한다. 자신감의 결여는 의사소통에 있어 내용 전달이 부실해지고 불신감을 주기 때문이다.

셋째는 어느 실험 결과에서는 허공을 보고 연설한다면 내용의 30%만 전달해 주기 때문이다. 만약 허공이나 원고를 보고 있으면 매우 위험하다. 즉, 전달력은 크게 떨어진다는 것이다. 따라서 주의할 사항은 너무 강렬하게 보거나 너무 자주 시선을 맞추거나 한 사람에게 고정적으로 시선을 오래 머무는 것은 전달력에 있어서 비효과적이다.

따라서 "눈빛은 자신감에서 나오고 자신감은 연습에서 나온다"라는 말이 있듯이 시선처리를 할 경우 적절한 방법과 아닌 방법을 잘 알아서 다른 사람과의 인간관계에 활용할 필요가 있다는 것이다.

이러한 훈련법에 대하여 자연스럽게 훈련하는 법은 다음과 같다.

1) 질적인 눈맞춤을 한다. 한 번이라도 시선을 맞추었다면 서로 소통하려는 의지가 있다는 것이다. 여러 명과 시선처리하는 경우 1~2초 정도 시선을 강하게 보내는 경우가 좋다.
2) 자신감 있도록 눈을 마주쳐라.
3) 흔들리는 눈은 오만함과 불신을 나타낼 수 있다.
4) 공격적인 인상을 보여 주지 않도록 상대방을 뚫어지게 보지 마라.
5) 상대방의 미간부터 인중까지 시선을 편안하고 고르게 보는 것이 좋다. 이는 상대방에게 집중하고 있다는 것을 보여 줄뿐더러 신뢰감을 줄 수 있기 때문이다.
6) 상대의 이마에서 입 주변까지 편안하게 왔다 갔다 반복을 한다.
7) 상대방의 양쪽 눈을 번갈아 쳐다보자. 좌우로 번갈아 보면서 긴장감과 부담감을 줄이도록 한다.

출처: 이경리 외(2021).

2. 자세

우리는 처음 보는 사람이 어떤 일을 잘할 것인지에 대한 실험을 하였을 때 그 사람의 자세를 보는 것이 일반적으로 통용된다. 옛말에 “form을 보면 그 사람을 안다.”라고 하였다. 운동선수의 예를 들면 처음부터 기술훈련을 시키는 경우는 거의 드물다. 그만큼 자세가 중요하다는 것이다. 자세가 중요하다는 것은 기본기가 탄탄하여 기술훈련을 습득하는 데 매우 유익하다는 것이다. 우리는 간혹, 잘못 생각을 하는 경우가 있다. 말을 잘하는 것이 곧 의사소통을 잘하는 것이라고 잘못 알고 있다는 것이다.

따라서 말을 잘하기 위해서는 시선처리와 같은 다양한 몸짓언어인 비언어적 의사소통이 필요하다는 것이다. 사람이 말을 할 때 상대방의 강점이나 약점을 설명하면 상대방의 몸의 균형이 흐트러지는 경우를 볼 수 있다. 즉, 상대방이나 자신의 몸이 긴장하여 몸의 자세가 바로 되지 않는다는 것이다. 예를 들면, 긴장되어 고개를 움츠리거나, 머뭇거리거나, 굳어 버리는 경우라고 할 수 있다. 결국에는 말도 분명하지 못하고 논리적이지 못한 경우이다. 이는 자신감이 없거나 긴장했기 때문이다. 이러한 말투에는 도저히 신뢰감이 없다는 것이다. 이런 상황이 되면 특히 면접—특히 압박 면접—에 임하는 경우 난처해진다는 것이다.

의사소통에 있어서 위의 사항 때문에 대화 시 바른 자세를 취하여야 한다. 이를 위해서는 바른 자세를 가지기 위한 연습이 필요하다는 것이다. 우선 대화 시 바른 자세를 갖기 위해서는 평소에 바른 자세를 가지도록 임해야 한다. 이를 위해서는 당당한 마음가짐과 자세 그리고 자신감 있는 태도를 자연스럽게 유지할 수 있어야 한다는 것이다. 즉, 상대방과 눈을 맞추고 곧은 자세—등을 펴고, 안정된 gesture, 걸음걸이, 편한 시선—등을 유지할 수 있도록 연습과 훈련이 필요하다는 것이다.

이를 더욱 자세히 설명한다면 걸음걸이와 서 있는 자세가 중요하다. 몸을 구부려서 이야기하거나 부자연스러운 gesture는 오히려 의사전달을 저해할 수 있다. 특히 손의 위치도 매우 중요하다. 이야기할 때 손을 주머니에 넣으면 상대방에게 건방지다는 오해를 가져와 처음부터 몰입도가 떨어지게 될 것이다.

우리는 대화할 때 바른 자세와 바르지 못한 자세를 구분해야 한다. 이를 구분하여 바람직하게 의사소통하기 위해 활용할 필요가 있다.

■ **바른 자세**

1. 상대방에게 언제든지 듣고자 하는 열린 마음(open mind)으로 자세를 취할 필요가 있다. 이를 위해서는 자세를 꼿꼿이 세우고 허리를 펴고 어깨를 바로 세워 상대방에게 열려 있음을 appeal할 필요가 있다는 것이다.
2. 자세는 꼿꼿하게 하되, 상대방에게 약간 기울여서 관심을 나타내라는 것이다. 이리하여야 상대방이 자기의 말에 관심이 있다는 것을 알고 말하는 데 더욱 신이 날 것이다.
3. 자신부터 긴장을 풀어야 한다. 자신이 편안하게 대화하면 상대방도 여기에 호응을 얻어 자신에게 편안하게 다가올 수 있다는 것이다.
4. 여성은 의자에 앉아 있을 시에는 무릎을 붙이고 다리를 한쪽으로 모으며 양손을 포갠 상태로, 그리고 남성은 어깨 넓이보다는 약간 좁게 무릎을 벌리고 주먹을 가볍게 쥐면서 허벅지 중앙에 가볍게 놓는다. 이는 특히 면접을 보는 경우에 주의하여야 한다.
5. 악수할 경우에 강한 힘이 들어가면서 상대방에게 통증이 없을 정도로 잡아 '나는 자신감이 있다'라는 자신감을 표현하여야 한다.
6. 몸에 긴장감과 스트레스 등을 받는 자세는 피해야 한다. 이는 바른 자세가 나오지 못하는 경우의 원인이 되기 때문이다. 이를 위해서는 정신상태를 바르게 가져야 한다.

■ 부자연스러운 자세

1. 머리가 균형 잡히지 않아 한쪽으로 기우는 것을 피해야 한다. 이는 자기 자신이 파악하는 데 어려움이 있으므로 상대방에게 묻거나 거울을 보면서 교정하여야 한다.
2. 서 있을 경우 흔히 말하는 짝다리, 다리를 벌리거나 흔드는 버릇을 없애야 한다. 이는 상대방의 기분을 상하게 할 수 있다는 것이다.
3. 주머니에 손을 넣고 이야기하면 안 된다.
4. 손으로 입을 가리는 대화는 삼가야 한다.
5. 적당한 gesture를 사용해야 한다. 과도한 gesture는 상대방에게 혼란을 주게 된다.
6. 턱을 괴거나 눈을 감는 경우를 피하라. 이 같은 행위는 피곤함을 뜻하기 때문이다.
7. 걸을 때는 앞을 바라보면서 똑바로 걸어야 한다. 之를 피하라는 것이다.
8. 뒷짐을 지고 이야기하면 안 된다. 이는 상대방을 아랫사람으로 본다는 오해를 받을 수 있다.
9. 팔짱을 낀 자세는 상대방에게 부정적이고 방어적으로 보이기 때문에 피해야 한다.

자세는 의사소통 시 감정을 통해 언어적 메시지를 정확하게 전달하는 데 영향을 준다. 따라서 상대방에게 호감을 주기 위해서는 긴장감을 없애고 유연하고 개방된 자세를 통하여 바람직한 의사소통을 위해 충분하게 숙지하고 연습할 필요가 있다.

특히 우리는 상대방과 처음 만나 인사하기 전에 악수를 하곤 한다. 악수가 어디에서 유래되었는지는 알 수 없으나 악수(握手)는 두 사람이 손을 맞잡고, 이후 맞잡은 손을 위아래로 흔드는 의식적인 행위이다. 대개는 만날 때, 헤어질 때, 축하할 때, 합의를 도출해 낼 때 행해진다. 악수는 선의를 보이기 위한 것이며, 과거 무기를 손에 쥐고 있지 않다는 것을 보이기 위해 행하기 시작했을 것으로 추정된다(백과사전).

一說에 의하면 천상의 신이 지상의 통치자에게 권력을 수여하는 gesture라고도 하며, 손에 쥐는 무기류를 사용하던 시절, '내 손에는 당신을 해칠 무기가 없습니다.'라는 의미에서 유래되었다고 한다(유정화 외, 2021). 다른 一說에 따르면 중세 유럽에서는 길을 걸어가다가 모르는 사람과 조우(遭遇)하면 적이라고 생각하여 습관적으로 칼을 찾게 되었으나 적이 아님이 밝혀지면 칼을 거두고 무기 대신 상대방을 안심시키기 위하여 손을 내밀었다는 유래도 함께 전해졌다.

악수는 흔히 친근감을 나타내는 일종의 예절이다. 이러한 친근감으로 인하여 인간관계가 시작된다고 보아도 과언이 아니다. 따라서 악수할 때의 마음가짐이 매우 중요하다. 즉, 악수하는 경우 진심에서 우러나오는 태도를 보이고 무엇보다도 웃는 얼굴로 허리를 곧게 펴고 악수하는 순서에 따라 행하는 것이 좋다.

악수하는 순서는 다음과 같다(유정화 외, 2021).

먼저 청하는 사람		나중에 받는 사람
연장자(윗사람)	→	연소자(아랫사람)
여성	→	남성
선배	→	후배
상급자	→	하급자
기혼자	→	미혼자
예외	→	국가원수, 성직자, 왕족 등은 이러한 기준에서 예외가 될 수 있음

이러한 악수하는 순서는 우리의 방식과는 달라서 혼란스러운 경우가 생길 수가 있다. 예를 들면, 우리식으로는 허리를 굽혀서 하는 것인데 이는 잘못 알고 있는 경우이다. 또한, 상식적으로 우리가 알고 있기를 남성이 먼저 악수를 청하곤 하는데 이도 악수하는 자세나 예절이 아닐 것이다. 또 한편으로 잘못된 악수하는 방법을 소개하면 다음과 같다.

죽은 생선(Dead Fish) 악수	힘없이 하는 악수는 상대방에 대한 무관심의 표현 또는 나약한 사람으로 보일 수 있다.
바이스(Vice)	상대방의 손에 피가 흐르지 않을 정도로 세게 잡는 악수를 말하며 둘의 관계를 자기 맘대로 휘두르거나 자신의 힘을 과시하는 느낌을 줄 수 있다.
손가락 끝만 잡는 악수	상대방에게 적극적이지 못하다는 인상을 주거나 상대방을 얕잡아 보는 인상을 준다.

따라서 악수하는 방법으로는 일반적으로 일어서서 밝은 표정으로 상대방의 눈을 보면서 상체를 곧게 펴고 같이 오른손을 잡으면서 적당한 힘을 주어 상대방의 손을 잡은 후 2~3번 흔들고, 왼손은 자연스럽게 바지의 재봉선에 붙이며 마지막까지 상대와 시선을 맞추는 것이 대개 일반적이다. 흔히 한국에서는 허리를 약간 숙여서 하거나, 왼손을 오른쪽 팔꿈치에 대거나 왼손을 살짝 아랫배에 두어도 괜찮다.

3. 옷맵시

의사소통에 있어서 첫인상을 결정짓는 데 옷차림 또한 매우 중요하다. 다시 말하면, 복장은 그 사람의 인격을 표현한다고 보면 된다. 우리나라는 동방예의 지국으로서 예로부터 옷에 대하여 매우 각별하였다. 즉, 외출 시뿐만 아니라 집에 있을 경우도 매우 단정한 옷차림을 하였다. 이는 사극을 보면, 과거 우리 조상들의 의복에 관한 내용이 잘 나타나고 있다. 흔히 외모라고 하면 얼굴을 표현하는 것으로 잘못 알고 있다. 즉, 외모라고 하는 것은 한 인간의 전체적인 모습을 말한다는 것이다. 이를 잘 대변해 주는 것이 바로 옷차림이라 할 수 있다.

예를 들면, 본의 아니게 오해해서 경찰서에 연행당하였을 때 A라는 친구는 체육복 차림으로, B라는 친구는 양복 차림으로 연행됐다고 하면 누가 한 인간으로서 대우를 받을 수 있을까? 마찬가지로 이에 관한 연구 결과가 있다.

한 심리학자에 의한 연구 결과는 허름한 옷을 입을 때와 깔끔한 정장을 입은 사람에 대한 신뢰도를 조사한 결과 후자가 더욱 높았다는 것이다. 또한, 격식을 갖춘 옷을 입고 부탁한 경우는 90% 이상이 서류를 전달했으며, casual clothes를 입고 부탁한 경우는 50%, 허름한 옷을 입은 사람의 서류 전달은 20%도 전달하지 못했다는 것이다(이경리 외, 2021).

옷은 인격의 표현이고 상대방에 대한 예의를 나타내며 개성을 표현하는 척도라고 할 수 있다. 옷을 제대로 입는다고 하는 것은 시간, 장소, 상황 등에 맞는 옷차림이 있어야 한다는 것이다. 이는 3자의 입장에서 단정하게 보여야 타인에게 좋은 이미지를 만들 수 있다는 것이다.

예로부터, '옷이 날개다'라는 말이 있다. 친구들의 겉모습이 좋게 보이면 우선으로 그 사람에게 나쁘게 보였어도 인식을 바뀌게 할 수 있다는 표현으로 쓰고 있다. 따라서 외모에 자신이 없으면 옷에 관심을 두고 옷맵시를 잘 가꿀 필요가 있다는 것이다.

옷을 입을 시에, 다음과 같은 것에 유의할 필요가 있다. 첫째는 무엇보다도 체온을 유지할 수 있도록 하여야 한다는 것이다. 둘째는 옷을 입는 목적은 신체를 보호하기 때문에 적절한 옷을 입어야 할 것이다. 그 밖에는 그 사람을 치장하는 미의 추구 등에 있어서 상황에 맞게 옷을 입어야 할 것이다.

위에서 옷을 제대로 입는 것은 시간, 장소, 상황을 고려해야 한다고 하였다. 옷이 비싸고 화려하다고 해도 이러한 원칙에 맞지 않는다면 옷의 역할을 다하지 못한다는 것을 의미한다. 우리는 흔히 옷은 "내가 편하면 됐다"라고 말하는 사람이 있다. 물론 말은 맞지만, 상대방이 나를 어떻게 보느냐도 생각해야 한다는 것이다. 즉, 타인에 대한 배려라는 측면이다. 항상 옷을 입을 때는 내가, 누구, 무엇 때문에, 어떤 주제를 가지고 이야기하는가에 따라 필요한 복장을 갖춰야 한다는 것이다. 예를 들면, 발표할 경우, 면접을 보는 경우, 결혼식 옷차림, 장례식 옷차림, 간호사의 옷차림 등에 대한 옷맵시가 다르다는 것이다. 어떠한 옷차림이든 옷을 입는 예절을 분명하게 인지하고 있어야 할 것이다. 여기서 바른 옷차림과 유의할 점에 관하여 알아보자.

■ 바른 옷차림

1. 자기의 신체에 맞는 옷을 입어야 한다.
2. 옷을 구겨서 입으면 안 된다.
3. 옷은 용도에 맞아야 한다. 예) 작업복, 근무복 등
4. 개성에 맞는 옷차림이 필요하다. 단, 타인과 잘 어울려야 한다.
5. 속옷이 비치면 안 된다. 따라서 너무 노출되는 것도 삼가야 한다.
6. 연령, 성별, 계절 등을 고려하여 옷을 선택한다.

■ 유의할 사항

1. 보기 흉한 얼룩이 있는지를 확인한다.
2. 어깨에 비듬이나 머리카락이 있는지를 살펴야 한다.
3. 잠옷 차림으로 외출하지 않는다.
4. 지퍼가 열려 있는지를 확인한다.
5. 다른 사람이 보는 앞에서 양말을 신거나, 허리를 굽혀 치켜올리는 것도 보기 흉하다.
6. 주머니에 손을 넣거나 속옷이 빠져나오지 않도록 한다.
7. 지나치게 화려한 옷과 사치스러운 옷은 피하는 게 좋다.

4. 목소리

의사소통은 대개 언어로 전달되기 때문에 목소리 중요성도 다른 것보다 덜 중요하지는 않다는 것이다. 즉, 그 사람의 감정이 그대로 목소리를 통해 전달되기 때문이다. 따라서 좋은 목소리는 호감이 가게 되어 있다. 우리는 남녀가 미남, 미녀라고 해서 모두가 호감이 가는 것은 아니다. 물론 추남, 추녀보다는 호감 가는 것이 사실이지만 여기에 목소리도 한몫한다는 것이다.

의사소통할 때 목소리 톤, 어조, 크기, 울림, 높낮이에 따라 호감도가 달라지는 것은 사실이다. 이러한 의사소통의 언어를 준언어(準言語)라고 한다. 예를 들어, 목소리의 톤이 말하는 내용과 어울리면 호감도가 매우 높아진다는 것이다. 한 가수가 슬픈 노래 부를 때를 상상하여 보자. 그에게 맞는 톤을 가지고 있다면 노래를 잘 부른다고 칭찬할 것이다. 잘 부른다는 것은 그만큼 호감도를 상승하도록 만들 것이다.

자연스럽게 나오는 음성은 또 다른 매력을 전달해 준다. 예를 들면, 자연스럽고 건강하고 힘이 있는 목소리로 메시지를 전달하는 때에는 더욱 효과적일 수가 있기에 의사소통에 힘을 발휘할 수 있게 된다. 만약, '당신이 면접에 들어갔다고 가정한다면 어떠한 목소리를 가지는 것이 타인보다 유리할까?'를 생각하여 보자. 답은 뻔하다. 자신감 있고 확신에 찬 목소리가 대표적이라 할 수 있다. 따라서 적재적소(適材適所)에 필요한 목소리를 가지는 것도 매우 중요하다. 그러나 가지지 못했다고 생각한다면 연습을 통해 교정할 수 있다.

먼저 안정된 목소리를 가지려면 풍성한 호흡이 필요하다. 즉, 복식호흡이다. 이러한 호흡법은 목소리 훈련의 기본일 것이다. 우리는 일상적인 생활을 할 때 가슴을 이용하여 호흡한다. 이를 흉식호흡(胸式呼吸)이라 한다. 그러나 풍성한 호흡을 가지기 위해서는 호흡량의 30%가 증가하여 안정감 있는 호흡이 필요한

데 이것이 복식호흡(腹式呼吸)이다.

면접하는 경우를 예를 들어보면, 특히 말끝을 흐린다는 생각이 들면 자신감이 없어 보이므로 면접시간 전에 7-7-7 복식호흡을 한다면 긴장감을 해소할 뿐만 아니라 면접관에게 좋은 이미지를 줄 수 있다. 7-7-7 복식호흡은 들이마시고, 숨을 참고, 내쉬기를 7초 동안 반복적으로 하는 호흡법이다. 보통의 방법은 '코로 숨을 마신다. → 배를 부풀린다. → 코로 숨을 내뱉는다. → 배를 넣는다'를 반복하는 것이다.

특히 울림 있는 발성 연습을 하는 경우가 있다. 발성은 날숨에 의해 성대를 진동시켜서 소리를 내는 것이다. 소리를 잘 내기 위해서는 입 모양이 매우 중요하다. 이러한 입 모양을 갖는 방법은 입을 크게 벌리고 혓바닥은 반드시 아래에 두고 발성하는 것이다. 이어서 상체를 이완시키고 복식호흡을 한 후에 목에 힘을 주지 않고 "아~~" 하고 소리를 내는데 이때 손을 배에 대고 들이마시며 소리가 나올 때의 느낌을 익혀 보자.

■ 울림 있는 목소리 훈련 발성

아 ~~~ 발성 5초
아 ~~~ 발성 10초
아 ~~~ 발성 15초
아 ~~~ 발성 20초

또한, 힘 있는 목소리도 필요하다. 이를 위해서는 일반적으로 스타카토(staccato) 발성법이 효과적이라 할 수 있다. 이러한 발성법은 숨을 내쉴 때 한 번에 내쉬는 것이 아니라 소리를 끊어 내지르는 발성법을 말한다. 이때 유의 사항은 목으로 소리를 내지 말고 길게 끌지 않는 것이다.

원래 스타카토(staccato)는 악보에 기보(記譜)가 된 음표의 반의 길이만큼 연주하라는 뜻인데 이는 우리가 모두 알고 있는 기초 상식이지만 그 실행에 있어 다소 잘못 이해하는 경우가 많아, 스타카토는 그 이름만 들어도 힘들고 고통스러운 성악의 기술로 인식되는 것이 일반적이다. 예를 들어, 눈앞에 촛불이 있다고 상상을 하고 이 촛불을 짧고 강한 호흡으로 끈다고 생각해 보자. 이러한 방법으로 사용하는 단어로는 '아', '에', '이', '오', '우' 등을 사용하면 좋다. 이러한 단어를 가지고 발성하면 배가 수축이 되는 느낌이 있을 것이다.

이 외에도 목소리를 훈련하는 방법으로는 자기 목소리에 귀 기울이는 훈련이 필요하다. 가수들이 노래 부를 때 자신의 노랫소리를 듣기 위해 귀를 막는 것을 본 적이 있을 것이다. 사람의 소리는 자신이 듣는 소리와 다른 사람에게 전달되는 소리가 다르기 때문이다. 자신의 소리를 주의 깊게 들어보는 것이 매우 중요하다. 자기 목소리에 만족하면 자신감을 가지고 훈련하도록 한다.

자기 소리를 들으려면 녹음기로 녹음하거나, 핸드폰의 녹음기능을 이용하면 될 것이다. 이를 이용하여 의사전달에 얼마나 효과적인가를 알아야 하며 연습을 통해 목소리를 변모시켜야 한다.

마지막으로는 불안한 목소리에 안정감을 실어 정확하게 말하는 방법을 터득하는 것이다. 이 훈련은 새어 나가는 호흡을 모으는 방법으로 손수건을 말아 입안에 넣은 후 나무젓가락이나 볼펜 등을 가로로 물고 혀끝으로 밀어내는 모양을 한 채 소리를 내어 보는 것이다. 이 상태에서 고, 저음의 다양한 소리를 내는 연습을 할 필요가 있다. 이러한 연습을 반복적으로 하면 안정감 있는 목소리를 가지게 될 것이다.

의사소통의 핵심은 메시지의 전달력이다. 다른 어조나 톤 그리고 빠르기가 아무리 좋고 적당할지라도 내용 전달이 되지 않으면 소용없다. 이를 위해서는 정확한 발음이 필요하다는 것이다. 평소 신문 기사 등을 발음 하나하나에 신경을 써서 소리 내어 읽어 보는 것도 효과적이다. 이러한 반복훈련은 평소에 조음기관(調音氣管)인 혀, 입술, 볼, 턱을 부지런히 움직이고 특히 자음을 연습할 때는 입 안 혀의 위치를, 모음일 경우는 입 모양을 크게 벌려야 정확하게 발음할 수 있다.

다음에는 발음교정 글자들을 적어 놓았다. 읽고 연습하여 보자.

1. 간장공장 공장장은 강공장장이고, 된장공장 공장장은 공 공장장이다.
2. 강 건너 강 공장장은 간장공장 공장장이고 강 안 건너 공 공장장은 된장공장 공장장이다.
3. 강낭콩 옆 빈 콩깍지는 완두콩 깐 빈 콩깍지고, 완두콩 옆 빈 콩깍지는 강낭콩 깐 빈 콩깍지이다.
4. 경찰청 창문 쇠 철창살은 녹슨 쇠 철창살인가? 녹 안 슨 쇠 철창살인가?
5. 내가 그린 그림은 새털구름 그린 그림이고, 네가 그린 구름 그림은 뭉게구름 그린 그림이다.
6. 남문 밖 곽씨 과수원 딸 곽 말괄량이는 동문 밖 박 주사댁 박 총각을 좋아한다.
7. 네 붕어 알이 크냐? 내 붕어 알이 크냐?
8. 멍멍이네 꿀꿀이는 멍멍해도 꿀꿀하고, 꿀꿀이네 멍멍이는 꿀꿀해도 멍멍하네.
9. 박범복 군은 낮 벚꽃 놀이를 다녀오고 방범목 양은 밤 벚꽃 놀이를 다녀왔다.
10. 봄 꿀밤 단 꿀밤, 가을 꿀밤 안 단 꿀밤
11. 상표 붙은 저 깡통은 깐 깡통인가, 안 깐 깡통인가?
12. 이 콩깍지는 깐 콩깍지냐? 안 깐 콩깍지냐?
13. 안양역 앞 약공장은 안약 약공장 양양역 앞 약국옆 한약방은 양양 한약방이다.
14. 앞집 아침밥 잡곡밥은 굵은 꽁보리밥이고 뒷집 저녁밥 잡곡밥은 붉은팥 차조밥이다.
15. 양양군 양양면 양양리 양영 양하점 주인은 양영옥 양이고, 양양군 양양면 양양리 양영 양화점 주인은 양영훈 군이다.
16. 이 기린 그린 그림은 흰 기린 그린 그림이고, 저 기린 그린 그림은 푸른 기린 그린 그림이다.
17. 자기야 자기는 자기가 아닌 다른 자기가 자기보고 자기라고 하면 자기는 자기라고 할 수 있어 자기?

18. 장충단공원 앞 중앙당 약방 중앙당 약방 옆에 장충 당구장 장충 당구장 위에 장충당 족발집
19. 저기 가는 저 쌀장사가 새 쌀장사냐 헌 쌀장사냐?
20. 저기 있는 말뚝이 말 맬 말뚝이냐, 말 못 맬 말뚝이냐?
21. 저기 있는 저 분이 박 법학박사이고, 여기 있는 이분이 백 법학박사이다.
22. 중앙청 창살 쌍 창살 경찰청 창살 외 창살
23. 치키치키 차카차카 쵸코쵸코 쵸 치키치키 차카차카 쵸코쵸코 쵸
24. 한양 양장점 옆 한영 양장점, 한영 양장점 옆 한양 양장점
25. 내 얼굴 둥실둥실 무리둥실 감자 같은 내 얼굴
26. 도르륵 드르륵 두루룩 도로록 드르륵 두루룩
27. 뭉실뭉실 두리뭉실 호박 같은 뭉실뭉실 두리뭉실 호박 같은
28. 서울특별시 특허 허가국 특허과 허가과장 허 과장
29. 신진 샹송 가수의 신춘 샹송 쇼, 신진 샹송 가수의 신춘 샹송 쇼
30. 저기 저 뜀틀이 내가 뛸 뜀틀인가 내가 안 뛸 뜀틀인가
31. 안 촉촉한 초코칩 나라에 살던 안 촉촉한 초코칩이 촉촉한 초코칩 나라의 촉촉한 초코칩을 보고 촉촉한 초코칩이 되고 싶어서 촉촉한 초코칩 나라에 갔는데 촉촉한 초코칩 나라의 문지기가 "넌 촉촉한 초코칩이 아니고 안 촉촉한 초코칩이니까 안 촉촉한 초코칩 나라에서 살아"라고 해서 안 촉촉한 초코칩은 촉촉한 초코칩이 되는 것을 포기하고 안 촉촉한 초코칩 나라로 돌아갔다.

–김재득, 2017.

10-1 연습문제

연습하여 봅시다.

가	갸	거	겨	고	교	구	규	그	기
나	냐	너	녀	노	뇨	누	뉴	느	니
다	댜	더	뎌	도	됴	두	듀	드	디
라	랴	러	려	로	료	루	류	르	리
마	먀	머	며	모	묘	무	뮤	므	미
바	뱌	버	벼	보	뵤	부	뷰	브	비
사	샤	서	셔	소	쇼	수	슈	스	시
아	야	어	여	오	요	우	유	으	이
자	쟈	저	져	조	죠	주	쥬	즈	지
차	챠	처	쳐	초	쵸	추	츄	츠	치
카	캬	커	켜	코	쿄	쿠	큐	크	키
타	탸	터	텨	토	툐	투	튜	트	티
파	퍄	퍼	펴	포	표	푸	퓨	프	피
하	햐	허	혀	호	효	후	휴	흐	히

Chapter 11

직업생활에서의 언어적 의사소통의 실제: 다가가기

11

Chapter

직업생활에서의 언어적 의사소통의 실제: 다가가기

1. 다가가기

누구나 처음 만나는 순간 어색한 것은 매우 당연할 것이다. 그러나 어색하다고 하여 그냥 살고자 하는 사람은 없다. 이를 극복하는 것 또한 인간관계이며 의사소통의 기술이다. 물론 첫 만남은 설레고 기대되기도 하지만 또 한편으로는 매우 불편하기도 하다. 일반적으로 사람은 만남을 통해서 관계를 맺고 이는 첫인상 등과 같은 비언어적 요소들을 통해 상대방과 만남이 시작된다고 볼 수 있다.

우리는 처음 만나는 상대방과의 대화에서 다가가는 것이 매우 중요하다. 그러면 상대방에게 어떻게 다가가느냐가 문제이다. 가만히 생각하여 보면 우리는 살아가면서 얼마나 많은 사람과 만남을 가져왔는가를 되돌아볼 필요가 있다. 친구, 이웃, 연인, 직장동료, 윗사람 등과의 만남에서 본인은 어떻게 첫 만남을 시작하였는가? 혹은 후에 만나야 할 인간관계에서 어떻게 그들에게 다가가야 하는가? 다시 말하면, 건전한 인간관계를 맺으려면 어떻게 해야 하는 것인가라는 문제를 가지게 될 것이다.

이러한 문제를 고민하기 위해서 취업 준비를 하는 학생이나 직장생활을 하기 시작하는 초년생들은 끊임없이 학습하고 준비하고 훈련을 통해 이러한 기술들을 습득하기 위해 노력해야 할 것이다. 이러함에도 불구하고 이러한 준비를 외면한 채로 쉽게 '하던 대로 하면 되겠지'라는 생각하고 대인관계를 하였을 때 큰 낭패를 볼 것이다. 즉, 그냥 넘겨서는 안 되는 과제라는 것이다.

먼저 '다가가기'라는 것은 사전적 의미로는 '가까이 가는 것'으로 단순하게 되어 있다. 이는 영어로는 'approaching', 'reaching', 'connecting'으로 표기하고 있다. 이는 단순하게 사전적인 의미로 정의를 할 것이 아니라, 협의의 개념으로 '다가가기'라는 의미는 '상대방과 만남이 열려 있어 서로가 가까이하여 의미가 있는 관계를 형성하여 참만남을 이루도록 하는' 개념을 말하고 있다.

따라서 다가가기에는 사회에서 처음으로 만나는 사람과의 첫 관계를 극복하기 위한 일련의 통과의례로 여러 가지 질문을 통해 알아가는 과정이기 때문에 자기소개, 인사 등을 통해 개인의 기본 정보를 알아야 한다는 것이다. 이러한 기본 정보를 통해 친밀감과 공감대를 형성하여 인간관계를 성공적으로 이끌 수 있다는 것이다. 특히 보건 의료인들에게는 환자의 건강과 치료를 목적으로 하여서, '다가가기'는 무엇보다도 중요하다. 이를 위해서는 꾸준하게 연습할 필요가 있다는 것이다. 먼저 자기소개에 관하여 살펴보도록 하자.

1) 자기소개

자기소개는 한마디로 '난 이러이러한 사람'이라고 자신을 남에게 드러내어 보이는 행위라고 할 것이다. 누구나 한 번쯤은 자기소개서를 쓴 경험이 있을 것이다. 먼저 자기소개서에 대하여 설명하고자 한다. 자기소개서는 이력서에서 보여 주지 못한 부분을 더욱 세심하게 알리는 계기가 된다. 따라서 면접관이나 혹은 이를 필요로 하는 사람들에게 보여 주기 위해서는 세세하고 구체적으로 기록하여 진솔하게 작성함이 원칙이라는 것이다.

자기소개서를 이력서와 같은 부류로 오인해서는 큰 낭패를 보게 된다. 오늘날 자기소개서는 자신을 드러내는 데 결정적인 역할을 할 뿐만 아니라 면접 시 자료로 활용되어 합격 여부의 결정적인 역할을 하고 있을 정도로 매우 중요하다. 따라서 매우 신중하고 진솔하게 작성할 필요가 있다.

자기소개서를 쓰는 요령은 흔히 취업을 목적으로 할 때의 예를 들어 설명하고자 한다.

첫째는 성장 과정을 작성할 때는 본인이 어떠한 가정교육을 통해 성장했는지 파악하는 데 필요한 항목이라 할 수 있다. 따라서 일대기를 나열하는 것이 아니라, 현재 나의 모습을 가지게 된 배경—영향을 주는 계기—에 대한 사건이나 경험을 기초로 하여 한두 가지를 주안점을 두어 작성하면 되는 것이다.

둘째는 지원동기에 관한 내용으로서 이는 자기소개서의 핵심 사항이라고 생각하면 될 것이다. 이는 자기를 소개하고자 하는 대상자나 회사 또는 직무에 관한 철저한 분석을 통해 열정을 바칠 준비성을 대변(代辨)하면 된다는 것이다. 왜 자신이 얼마의 가치가 있는지 그리고 얼마나 기여하는 것에 관하여 잘 나타내는 상품을 소개한다는 형식으로 작성하면 될 것이다.

셋째는 성격의 장단점에 관한 작성법인데 자신이 필요로 하는 회사나 대상자와 연계된 가치나 인재상을 잘 파악하여 적합한 성격을 선택하여 작성해야 할 것이다. 이때 반드시 자신의 성격으로 인하여 성공한 사례를 근거로 제시하면 더욱 유익하다는 것이다. 또한, 단점 말하는 것을 삼갈 필요가 있다. 그러나 요구한 곳에, 치명적인 약점이 아니라면 이야기를 하는 것이 좋으나 반드시 이를 개선하기 위한 노력에 대하여 구체적으로 제시하라는 것이다.

넷째로는 학교생활과 경력 사항을 작성하는 부분이다. 이는 자기가 필요로 하는 대상자에 대하여 그동안 얼마나 노력했는지, 활동했는지, 그리고 학교생활에서의 조직 적응능력에 관하여 기술하고 학업을 통해 어떻게 연계시킬지에 대하여 작성하면 된다. 이 역시 마찬가지로 구체적으로 성공한 사례와 이에 대한 교훈이나 배울 점에 관하여 서술하면 appeal이 될 것이다.

마지막으로는 포부에 관한 내용이다. 이 부분에서는 지원자의 열정을 확인하고자 함이며 어떻게 기여하는지에 관하여 적는 항목이다. 따라서 가슴 속에 품고 있는 희망이나 계획 등이 들어가 있으면 좋다. 계획을 작성할 때 구체적으로 연 단위로 작성하되 활약에 대하여 명확하게 밝혀야 한다. 또한, 이러한 계획을 위해 준비한 과정을 적으면 될 것이다. 따라서 자기소개서 작성 시 주의사항에 대하여 알아보도록 하고 반드시 숙지하도록 해야 할 것이다.

■ **자기소개서 작성 시 주의사항**

1. 읽는 입장에서 작성하라.
2. 논리적이고 객관성이 있어야 한다.
3. 자기소개서를 작성할 때, 보는 사람 즉 상대방의 관심을 끌어야 한다. 예를 들면, 주제 문구를 독특하게 구성한다.
4. 반복되는 문구나 진부한 표현은 삼가야 한다.
5. 간절한 마음이 담겨 있어야 한다.
6. 원하는 제한된 글자 수가 있다면 지키는 것이 좋다.
7. 오타를 없애라. 기본 예의이다.
8. 완전함이 될 때까지 계속 수정해라.

특히 보건 의료직에서 근무하는 사람들은 대상자와 상호작용하는 첫 단계이므로 매우 중요하다. 따라서 자신을 소개하고 목적, 시간, 간호학 시간에 학습하였던 사생활 보장 및 한계 등을 설명해야 할 것이다. 예를 들면, 간호사일 경우 자신의 이름, 역할, 간호기간 등을 소개하고 치료과정이나 처치과정에 관해 설명해야 할 것이다.

설명하게 된다면, 질문방식이 매우 중요하다. 보통 개방형 질문을 사용하라는 것이다. 개방형이란 용어 그대로 열린 질문(opened question)이라는 것이며 질문자가 대상자로 하여금 편안하게 답변할 수 있는 일반적인 질문을 하라는 뜻이다. 예를 들면, 의사나 간호사가 회진(回診)할 때 주로 많이 사용하는 방식인데 "오늘은 아픈 데는 없습니까?", "오늘 기분은 어떠십니까?"라는 질문이다. 그 후속으로 "어제보다 더 아프세요?"라든가 "어제보다 기분이 더 우울합니까?"로 이어지는 구체적인 질문으로써 대상자에게 자기가 생각나는 대로 질문을 시작하여 구체적으로 질문하는 질문형식이다.

다음은 자기소개의 예이다. 참고하여 생각해 보자.

■ **실습병원에서의 자기소개 예시문**

안녕하십니까? 저는 00대학교 간호학과 3학년 A반 이름은 ○○○입니다. 저는 앞으로 ○○○님을 2주 동안 담당하는 실습생입니다. 환자분의 어려움이나 불편한 점을 비록 실습생이지만 최선을 다하여 돕겠습니다. 쾌유하실 수 있도록 최선을 다하겠습니다.

또 한 가지는 관심 기울이기가 매우 중요할 것이다. 먼저 대상자에게 다가가기의 경우에 내가 관심을 보이고 주의를 기울이면서 이해하고 돌보려는 메시지를 정확하게 전달하려는 것이다. 관심 기울이기를 통하여 보건 의료인으로서 상대방이 원하는 것이 무엇인지를 파악을 하고, 내가 그들에게 무엇을 어떻게 할

까를 먼저 생각하는 배려와 노력을 나타내면서 상대방이 편안하게 그리고 신뢰감을 가지게 하여 대화의 장으로 이끌어 효과적인 치료 활동을 하도록 격려해야 할 것이다.

이러한 방법은 꼭 언어적 활동을 통하는 것이 아니라 미소, 자세, 친절한 태도, 주요 관심사에 대한 파악, 불편함을 파악, 온정 등을 나타내는 것이 효과적이다. 따라서 의료인들은 앞에서 배운 비언어적 의사소통의 방법 등을 숙지하도록 노력해야 할 것이다.

나와 가장 가까이 있으면서 잘 알지 못하는 것이 자신의 얼굴이다. 하루에 한두 번씩 거울을 본다지만 단순히 여러분은 외모에만 관심이 있을 뿐 자신의 모습을 잘 관찰하지 못하고 있을 것이다. 따라서 자기소개를 하는 것도 쉬운 일이 아닐 것이다. 이러한 자기소개를 잘하고 있는지를 알기 위해서는 상대방을 통해 자신의 모습을 관찰할 수 있도록 부탁하여 잘못된 점을 고쳐 나가도록 해야 한다.

여의치 않으면 거울을 이용하여 자신의 모습을 관찰하고 말하기 연습을 할 수 있다. 하루에 한 번 정도는 어떤 주제를 가지고 1분씩 바른 자세를 하고 말하는 연습을 하는 것이 본인에게 많은 도움이 될 것이다.

발표할 때 전신의 모습을 잘 살펴보아야 할 것이다. 자신을 긍정적으로 받아들이면 타인도 나를 긍정적으로 받아들인다는 것이다. 따라서 타인에 대한 콤플렉스가 사라지게 되고 용기가 생기게 될 것이다.

또한, 자연스러운 눈빛과 gesture 등도 함께 관찰할 필요가 있다. 거울 속에서 나 자신이 어떠한 행동을 하는지 자세하게 살펴보아야 한다. 자신이 지나치게 고개를 흔든다든가, 시선처리는 어떻게 하고 있는지를 그리고 혀를 내미는 버릇이 있는지 등을 살펴보아야 한다. 이와 같은 태도가 발견된다면 거울을 통해 자연스러운 표정이나 태도를 가꾸어 나갈 필요가 있다. 다음은 거울 앞에서 1분 동안 발표하는 내용으로서, 발표의 순서는 첫인사 → 자기소개 → 내용발표 →

마무리 → 끝인사의 순이다. 다음을 읽고 신중하게 기록하여 보자.

1. 자기 자신의 장점과 단점에 관하여 설명하라.

2. 가장 재미있었던 것 중에서 한 가지를 소개하여 보자.

3. 가장 좋아하는 과일 중에서 한 가지를 말하고 그 까닭을 설명하라.

4. 지금부터 10년 뒤의 미래상에 대하여 말해 보라.

	거울 앞 speech 훈련	전혀 그렇지 않다	그렇지 않다	보통 이다	그렇다	매우 그렇다
1	일관되고 안정된 speech로 말하는가?					
2	어휘력이 풍부한가?					
3	명료성이 있는가?					
4	유머를 구사하는가?					
5	비언어적 gesture 능력을 내용에 맞게 하는가?					
6	결론을 잘 맺었는가?					
7	내용을 정확하게 전달하였는가?					
8	청중들이 잘 호응하겠는가?					
9	긍정적인 배려를 보이는가?					
10	틈틈이 요약 및 정리하였는가?					
11	이해도를 체크하기 위하여 질문을 하는가?					
12	지나친 비판과 평가를 하지 않는가?					

종합진단 비교표

진단내용	본인 진단 점수	팀 진단 점수	타인 진단점수			본인 타인 최대 차이
			상사(선배)	동료	부하(후배)	
거울 앞 스피치 훈련						

본인과 타인 간에 점수차를 계산해서 차이가 클수록 개선할 필요가 있다.

■ **결과분석**

1. 55점 이상: 뛰어난 연설가로서 일관되고 안정되게 자연스러운 speech를 할 수 있다.
2. 54~50점: 청중의 호감을 얻을 수 있으며 적절한 웃음을 유발할 수 있다.
3. 49~45점: 발표내용에 맞춰 내용전달과 표정 연출이 가능하다.
4. 44~37점: 청중과 겨우 얼굴을 쳐다보며 말할 수 있다.
5. 36점 이하: 발표 연습에 많은 시간적 투자가 필요하다.

11-1 연습문제

본인의 자기소개서를 작성하여 친구와 돌려 보면서 완성도를 높여 봅시다.

자기소개서

성장과정	
지원동기	

성격의 장단점	
학교생활 및 경력사항	
입사 후 포부	

2) 인사하기

인사는 예절의 기본이며, 자신의 인격을 표현하는 최초의 행동이다. 또한, 상대방의 마음을 열어 주는 구체적인 표현이며, 인간관계의 기본이다. 인사는 상대의 존재를 인정하고, 상대방에게 호의가 있음을 표현하는 것이며, 상대에 대한 존경의 표현이자 개인적인 인간관계를 맺고 싶다는 신호이다.

인사의 유래는 원시시대에 '무장하지 않았고, 공격하지 않겠다'라는 의미로 손을 내밀거나 허리를 굽히는 행동을 취하였는데, 이것이 오늘날 인사의 유래라고 할 수 있다. 고대 우리나라에서는 허리를 굽히거나, 땅에 무릎을 대고 하는 '절'이 인사였다. 이것은 자신을 낮추어 상대방을 존경한다는 의미를 내포하고 있다. 오늘날은 허리를 살짝 굽히는 것으로 간소화되었다. 먹을 것이 없어서 굶던 시절엔 "식사하셨습니까"가 인사가 되었었고, 상대방이 무탈(無頉)하고 평안한가를 묻는 '안녕하십니까'도 인사가 되어 지금까지 쓰이게 된 것이다. 이는 섬김의 자세, 환영의 표시, 친근감의 표시, 무탈함의 표시 등 많은 것을 내포하고 있다.

사람과의 첫 대면은 한마디의 말, 즉 인사로 시작된다. 인사라는 말은 한자어로 보면 人 + 事이다. 이를 우리말로 해석하면 '사람으로서 해야 할 일'을 말한다. 인사는 예절의 기본이며 인간관계의 시발이다. 동서고금을 망라하여 인품을 말할 때 예절 바른 사람을 제일로 평가하고 있다. 예절은 사람의 언행으로 나타내는 것으로서 그중에서도 인사가 기본이 되고 있다. 그러므로 인사를 잘하는 것은 도리와 절차에 맞춰 사물을 처리하는 것인지 반면에, 인사하지 않고 무슨 일을 하고자 한다면 그것은 도리를 지키지 않는 것으로서 인간관계를 그르치게 되며 또한 절차를 무시하고 단번에 목적을 취하려고 하는 성급한 처사이다.

인사는 인간사회에 있어서 윤리 형성의 기본이며, 모든 사람에게 있어서는 자신의 인격이다. 윗사람에 대하여는 존경심의 표현이며, 동료 간에는 우애의 상징이며, 고객에 대하여는 서비스를 바탕으로 한 상인 정신의 표현이며, 아울러 자신의 인격과 교양을 밖으로 나타내는 것이다. 따라서 인사는 좋은 인상, 부드러운 느낌, 성실한 응대의 이미지를 줄 수 있는 표정으로 때와 장소와 상대에 맞는 인사말로 예의 바르게 하도록 한다.

또한, 항상 먼저 인사하는 습관을 들이도록 하며, 인사를 받으면 반드시 답례하도록 한다. 따라서 다가가기의 필수요건, 즉 의사소통을 잘하기 위해서는 필수로 자신이 먼저 밝게 상대에게 인사를 하는 것이 유용하다. 인사는 많은 예절 가운데서 상대방을 인정하고 존경하며 반가움을 나타내는 가장 일반적인 표현 방법이다. 상대방에게 자신의 가치를 인정받느냐, 아니냐는 자기 자신에게 달려 있다. 그만큼 첫 만남에서 인사의 중요성이 강조되고 있다. 다음은 인사에 관해 유의할 사항이다. 이를 숙지하도록 하자.

■ 인사 시의 유의사항

- 상대방과의 거리는 대략 2m 내외가 적당하다.
- 상대방의 시선을 보기 위하여 눈을 치켜서 보는 것은 오히려 불쾌감을 줄 수 있다.
- 턱은 앞으로 지나치게 나오지 않도록 한다.
- 무릎은 굽히지 않도록 한다(무릎을 굽히면 아첨의 인사가 되며 고개만 끄덕이면 버릇없는 인사가 된다).
- 엉덩이를 뒤로 쑥 빼거나 손으로 다른 것을 만지면서 인사하지 않도록 한다.
- 보행 중에는 일단 걸음을 멈춘 후 인사해야 한다.
- 손을 주머니에 넣거나 의자에 깔고 앉아서 인사하는 일이 없도록 한다.
- 숙인 상태에서 잠시 멈추고 천천히 상체를 들며 밝은 표정으로 상대방을 보고 미소를 지으면 좋다.
- 등과 목을 곧게 펴야 하며 허리부터 숙여야 한다.

■ 한국에서의 인사에 대한 인식

우리나라는 古來로 동방예의지국이라 하여 이에 따르는 인사법도 아침, 점심, 저녁이 다르고 상봉, 이별, 문안, 안부 등에 각각 인사의 양식을 달리하고 있다.

이 같은 인사법은 「상례(常禮)」에 자세한 설명이 있으나 요즈음은 서구식 문물의 유입과 함께 많이 생략되었고, 한편 서양식 악수나 포옹 또는 키스 등도 행한다.

서양에서 악수는 누구나 하는 것으로 오인하나 오히려 보통 때 몸을 굽히거나 머리를 숙일 뿐이며, 특히 친밀한 사이거나 특수한 경우에 행하여진다. 그것도 윗사람이나 부인 측에서 먼저 손을 내미는 것이 원칙이며 상대방은 내민 손을 한 호흡 동안만 가만히 다섯 손가락을 쥐는 것을 올바른 악수로 여긴다.

■ 인사의 유형

인사는 예절의 가장 기본적인 형태이다. 인사예절에 의하여 상대방에 대한 인상도 결정되는 경우가 많으므로 세밀한 주의를 기울여야 한다. 또한, 인사를 하면서 인사말을 함께하는 것이 자연스러울 것이다. "흔히 안녕하십니까?", "매우 춥습니다(덥습니다)", "안녕히 주무셨습니까?", "다녀오겠습니다", "안녕히 다녀오셨습니까?", "안녕히 다녀오십시오", "안녕히 가십시오", "안녕히 계십시오", "반갑습니다" 등을 상황에 따라 사용해야 한다. 예를 들면, 상중(喪中)인 사람에게 "반갑습니다"라고 인사한다면 실례라는 것이다. 과거에 상황에 맞지 않는 인사말 때문에 곤혹 치른 경험들이 있을 것이다. 이를 유념해야 할 것이다.

■ 자연스러운 인사법

1. 시간대나 시기를 고려하면서 인사를 하자.
   예) 아침의 경우는 새로운 시작이므로 활기차게 하는 것이 좋다.
   저녁의 경우는 마무리하는 시기이므로 차분함이 좋다.
2. 장소와 만나는 상대에 따라 인사는 다르다는 것을 인식해야 한다.
   예) 먼저 장소가 어딘지를 파악하라.
   상대가 누구인지에 따라 인사는 달라야 한다(친근함 혹은 정중함을 표현).
3. 상황에 따라 인사는 다르다.

예) 계단에서 만났을 경우: 먼저 표정으로 인사한 다음 위치가 비슷해지면 기본 자세를 취하며 15도 정도 굽혀서 목례(目禮)를 함

엘리베이터에서 만났을 경우: 협소한 장소이므로 간단하게 인사하는 것이 좋다.

멀리 떨어져 있을 경우: 먼저 눈인사 후 인사는 거리가 가까워졌을 때 한다.

앉아서 하는 경우: 너무 머리를 숙여서는 안 된다.

통화 중인 경우: 밝은 미소로 가볍게 목례를 한다. 윗사람일 경우는 상대방에게 양해를 구하라.

■ 인사의 종류

1. **목례:** 눈인사하는 정도로 고개만 약간 숙이는 경례이다. 자주 만나거나, 여러 번 만날 때도 이러한 인사를 한다.
2. **반경례:** 허리를 약 15도 숙이는 형태로 아랫사람에게 답하는 것이다.
3. **평경례:** 보통 30도로 하며 문안 인사나 평상시에 주로 하는 인사법이다.
4. **큰경례:** 정중함을 표현하며 평경례보다 허리를 더 숙이는 인사법이다(보통 45도).
5. **의식경례:** 의식행사—결혼, 추모식 등—의 경우에 사용하는 인사법으로 90도 정도로 허리를 굽힌다.
6. **거수경례:** 제복을 입었을 때 하는 형태이다.
7. **악수:** 친절함이나 반가움을 표시할 때 한다.

Chapter

12

직업생활에 있어서 언어적 의사소통의 실제: 경청과 화법

12

Chapter

직업생활에 있어서 언어적 의사소통의 실제: 경청과 화법

1. 경청하기

현대사회에서는 남의 말을 '듣는 사람'보다 '말하는 사람'이 더 많은 세상이다. 그만큼 세상은 이로써 불통의 시대에 있다고 보아야 할 것이다. 우리의 상황과도 매우 유사하다. 즉, 의사소통의 지혜가 없어서 혼란과 혼돈의 시대를 맞이하고 있다. 따라서 상대방을 설득하는 데 실패의 원인이 되기도 한다.

의사소통에 있어서 상대의 말을 듣고 이를 바탕으로 설득하여 소통의 시대를 열어야 한다. 20C에 들어와 철학의 한 분파도 정확하게 의미를 전달할 수 있는 분석철학의 시대를 연 것도 이를 위함이다. 상대방의 말을 경청하여 상대를 설득하거나 이해시키는 것이 바람직한 의사소통의 한 방법이라고 할 수 있다.

경청은 "상대방의 말에 귀를 기울이고 집중해서 듣는 것뿐만 아니라 그 내면에 있는 동기나 정서 감정에도 귀를 기울이고 이해하여 상대방에게 다시 전달

(피드백)하는 것"이다. 이를 쉽게 해석하면 어떠한 사람의 말을 듣고 그 사람에게 주의를 집중하고 관심을 가지며 말과 감정을 수용하는 것이다.

우선 대화의 목적 중 가장 중요한 것이 타인과 의사소통이라고 하였을 때 자신 생각을 정확하게 전달하기 위해서는 남의 말도 진지하게 들어서 다시 생각하여 보편적이고 타당한 의견이 다시 나오게 해야 할 것이다. 이것이 경청의 중요성이다. 다시 말하면, 듣기의 중요성이라 할 수 있다. 잘 듣는 것만으로도 상대방의 마음을 읽어 낼 수 있다는 것이다.

한 예로, 영업사원이 자회사의 그릇을 판매한다고 가정하자. 그 영업사원이 그릇을 팔기 위하여 그릇에 관한 설명만을 꾸준하게 한다고 하면 분명히 그 사람은 영업에 실패할 것이다. 그 대신에 고객들의 생각이나 주장에 귀를 기울이면서 영업한다면 훨씬 이로울 것이다. 이만큼 경청하기가 매우 중요하고 실생활에서도 leadership을 발휘하는 데도 매우 중요한 요소가 될 것이다. 경청의 중요성은 다음의 예에 나타나 있다.

> 주인공인 악기 회사의 홍보팀 이 과장은 이토벤이라는 별명을 갖고 있다. 이토벤은 후배들의 이야기를 듣는 척은 하지만, 항상 자신에 기준을 두고 판단한 대로 의사결정을 하고 일을 처리하기 때문에 붙은 별명이다. 평소 이 과장은 이러한 자기 모습에 대해 인식하지 못하고 열심히 일해 왔다는 자부심이 있었다.
>
> 어느 날, 이 과장은 갑자기 뇌종양 진단을 받고 청력 상실을 경험한다. 청력 상실이 심해지면서 이 과장은 다른 사람의 이야기를 잘 듣기 위해 상대방의 입술을 읽으려고 노력하였고, 잘 듣지 못하기 때문에 말수가 적어졌다. 이러한 모습은 동료들에게 이 과장이 자신들의 이야기를 들으려 하고 타인을 배려하며 팀의 화합을 위해 노력하는 모습으로 전달된다.
>
> 이러는 가운데 동료들은 이 과장에게 마음을 열게 되고, 이 과장도 과거의 모습이 아닌 진정으로 다른 사람과 함께하는 데서 오는 기쁨과 행복을 느낀다. 결국, 이 과장은 듣기의 중요성을 깨닫고 다른 동료 직원들을 배려함으로써 부서의 분위기를 만드는 사람으로 거듭난다(임숙빈 외, 2018에서 재인용).

여기에서 보듯이 의사소통의 시작은 경청에서 비롯된다는 것을 알 수 있다. 이러한 중요성에 대하여 "어떤 찬사에도 마음의 문을 열지 않는 사람일지라도, 자신의 이야기를 진지하게 들어주는 사람에게는 마음을 빼앗기게 된다."라고 잭 우드가 말했다(이경리 외, 2021). 따라서 잘 듣는 사람이 잘 말하는 사람 이상의 대화법에서는 더욱 요구된다는 것이다. 즉, 누구든지 자신의 이야기를 잘 들어 주는 사람을 우리는 더욱 좋아하게 마련이고 이는 상대에게 신뢰감을 준다. 자기의 말을 잘 들어주기 때문이다. 마찬가지로 연인관계에서 사랑의 시작은 경청에서 시작된다고 보아야 할 것이다. 따라서 우리는 경청의 중요성을 알고 향상할 수 있는 노력을 게을리해서는 안 된다는 것이다.

따라서 오늘날 많은 의료서비스 기관에서는 환자들로부터 좋은 평가를 받기 위해서 관리자들은 직원들을 이해하기 위해서나 고객의 마음을 알기 위해서는 '경청하라(Listen)'라는 것이다. 시스코 시스템즈의 생존전략은 이를 강조한다. 즉, 고객이 무엇을 바라는지를 머리로 생각하지 말고 고객에게 달려가 물어보라는 것이다. 이는 끊임없이 고객의 소리를 청취할 것을 강조하는 말이다(안상윤 외, 2014).

인간은 사회적 동물로서 인간관계를 떠난 생활은 불가능한 존재라고 하였다. 이를 위해서는 대화가 필요하다는 것이다. 이러한 대화를 위해서는 자신이 가지고 있는 내용을 자신감 있게 표현하는 것이 중요하다. 따라서 이러한 인간관계를 맺는 데 있어서 '말'로 자신을 표현하고 있다. "눈이 마음의 창이라고 한다면 입은 인격의 창"이다.

대화 시에는 말하는 것보다 듣는 습관을 길러야 한다. 우리의 몸에서 입은 하나이고 귀가 둘이 있다는 것은—과학적이지는 않지만—이것을 반증하여 주는 것이다. 잘 듣는다는 것은 귀만 쫑긋 세우라는 말이 아니라 마음을 open 하라는 것과 같다.

1) 경청을 위한 10가지 방법

첫째, 개방성을 가지고 있어야 한다. 다시 말하면, 다른 사람을 일방적으로 설득하지 말고 먼저 상대방이 가진 생각을 받아들일 줄 알아야 할 것이다.

둘째, 본인의 생각이 옳다는 것에만 집착하지 말아야 한다. 공통의 분모를 찾기 위해 함께 꾸준히 노력하여야 한다. 상대에 대한 배려가 있어야 한다는 것이다.

셋째, 관용이 있어야 한다. 다시 말하면, 극단적인 표현을 삼가야 하며 추상적이고 비과학적이며 논리성이 없는 탁상공론적인 주장은 삼가라는 이야기이다.

넷째, 대화할 경우에 시간상 균형을 이루어야 한다. 한 사람이 너무 오래 이야기하지 말며 다른 사람에게 대화의 길을 열어 두어야 할 것이다.

다섯째, 현재성이 있어야 한다는 것이다. 이는 대화는 상대방과 함께 있다는 것이며 상대의 말들을 진솔하게 들어야 할 것이다.

여섯째, 동감이 있어야 한다. 대화는 두 사람 이상이 하는 행위이라서 상대방을 배려하고 이해와 논리로써 하되 상대방을 비난하거나 추궁해서는 안 된다.

일곱째, 대화할 때 이야기를 구체화시켜라. 모든 대화에서 너무 주제를 넘어가지 말 것이며 상대방이 알아듣지 못하는 전문적 용어를 피하고 자신이 말하고자 하는 동기에 대하여 구체적으로 설명하라는 것이다.

여덟째, 대화는 상대를 차별하지 말고 평등하게 하라는 것이다. 다시 말하면, 동등권을 가지고 있다는 사실을 잊지 말아야 한다. 따라서 상대방과 평등한 관계를 유지하되 상대방을 깔보거나 시험하는 행위는 금(禁)한다.

아홉째, 공간과 시간을 허용하라. 자기의 주장만을 위해서 상대방의 말을 끊지 말아야 한다는 것이다.

열째, 세분화하여야 한다. 일반화되지 않은 지식이나 확실하지 않은 지식은 사용하면 안 된다.

聽(청)이라는 뜻을 풀이하면 "耳王十目一心"이다. 이는 큰 귀를 왕처럼(耳王) 섬기며 동서남북(東西南北) 사방의 소리를 귀로 또는 눈으로 잘 살피며(十目) 상대방의 마음을 살피는 진실됨의 마음을 들으라(一心)는 이야기이다. 여기에 경

(傾)이라는 말은 귀를 기울여 들으라는 이야기이다. 따라서 경청이라는 말은 귀를 기울여서 상대방의 진실한 마음을 읽으라는 것을 의미하고 있다. 앞에서 우리는 귀가 두 개 있는 이유에 대하여 설명하였다. 두 귀를 가지고 있는 이유가 '한 귀로 듣고 한 귀로 흘려보내라'라는 뜻이 아님은 명확하다. 두 귀를 가지고 있다는 것은 많은 이야기를 먼저 들으라는 이야기이다. 아라비아 속담에는 "듣고 있으면 내가 이득을 얻고, 말하고 있으면 남이 이득을 얻는다. 말하는 것이 지식의 영역이고, 듣는 것이 지혜의 영역이다."라는 말이 있는데 이는 경청의 중요한 의미를 말해 준다.

우리가 아는 단어 중에 '총명(聰明)'이 있다. 이 한자를 자세히 분석하여 보면 청(聽)과 어딘지 모르게 비슷한 점이 있다. 이 한자는 역시 잘 들으라는 의미를 포함하고 있으며, 한자 중에 섭리(攝理)라는 말도 역시 攝이라는 단어에 耳가 세 개나 있다. 이 역시도 잘 들으라는 의미로 3개 중 두 개의 귀는 오른쪽과 왼쪽을 말하며, 나머지 한 개는 '마음의 귀'를 말하는데 이는 연륜에 따라 커지는 중앙의 귀를 말하는 것이다.

2) 경청의 효과

경청이라는 말은 상대방에게 단순하게 메시지를 듣는 것 이상으로 상대방과 자신의 감정을 수용하여 피드백하는 일련의 과정이라고 말했다. 따라서 올바른 경청은 상대방에게 관심을 가지고 이해하고 수용하고 반응하는 것이라고 본다. 여기에서 경청이 의사소통에 있어 어떤 효과가 있는지 알아보기로 하자.

우선 상대방에게 호감을 주게 하므로 좋은 인상을 심어 주게 되고 또한 중요한 사람이라는 인상을 심어 주게 되므로 서로 간의 즐거운 시간을 만들 수 있다는 것이다. 이를 통해 상대방이 말하기 쉽게 길을 열어 줌으로써 자신에게 필요한 지식과 정보를 얻을 수 있다는 것이다.

둘째로는 궁금증을 해소할 수 있다는 것이다. 진지한 경청은 상대방에게 말하도록 하여 자신이 알고자 하는 궁금증을 해소할 수 있고 이를 통해 적절히 대응할 수 있다는 것이다. 이를 통해 상대방의 진의를 파악하고 이해하여 적절히 비판적으로 듣게 되며 결국은 반성적(reflective, 反省的) 태도를 가지며 사회적 성장으로 이끌 수 있기 때문이다.

지혜라고 하면 역사적으로 솔로몬 왕이 생각날 것이다. 아기가 한 명인데 두 명의 여인이 서로 자기 아들이라고 주장하자 그는 "그러면 저 아기를 반으로 나누어 두 명의 여인에게 아이를 주어라!"라는 판결했다. 이러한 판결을 통해 아기가 진짜 엄마의 품으로 돌아간 그의 명판결은 우리에게 널리 알려져 있다. 이러한 솔로몬은 하느님으로부터 지혜를 얻었다고 전해지는데 지혜라는 말이 성경의 히브리어 원문에는 '듣는 마음(leb smea)'으로 적혀 있다는 것이다.

남아공 최초의 흑인 대통령인 넬슨 만델라(Nelson Mandela, 1918~2013)는 평소 경청에 대해서 말했는데 "나는 늘 기본적인 원칙을 지켰다. 그것은 내가 의견을 말하기 전에 다른 사람의 말을 경청하는 것이었다."라고 하였다. 이러한 소신에 따라 오늘날 남아프리카공화국의 인권과 불평등 문제를 해결하여 노벨평화상을 수상하게 되었다.

3) 경청의 종류

'듣는다'를 나타내는 영어단어로는 'hearing'과 'listening'이 있다. 두 영어의 차이는 전자(hearing)는 수동적인 것을 뜻하고, 후자(listening)는 능동적인 것을 뜻한다. 즉, 전자는 귀에 들려오는 소리를 무심하게 그냥 듣는 것을 말하며, 예를 들면 길가를 지나치다가 자동차 소리, 사람들의 소리 등을 우리는 아무 생각 없이 들으며 그냥 지나쳐 버린다. 이러할 때 사용하는 단어가 'hearing'이다. 그러나 길거리를 지나치다가도 어떤 소리를 집중해서 듣고 이를 모아 뇌를 통해 분석하고 이해하는 행위의 듣기는 능동적이다. 따라서 경청하기 위해서는 'listening'이 필요하다는 것이다. 마치 수능에서 영어 듣기 시험과 같이 들어야 한다는 것을 말한다.

경청의 단계는 처음에는 귀로 듣고 두 번째는 눈으로 듣고 마지막 단계는 마음으로 듣는다는 것이다. 이것으로 보면 우리는 상대방과 대화할 때 거의 귀로 듣는 것에만 집중하는 경우가 대부분일 것이다. 이러한 경우는 상대방과 의사소통하는 데 있어 실패할 것이다. 왜냐하면, 상대방 마음을 읽어 내는 데 실패하였기 때문이다. 따라서 상대방의 말을 듣고 있다는 느낌을 주기 위해서라도 3단계, 즉 '귀 → 눈 → 마음'의 귀를 모두 열어 두어야 한다는 것이다. 이를 더욱 구체화하면 우리도 모르게 지나치는 경우가 많은데 지각 → 해석 → 평가 → 반응의 단계를 거친다.

지각의 단계는 언어적, 비언어적인 메시지를 주로 귀로 듣고 눈으로 받아들이는 단계를 말한다. 이 단계에서는 보이거나 보이지 않는 장애가 듣는 것을 방해하는 장애물로 존재한다는 것이다. 이는 소음과 같은 물리적 장애물뿐만 아니라 육체적, 정신적 피곤 그리고 교육의 정도에 따라 심리적 요인까지 작용한다는 것이다.

해석의 단계에서 우리는 상대방의 메시지를 듣는 것 이상, 우리에게 주는 내용을 해석해야 한다는 것이다. 예를 들면, 그 사람이 나에게 주는 단어, 내용 등이 의미하는 것이 무엇이며 어떠한 내용인지를 정확하게 해석해 내야 다음 단계로 진행할 수 있다는 것이다. 이 단계에서 머무르면 의사소통이 엉뚱한 방향으로 흘러갈 수 있다. 아쉽게도 일반인 중에서 소수는 여기서부터 난관에 봉착하는 경우를 볼 수 있다. 예를 들면, 이미 사람들에게 내재화된 가치, 아집, 고집 등이 이를 어렵게 한다는 것이다. 왜냐하면, 우리에게는 우상론(偶像論)이 존재하고 있기 때문이다. 여기서 우상(偶像)은 잘못된 생각이나 판단을 이끄는 경향을 말한다. 이러한 우상론은 종족의 우상, 동굴의 우상, 시장의 우상, 극장의 우상을 말한다.

듣는다는 것에는 여러 종류가 있다. 이를 살펴보면 사이비 경청, 선택적 경청, 수동적 경청, 적극적 경청이 있다. 이를 구별하면 다음과 같다.

■ 사이비 경청

사이비 경청은 상대의 이야기를 단지 겉으로만 듣는 단계라 할 수 있다. 이러할 경우 상대방의 기분을 상하게 하여 대화하기 싫어하거나 이를 통해 중요한 지식과 정보를 얻는 데 실패할 것이며 친근감과 신뢰도를 얻지 못한다. 물론 그럭저럭 대화는 이끌어 갈 수 있다.

■ 선택적 경청

이러한 경우도 마찬가지이다. 이야기는 듣고 있어도 마음속에는 다른 것이 자리 잡고 있어서 자신에게 유리한 내용만을 듣고 싶은 경청의 한 방법이라 할 수 있다. 즉, 인간의 귀는 요망해서 자기가 듣고 싶지 않은 이야기는 듣고자 하지 않는다는 것이다. 이는 앞에서 이야기한 베이컨의 우상론에 귀인하고 있다.

■ 수동적 경청(침묵)

이는 영어단어에서 말하는 'hearing'에 속하며 상대방이 말하는 메시지를 듣기만 할 뿐 어떠한 반응을 나타내지 않는 방법이라 할 수 있다. 따라서 상대방이 자신의 메시지가 정확하게 전달되었는지 혹은 이해하였는지 등을 구별하기 어려워 의사소통이 어렵거나 대화 도중에 말을 이어 가지 못하는 경우가 있다.

앞에서 우리는 인간에게 귀가 두 개라고 하였다. 그 뜻을 새길 필요가 있다. 말하기보다는 듣는 데 열과 성의를 다하라는 것이다.

■ 적극적 경청

수동적 경청인 'hearing'과 달리 'listening'에 해당이 된다고 하겠다. 이 방법은 말하는 내용뿐만 아니라 그 속에 숨어 있는 의미나 내용을 분명하게 전달받아 파악함과 동시에 비언어적 내용까지도 전달받는 형태를 말한다. 이는 상대방의 말을 충분하게 수용하고 이해하고 반응하는 것이라 할 수 있다. 이와 같은 경청 방법은 의사소통에 있어서 매우 중요하다.

우리는 침묵, 말문을 여는 등에는 분명히 한계가 있다. 단순히 남의 말을 일방적으로 듣는 것뿐만 아니라 상대방의 속마음을 정확하게 이해하고 그 증거를 제시할 수 있어야 한다는 것이다. 남의 말을 들어준다는 것은 의사소통에 있어서 매우 중요하다고 하였다. 이러한 의사소통은 결국 원활한 인간관계를 형성할 수 있다.

적극적 경청을 위해서는 상대방이 한 말을 되풀이해서 말하고(반복), 내용을 다른 표현으로 재정리하며(환언), 핵심적 사항을 다시 언급하는(요약) 등의 방법으로 확인하는 것이 중요하다(유정화 외, 2021).

■ 승인반응

듣는 사람은 상대방이 말하는 동안 '타자(他者)에게 관심을 주고 있다.'는 것을 보여 주어야 한다. 다시 말하면, 메시지를 받고 있다는 표시로 언어적, 비언어적인 방법으로 전달할 필요가 있다. 예를 들어, 그의 말을 듣고 있다는 표시로 고개를 끄덕이든가 상대방 쪽으로 약간 기울이든가, 미소를 짓거나 혹은 말로써 "아, 맞아요", "그래요?"라는 놀라운 표현을 하면 좋을 것이다. 이는 상대방이 더욱 고무되어 이야기할 수 있도록 하는 데 효과적이다.

■ 말문을 열게 하는 반응

이러한 방법은 상대방이 더 듣고 싶을 때 하는 방법으로 "다시 한번 이야기해 주시겠습니까?", "다음에는 어떻게 되었어요?" 같이 말하는 것이다. 이러한 방법은 단답 형식의 'Yes', 'No'가 아니라 계속해서 이야기할 수 있도록 길을 열어 준다는 데 의미가 있다.

4) 효과적인 경청 방법

■ 함께 있어 주기

'함께 있어 주기'의 사전적 의미는 영어로는 Presence로서 '다른 것과 더불어 바로 곁에 함께 있는 것'을 말한다. 이는 시공간적으로 상대방과 함께 있음으로써 상대방과의 공감 및 이해를 통해 긍정적인 영향을 미치도록 하는 상호작용이라 할 수 있다(임숙빈 외, 2018).

이 말은 신체적으로 혹은 심리적으로 함께 있다는 것을 의미하며 공감, 지지, 돌봄과 같은 의미와 밀접한 관련이 있다(조계화 외, 2001). 따라서 함께 있어 줌으로써 상대방을 심리적으로 안정시키게 되며 이를 통해 심리적 불안 등을 줄여 신뢰감을 형성시키는 데 도움을 줄 수 있다는 것이다.

예를 들면, 위급한 병을 치료하고자 하는 환자들과 함께 있어 주는 것만으로 그들에게 신뢰감을 주어 환자의 치료에 효과적일 수 있다는 것이다. 위급한 병을 가진 환자들—말기 암 환자—은 대화 자체에 매우 인색하여 그들에게서 비언어적 의사소통으로 그들의 심신을 안정시키는 효과를 가져올 수 있다는 것이다.

따라서 '함께 있어 주기'라는 것은 상대에게 호의적이며 신체적으로 가까이하며, 존경심을 가지고 그들에게 가까이 가야 한다는 것이다. 즉, being there(신체적으로 같이 있음)와 being with(심리적으로 같이 있음)를 포함하여 조력자로서 필요시에는 행동 영역까지도 포함되는 것을 의미한다.

예를 들어, 환자가 누워서 말하는 상황에서 보건 의료인은 그들이 바라보면서 말할 수 있도록 가까운 거리에서 그들을 응시하면서 소통하는 것도 좋다.

■ 상대방 말에 집중하기

상대방의 말에 주의 집중하라는 것은 어느 물체나 사물에 대하여 주목하거나 몰입하는 것을 의미한다. 의사소통에서의 주의 집중은 경청할 준비가 되어 있다는 전 단계로서 상대에게 주목하고 있거나 몰입하는 것을 말하며 이를 통해 의사소통이 이루어질 수 있도록 하는 것이다. 이 역시 주의 집중한다는 것은 상대방의 말뿐만 아니라 몸짓과 같은 비언어적 행동까지도 섬세하게 살필 필요가 있다는 것이다.

따라서 효과적인 경청을 위해서는 상대방과의 대화에 있어서 건성이나 무관심으로 듣는 것이 아니라 정신을 집중해야 한다는 것이다. 이를 위해서는 상대방의 위치에서 진솔하게 들어야 할 것이다. 유의할 점은 상대의 말이 끊어지게 해서는 안 되며 중간에 끼어들기를 해서는 안 된다는 것이다.

그러나 보건직에서 근무하면 주의 집중하는 것은 사실상으로 매우 어렵다. 왜냐하면 천차만별(千差萬別)의 환자가 들어오기 때문이다. 또한, 물리적 잡음으로 인하여 더욱 주의 집중하는 데 어려움이 있다는 것이다. 그러나 보건 의료인들은 이런 상황을 인식하고 이에 대한 대책을 미리 수립하고 집중할 준비가 되어 있어야 할 것이다.

■ 소음의 제거

남의 말을 듣고자 할 때 내부의 원인도 있지만, 최고의 적은 소음일 것이다. 우리는 의사소통에 있어서 이것이 존재한다는 것을 반드시 인식할 필요가 있다.

만약 수업한다고 가정해 보자. 선생님이 강의하는 도중 학생들이 수업에 방해가 되는 소음을 내면 수업은 진행될 수 없듯이 효과적인 수업이 되려면 수업 분위기를 조성하거나 방해 요소들을 차단해야 할 것이다. 이는 효과적인 경청에도 적용될 수 있다.

(1) 외부소음

이는 물리적 현상으로서 상대방의 이야기를 듣지 못하는 경우이다. 이때 물리적 현상은 자동차 경적, 라디오 소리 등으로 인해 상대방의 소리에 신경을 집중하지 못하게 하는 소음을 말한다. 물론 물리적 현상이 단순히 건물 밖의 소리가 기본이지만 말하는 사람의 뒤쪽 불빛이 밝다면 이 또한 외부적 소음에 속한다고 볼 수 있다.

또 하나의 예는 의사소통 시에 상대방을 약 올리거나 고의성이 있다고 생각되는 기분 나쁜 manner도 일종의 외부 소음이다. 이러한 현상은 남자에게서 많이 나타난다. 남자들이 술자리에서 빼놓지 않는 말이 있다. 군대 이야기와 축구 이야기이다. 남자들은 모두 이런 걸 경험해 보았을 것이다. 이런 이야기는 경청을 매우 어렵게 한다. 왜냐하면, 일부 남자들이나 여성들은 이러한 경험을 하지 못해서 공감하지 못하기 때문이다.

(2) 내부소음

내부소음은 대개 듣는 사람들이 들은 내용을 정확히 해석하지 못하게 하는 소음을 말한다. 이 같은 예는 의료인들에게서 나타나고 있다. 예를 들면, 의료인들은 대개 전문적인 용어를 사용하여 일반인들이 알아듣지 못하는 경우라 할 수 있다. 일부 법조계에서도 마찬가지이다. 상대방에게는 소음으로 생각된다는 것이다. 이러한 내부소음은 의사소통 시 주위 사람에 의해 고쳐질 수 있으므로 상대로부터 지적당했다면 고치도록 노력해야 할 것이다.

■ Eye contact

앞에서 눈 맞춤에 관해 서술하였다. 사람의 눈을 보면 의사소통에 주의하는지 관심이 있는지를 알 수 있다고 하였다. 그만큼 대화 시에는 시선 처리가 매우 중요하다는 것이다. 그렇다고 해서 상대방의 눈을 너무 쳐다보면 오해의 소지가 있다. 그러나 시선을 피한다면 오히려 상대방에게 관심이 없거나 무시하는 느낌을 주고 혹은 자신에게는 불안과 초조 그리고 자신감이 없다는 것을 내포하고 있다. 따라서 적절한 시선 처리를 하는 것이 좋으며 그 방법은 비언어적 의사소통의 시선처리에서 설명한 바 있다.

■ **관심 기울이기**

대화할 때 상대방에게 관심이 있다는 것만으로도 의사소통의 절반은 성공이라 할 수 있다. 어느 영업사원이 물건을 팔려고 하면 먼저 주의를 이끌어 그 제품에 관하여 관심을 가질 수 있게 만드는 것처럼 의사소통에 있어서 상대방에게 관심을 주는 만큼의 좋은 메시지는 없다. 이러한 관심 기울이기가 저절로 생기는 것은 분명히 아니다. 이러한 관심 기울이기는 풍부한 감성이 있을 때 나타난다. 예를 들면, 관심을 기울인다는 것은 어떠한 사물을 그냥 지나침이 없다는 것이다. 가을에 가로수의 나뭇잎들이 떨어진다고 가정하면 그냥 지나치지 않을 것이다. 우리의 감성을 유인해 내기 때문이다. 이것이 우리의 이익이나 자기중심적인 사고일 경우에는 절대 나타나지 않는다는 것이다.

의료인들도 마찬가지이다. 돌봄의 대상으로서 그들에게 어떤 개인의 이익이나 유리함이 있으면 이와 같은 행위가 나타나지 않는다는 것이다. 의료인들은 그들을 돌보는 데 있어서 천직이라는 사명감을 가지고 여기에 전념해야만 어려운 환자들을 돌보게 되고 이를 통해 자기만족을 느낄 것이다. 의료인들이나 일반 사람들이 타인에게 관심이 있다는 것은 여러 가지 상황에서 극본 없는 연출이다.

① 관심 기울이기는 좋은 태도와 내용과 감정을 동시에 듣는 데 그 증거가 있다.

상대방에게 관심이 있다는 증거는 나도 상대도 모르게 비언어적 의사소통에서 나타난다. 예를 들면, 몸의 위치, 움직임, 표정, 시선 처리 등이 자연스럽게 나타난다는 것이다. 따라서 관심 있다는 것을 상대방에게 보여 주기 위해서는 신체적으로 편안하고 근육을 이완시키고 자연스러운 표정과 자세를 가질 필요가 있다.

또한, 사람들이 전달하고자 하는 메시지는 그 내용만을 전달하는 것이 아니다. 그 내용 속에도 감정이 포함되어 있다는 것을 말한다. 따라서 그 사람의 감정과 기분을 파악하는 데도 많은 도움을 받을 것이다. 따라서 내용을 전달받거나 줄 때는 그 사람이 전달하고자 하는 메시지의 내용만으로 상대방이 의도하는 것을 파악하는 데는 한계가 있을 것이다.

② 상대방의 표정과 음색에서도 나타난다.

상대방에게 관심이 있다는 표시는 그의 표정과 음색에서도 나타난다. 관심 있다는 증거는 표정에서도 나타나는데, 이는 온화한 미소가 자연스럽게 품어져 있기 때문이다. 따라서 특히 의료 보건직에서 종사하는 직업을 가진 이들은 얼굴에는 항상 미소를 머금고 친절한 음색을 가지고 방문하는 환자나 그의 가족들을 맞이하는 자세가 갖추어져 있어야 한다는 것이다.

③ "아 그랬군요!"라는 공감적인 반응이 필요하다.

공감적인 반응의 의미는 상대방이 이야기한 직후에 나타나는 반응으로써 상대방이 전달하고자 하는 의사를 이해하려 노력하고 있다는 사실을 바로 보여 주는 것을 말한다. 이러한 반응에는 언어적, 비언어적 반응이 있을 수 있다.

이러한 공감적인 반응은 자신이 들은 것에 대한 비판과 판단을 요구하는 것이 아니라 자기 자신이 어떻게 생각하고 느끼는 바를 나타내는 반응이라 할 수 있다. 따라서 이러한 반응을 통해 전달자는 자신이 전달하고자 하는 내용이 바로 전해졌다는 것을 판단하는 데 도움을 받는다.

공감적인 반응은 경청을 잘했는지를 판단하는 데 도움을 주기 때문에, 한쪽의 의사소통이 끝난 후에 하는 것보다 중간에 즉각적으로 표현을 하되, 그 속에는 상대방의 메시지를 이해하고 감정을 파악하고 있다는 것을 바로 전달해야 할 것이다. 공감적인 반응의 예를 들자면 "아, 그래요?" 등과 같은 언어적 표현이라 할 수 있으며 의료직에 종사하는 의료인들은 환자의 행동에 즉각적으로 반응을 보인다면 불평이나 충돌을 피하는 데 도움이 될 것이다(임숙빈 외, 2018).

■ 이해하기

의사소통에서 이해한다는 의미는 상대방과의 대화에 있어 주의집중을 하여 들은 내용에 관하여 의미를 부여한다는 것이다. 즉, 상대방의 말을 잘 알아듣고 받아들였다는 것이다. 이해가 잘된다는 의미는 상대방과 비슷한 내용과 관련되거나 혹은 자신이 경험한 것에 관해서는 이해도가 매우 빠를 것이다. 예를 들어, 자신이 알고 있는 내용을 수업 내용 다음 시간에 들었다고 치자. 이해도는 듣지 않은 사람보다 더 빠를 것이다. 이해를 빠르게 하려면 다음과 같이 하면 쉬울 것이다.

첫째는 상대방 말의 요점을 빠르게 파악하라는 것이다. 즉, 상대방이 주장하는 말이 무엇인지를 파악하고 대처해야 할 것이다.

둘째는 먼저 판단하지 말라는 것이다. 자신이 잘 알지도 못하면서 상대방의 말을 짐작하여 의사소통한다면 반드시 안 좋은 결과를 낳게 될 것이다. 또는 아는 내용일지라도 다시 한번 생각해 보고 판단하라는 것이다. 근대 철학에서의 데카르트처럼 방법적 회의를 사용하라는 것이다. 예를 들면, 철수는 의심이 많은 사람이다. 모든 사물을 의심하고 회의한다. 자신이 앉아 있는 의자도 사실은 없는 것이 아닌가를 의심하고 자신과 이야기하는 순이도 사실은 없는 것 아닌가? 의심하라는 것이다. 더 나아가서 '자신도 사실은 없는 것 아닌가?'를 의심한다. 자기의 손과 발과 몸이 사실은 없지만 있는 것처럼 악마가 자기를 속일 수 있기 때문이다. 즉, 우리가 알고는 있지만, 또 다른 우리의 편견이 앎을 가로막을 줄 모르기 때문이다.

따라서 이해하는 것도 마찬가지이다. 상대방의 말을 충분하게 듣고 신중하게 판단할 필요가 있다는 것이며 이해가 되지 않으면 계속 이해할 때까지 물을 수 밖에 없을 것이다. 잘못된 이해의 한 예를 들어보자. 어느 날 엘리베이터를 타고 있었는데 강도가 들어와서 "hands up(손 들어!)"이라고 외쳤다. 그러나 외국어가 서툰 사람은 'hanging(교수형에 처하다)'으로 오인하여 난처함에 빠진 사례도 있었다는 것이다.

이 같은 사례는 보건 의료직에 종사하는 사람에게도 마찬가지이다. 이들은 자기보다 환자를 잘 이해하고 있다고 종종 오해하고 있다. 그러나 그것은 모순이다. 이들은 경청하면서 미리 환자의 상태를 판단하고 결정하는 버릇이 있다는 것이다. 결국은 이들의 선입견이나 지나친 자신감으로 인하여 환자들과의 대화의 장이 오히려 어색해지는 경우가 허다하다.

■ 맞장구치기

대화를 잘하는 사람은 말이 중심이 아니라 잘 들어주는 사람이라고 했다. 이는 전체 대화의 70% 정도를 들어주고 난 뒤 맞장구를 치는 것이 대화를 잘한다는 것이다. 우리가 앞에서 말했던 1, 2, 3 화법이 이러한 경우이다. 1분간 말하고 2분간 들으며 3번 이상 맞장구를 치는 화법이 1, 2, 3 화법이다(유정화 외, 2021).

맞장구치기의 효과는 상대방으로부터 쉽게 많은 이야기를 유인하기 때문이다. 말을 듣는 가운데 상대방의 말을 그냥 듣기만 하는 것이 아니라 중간중간 국악 가락과 같이 추임새를 넣는다면 더욱 신이 나서 이야기를 쏟아 낼 수 있다는 것이다. 이러한 추임새는 "아, 그래요", "정말입니까?", "안타깝네요?"와 같은 것이다. 이를 통해 상대방과 공감하고 있다는 것이기 때문에 대화하는 데 상대방의 기분을 북돋워 줄 수 있다.

■ 이해 전달하기

상대방의 이야기를 잘 경청하여 이해했다면 이러한 이해를 반드시 상대방에게 전달할 필요가 있다. 예를 들면, 앞에서 말했듯이 상대방에게 '고개를 끄덕'이든가, '갸우뚱거리든가', '무슨 말인지 알았다든가' 등의 표시로 상대방에게 자신이 이해했다는 것을 표현해 준다. 그러나 이해했다고 해서 상대방과 의사소통이 이루어지지는 않는다. 다시 말하면, 상대방의 말을 이해하였으면 그 사람의 말 중에서 이해하였던 부분들을 요약하여 다시 말함으로써 정확하게 확인하는 과정이 필요하다는 것이다.

그러나 확인하는 과정에서 잘 이해되지 않으면 다시 질문을 통해 물어야 하며 공연히 아는 척하면 바람직하지 못하다. 이러한 과정이 자신의 이야기를 더욱 자세하게 말을 유도하는 하나의 방법이라 볼 수 있다.

확인하는 과정에는 질문이 필요하다고 했다. 이러한 질문에는 개방형 질문과 폐쇄형 질문이 있다. 어느 쪽이든 질문한 뒤에 상대방에게 말할 수 있는 충분한 시간과 기회를 반드시 주어야 한다는 것이다. 예를 들면, "잘 이해가 되지 않는데 다시 한번 말씀해 주시겠습니까?", "그 말이 무슨 뜻인가요?" 등은 타인이 자기의 말을 듣고 있다는 느낌을 주기 때문이다.

■ **기억하기**

상대방의 말을 경청하였을 때 주의 깊게 들었으면 그것을 잘 요약해서 기억해 놓아야 한다. 그러나 이러한 기억이 어려울 때 상대방의 허락을 받아 메모지에 기록해 놓아야 한다. 그러나 메모하는 것이 예의에 어긋날 수 있으므로 상황이 허락지 않는다면 잘 기억하는 훈련이 필요하다.

인간의 기억에는 한계가 있다. 아무리 천재라고 해도 모든 일을 기억할 수는 없다. 인간의 뇌는 컴퓨터 용량과는 비교가 되지 않기 때문이다. 컴퓨터 저장능력은 영원하다고 하지만 인간의 기억 한계는 시간이 지남에 따라 혹은 나이가 들어감에 따라 확연히 저하되기 때문이다. 따라서 중요하고 실질적이고 필요한 부분들을 골라서 기억하는 훈련이 꼭 필요하다는 것이다. 예를 들면, 공부 잘하는 아이와 잘하지 못하는 아이의 차이는 여기에 기인한다. 기억을 잘하기 위해서는 필요 없는 부분과 필요한 부분을 선택하여 우리에게 어느 것이 필요한지를 빨리 판단하여 그것을 머릿속에 넣어야 한다.

기억이라는 개념을 투입, 파지, 산출의 과정이라고 하였을 때 필요한 부분을 투입하여 적재적소에 필요한 부분을 산출하는 것이다. 따라서 기억하는 훈련이 필요한 것인데 메모 이상 좋은 방법은 없을 것이다. 병원 종사자들은 하루에 많은 사람을 만나기 때문에 반드시 메모하는 습관이 필요하다. 그들의 요구가 매우 다양하기 때문이다. 항상 기억할 수 없다면 메모하자.

5) 경청기법

■ 명료화하기

명료화(明瞭化)라는 말은 한 자(漢字) 그대로 '분명하게 한다'라는 의미가 된다. 다시 말하면, 경청하는 경우, 상대방의 말을 이해하지 못하고 모호한 생각을 확인할 때 사용하는 것이다. 이는 언어적 표현에서도 나타나지만, 비언어적 요소의 정서와 감정은 언어로 표현하는 것에 한계를 가지고 있으므로 명료화를 통해 이해해야 할 것이다. 즉, 내담자의 언어 속에 담긴 뜻을 다시 내담자에게 명확하게 말해 주는 것이다.

상담에 있어 일반적으로 심리 상태가 혼란스럽거나 상담 장면의 불편함이 해소되지 않은 내담자는 상담 관계에서 추상적이거나 모호한 용어로 자기의 내면을 표출하는 경우가 많다. 이는 상담자는 물론 내담자 자신도 자신의 감정이나 생각, 문제나 상황, 태도는 자신의 기대 등에 대해 명확하게 이해하지 못하는 상태이다. 이런 상황에서 상담자가 분명히 할 것을 요구하거나 직면하게 되면 내담자는 점점 더 혼란스럽거나 방어적으로 될 수 있다. 오히려 상담자는 적절한 반응과 질문을 통해 모호하거나 혼란스러운 내담자로 하여 자기의 내면과 상황을 구체적으로 이해하고 자신의 감정과 생각을 명료하게 변별할 수 있도록 안내하여야 한다. 다음은 명료화하기의 예이다.

■ 다음은 병원에서 일어날 수 있는 상황을 예로써 제시하였다.

환자: 병원에 오면 어때요? 나는 잘 모르지만, 간호사님은 어때요? 가르쳐 주세요.

간호사: 환자분께서 저한테 하신 이야기를 이해할 수 없어요. 환자분은 천천히 다시 한번 이야기해 주실 수 있습니까?

환자: '아! 나는 완전히 엉망진창입니다.'

상담자: 엉망진창이라는 말의 뜻이 무엇입니까?, 어디에서 무슨 일이 있었기에 엉망진창이라는 기분이 들었어요?

■ **또 다른 예이다.**

어르신(내담자): 내가 도저히 일을 못 하겠어! 거기 있는 할머니가 어찌나 까다로운지 창문틀도 깨끗이 닦아라. 설거지해라. 빨래도 해 둬라. 내가 솔직히 나이가 더 많은데 이 일도 솔직히 말벗이 중점이지 집안일이 중점이 아니잖아. 나는 이 할머니 집은 못 가겠고 다른 사람 있으면 알아 봐 줘요. 선생님.

나(상담자): 어르신이 계속 가사 일만 시켰다는 거군요. 구체적으로 어떤 말을 하면서 일을 시키던가요?

어르신(내담자): 허리가 너무 아프다고 설거지해 놓고 방도 닦아 달라고 말했지.

나(상담자): 그렇다면 B 어르신께서 부탁하듯이 얘기하시던가요. 명령조로 말씀하셨나요?

■ **느낌 나누기**

상대방의 느낌을 이해하고 묘사하고 정확하게 피드백을 구함으로써 보건 의료인이나 상담자가 말을 정확하게 묘사하지 못했거나 느끼지 못했다는 것을 확인하게 하는 것이다. 이는 상대방의 느낌을 공유할 뿐 그 느낌을 바꾸거나 재해석해서는 안 된다는 것이다.

대상자: 내 아이는 참 착한 아이였어요. (……) 타인에 대한 배려가 많았어요. 그런데 아이에게 무슨 일이 생긴 건지 모르겠어요. 내가 어떻게 해 주어야 하는지를 잘 모르겠어요.

상담자: 아이에게 기대한 만큼 실망하셨군요. 어쩌면 당신 자신에게도 실망이, (……) 제가 지금 00님을 제대로 보았나요?

■ 바꾸어 말하기

바꾸어 말하기는 원래 상담기법의 하나이다. 주로 내담자가 했던 말을 상담자가 내용을 살짝 바꿔서 말하는 기술이다. 따라서 바꾸어 말하기라는 것은 듣는 사람이 상대방의 이야기를 다른 말로 표현하여 이해하기 쉽게 하는 것을 말한다. 즉, 자신이 이해하기 쉽도록 자신의 언어로 표현하는 것이다. 이는 상대방이 자신이 가지고 있는 생각을 분명하게 하도록 하는 데 도움을 줄뿐더러 상대방이 전달하려는 내용을 정확하게 이해하고 있다는 것을 확신하게 하는 것이다.

내담자: 나는 그 문제에 대해 계속 걱정을 안 하려고 노력하는데도, 걱정을 계속 해요.
상담자: 무슨 노력을 하더라도 그 문제에 대해 걱정하는 생각을 떨쳐 버리기가 힘든가 보군요.
내담자: 이번에도 취업하기는 틀렸어요. 나는 어떤 일도 하지 못하는 사람이에요.
상담자: 취업에 계속 어려움을 겪으면서 실패감을 많이 느끼시나 보네요.

바꾸어 말하기는 나는 지금 당신의 말을 집중하여 듣고 있고 또한 당신의 말을 이해하려고 노력하고 있다는 것을 보여 주기 위함이다. 따라서 이를 통해 상담을 더욱 촉진시킬 수 있다. 내담자는 상담자가 자기 말을 이해할 때, 자기 마음을 헤아려 줄 때 비로소 더 깊은 생각과 마음을 이야기하기 때문이다.

바꾸어 말하기 훈련 시 우선 내담자의 언어적, 비언어적 표현, 모든 일에 초집중해야 한다. 말의 내용뿐만 아니라 표정, 말의 높낮이, 한숨, 말의 속도 등을 고려해야 한다. 그리고 주로 사용하는 단어나 표현에도 집중해야 한다. 언어는 정신을 담고 있어서 내담자의 언어를 분석하면 그 정신을 이해할 수 있기 때문이다. 주로 사용하는 단어나 표현이 중심 생각이나 감정이라 볼 수 있다. 그리고 상담자의 어휘력이 좋으면 이 기술 사용 시에 용이하다. 상담자도 자기 생각이나 감정을 말로 별로 표현해 보지 않았다면 생각과 감정은 있는데 그것을 어떤 말로 표현할지 모르는 경우가 있을 것이다. 아래 도표에 있는 감정 단어를 가지고 표현을 해 보자.

기쁜	든든한	고운
자신 있는	여유로운	좌절한
감동적인	홀가분한	열정적인
외로운	사랑스러운	부끄러운
재미있는	그리운	짜증 나는
긴장한	신나는	우울한
기대되는	안타까운	귀찮은
슬픈	편안한	무서운
뿌듯한	지루한	혼란스러운
만족스러운	불안한	공허한
자랑스러운	답답한	억울한
행복한	실망스러운	후회스러운
관심 있는	미운	당황한
설레는	두려운	화난
감사한	서운한	피곤한
용기 있는	부러운	미안한
놀라운	서러운	막막한

■ 반영하기

반영하기는 적극적 경청에서 매우 중요한 대화의 기법 가운데 하나일 수 있다. 반영(reflection)은 대화를 이끄는 사람이 표현한 느낌, 태도, 가정, 신념 등을 상담자가 정리하여, 한층 더 참신한 말로 표현해 주는 것이다. 반영은 경청하기와 매우 밀접하게 연관되어 있는데, 정확하고 민감한 반영은 내담자로 하여 자신이 잘 이해받고 있음을 알게 해 주기 때문이다.

반영은 대상자의 말이나 행동 이면에 내재해 있는 느낌과 감정이 무엇인지 내담자가 분명히 깨닫도록 도와준다. 감정 표현이 빈약한 내담자는 자신이 현재 어떤 느낌을 가지고 있으며, 문제 상황에서 어떤 느낌이 있는지를 잘 자각하지 못하는 경우가 많다. 어떤 대상자나 상담에 있어서 내담자는 눈에 눈물이 가득하면서도 자신이 왜 울고 있는지를 분명하게 설명하지 못한다. 내담자가 자신의 감정이 어떤 것인지를 알고 이를 수용하도록 하는 것은 상담에서 매우 중요한 작업이다. 자신의 감정을 자각하지 못하고 통합하지 못할 때 매우 건조하고 의미 없고 단조로운 삶을 살아가는 경우가 많으며, 심하게는 인성이 분리되는 경험을 할 수도 있기 때문이다. 다음의 내용에는 다양한 경청기술의 주요 내용이 담겨 있다. 명료화와 반영하기를 찾아보자.

■ 반영하기, 명료화의 예시를 찾아봅시다.

대상자: (손거울로 얼굴을 보며 초조하게 손톱을 물어뜯는 모습)…….

간호사: (우연히 대상자의 초조한 모습을 보게 된다) 김성실 님, 안녕하세요? 혹시 무슨 일 있으신가요? 손거울을 보면서 손톱을 물어뜯고 계시네요. (관찰한 바를 표현하기)

대상자: 제 턱이 너무 삐뚤어져서요. 엄마 설득해서 얼른 성형수술을 할 거예요 .……

간호사: 턱이 삐뚤어진 것 같아서 속상하셨군요. (공감하기) 제가 잠시 옆에 함께 있어 드릴 테니 김성실 님의 생각을 말해 줄 수 있을까요? (폭넓은 주제를 제공하기)

대상자: 제가 이상하게 생겨서 자꾸 사람들이 쳐다보는 거 같아요. 사실 턱 말고 눈도 이상해요. 저는 너무 못생긴 것 같아요. 그래서 속상하고 우울해요.

간호사: 사람들이 자신을 이상하게 생겨서 쳐다본다고 하셨는데 예를 들면 언제인가요? 관련된 이야기를 좀 더 구체적으로 듣고 싶어요. (명료화하기)

대상자: 복도 지나갈 때 다른 환자분들이 자꾸 제 턱을 보고 수군거리는 것 같았어요. 제 턱이 흉하게 생겨서 그래요. 자꾸 사람들이 제 얼굴 볼 때마다 우울해요. 얼른 성형수술 받아야겠어요.

간호사: 복도 지나갈 때 사람들이 김성실 님의 턱을 보고 수군거리는 것 같아서 속상하셨겠군요. (반영하기) 김성실 님, 오늘 치료 프로그램 참여하셨나요?

대상자: 네, 방금 다녀왔어요.

간호사: 오늘 프로그램이 어땠는지 김성실 님의 생각을 저에게 설명해 주시겠어요?

대상자: 프로그램 선생님이 제 얘기를 계속 들어주고 공감해 주실 때는 좋았는데, 다른 환자분이랑은 아직도 눈을 잘 못 마주치겠더라고요. 제 얼굴이 이상하게 보일까 봐 걱정돼서……

간호사: 김성실 님은 프로그램 선생님에게 공감받는 거 같아 좋았었는데, 얼굴이 이상하게 보일까 봐 다른 환자분이랑은 눈을 잘 못 마주쳤군요. (반영하기) 앞으로 무엇이 김성실 님을 불안하게 하는지 우리 함께 발견해 봐요. 또한, 꾸준히 치료 프로그램에 참여하셔서 사람들과 의사소통을 향상시킬 수 있는 방법들을 함께 찾아봐요. (협력 제안하기)

■ 요약하기

요약하기란 말 그대로 중요한 부분의 요점을 잡아서 추려 내는 행위이다. 중요한 부분이란 상대방의 말이나 글의 내용을 말한다. 영어로는 'Summary' 또는 'In a Nutshell'이라고 한다. 독일어로는 'Kurzgesagt(쿠르츠게작트)'라고 한다. 요약할 때는 최대한 본래 글의 의도와 내용을 존중해야 하지만, 요약하면서 완전한 중립을 이행하기는 어렵다. 요약하는 사람의 관점이 알게 모르게 반영되기 때문이다. 일부러 왜곡하려는 경우엔 말할 것도 없으며, 요약하는 사람의 필력이나 지면 문제로 일부 내용이 빠지거나 곡해될 수 있다.

우리는 때때로 장황하게 말하는 경우가 있다. 즉, 말하는 사람의 이야기 내용이 너무 많거나 이야기 도중에 수많은 감정이 교차가 되어 자기 생각을 정리하지 못한 채로 이야기하는 경우가 있다는 것이다. 우리는 자기 생각을 정리하여 상대방에게 의사를 전달하거나 받는 사람 또한 요약하여 생각을 받아들일 필요가 있다는 것이다.

요약은 왜 필요한가?

첫째, 읽은 부분이나 들은 내용의 중심 내용을 파악하고, 그 내용을 오래 기억하기 위해서

둘째, 신속하고 빠르게 중요한 정보를 전달하기 위해서

셋째, 짧은 시간에 전반적이고 중요한 정보를 쉽게 파악하기 위해서이다.

아래의 도표는 요약의 예시이다. 읽어 보고 느껴 보자.

학생: 나는 친구가 없어서 외롭고 속상할 때가 많아요. 친구들하고 어울려 놀고 싶은 마음도 많고 공부도 하고 싶은데, 친구들이 나한테 관심을 가지지 않고 그래요. 내가 공부도 못하고 운동도 잘하지 못하고 잘하는 게 아무것도 없어서 친구들의 관심을 끌지 못하나 봐요. 자꾸 이런저런 생각이 들어 공부도 방해되고 자꾸 나 자신 또한 작아지는 듯 자신감이 없어요.

선생님: 네가 친구들과 어울리고자 하는데 주변에 친구들이 없어 많이 위축되어 있구나.

출처: 임숙빈 외(2018).

2. 화법

현대사회는 의사소통이 중요하지만, 단순히 대화만을 뜻하는 것은 착각이라 할 수 있다. 즉, 대화를 통해 타인과 잘 교섭하고 사람의 마음을 움직여 대화와 설득을 통하여 사회의 일원으로 성장하는 것이다. 따라서 현대사회는 '대화의 시대', 또는 '협상의 시대'라고 규정짓고 있다(유정화 외, 2021).

"말 한마디에 천 냥 빚도 갚는다"라는 속담이 있듯이 말 하나하나가 인간관계에 영향을 준다. 그만큼 말하는 방법에 따라 자신의 이미지가 많이 좌우한다고 할 수 있다.

말은 그 사람의 인격이나 능력 그리고 그 사람의 가치관 등의 내면세계를 타인에게 전달하는 자기표현의 한 형태라고 한다. 따라서 우리는 올바른 대화의 기술을 익혀 원만한 사회생활을 하는 데 그 목적이 있다고 하겠다. 이를 위해서 말하는 기술의 종류에는 어떤 것이 있는지 살펴보아야 할 것이다.

1) 긍정화법

사람은 말할 때 거의 두 가지 언어를 주로 사용한다. 첫째는 긍정적인 단어를 사용하여 이야기하는 사람이 있는 반면에 부정적인 언어만을 골라서 사용하는 사람이 있다는 것이다.

우리는 말할 때 긍정적인 단어를 조합하여 사용하면 상대방에게 좋은 인상을 심어 줄 수 있다. 또한, 상대방에게 마음의 문을 열어 주는 힘을 가지고 있다. 만약 상대를 질책하는 말이라도 상대방이 듣기 좋게 바꾸어 말한다면 아마 상대방은 진정으로 자기의 잘못을 뉘우치고 더 좋은 방향으로 변할 것이다. 그러나 상대가 잘못하였다고 해서 자신의 화를 모두 담아 심한 말을 한다면 상대방은 화만 내고 원망만 하게 될 것이다(Urban, 2019).

긍정적인 말의 힘은 상대의 닫힌 마음을 열고, 절망을 희망으로 바꾸고, 용기를 북돋아 주고, 존경과 감사를 표하고, 서로 승리하는 결과를 도출하기 위한 가장 좋은 방법이자, 마법이고 신비로운 힘을 가지고 있다.

에디슨(Edison)의 어머니는 에디슨의 천재성을 보았고, 그것을 아들에게 늘 일깨워 주었으며, "넌 큰 사람이 될 거야."라고 격려해 주었다고 한다. 에디슨은 그런 어머니의 전폭적인 믿음과 격려에 대한 깊은 고마움을 표현했었다.

가령 선배로부터 어떤 부탁을 받았을 때 바로 거절하는 것보다 양해를 구하는 것이 효율적이다. 예를 들면, 철수가 선배인 영희로부터 도와달라는 부탁을 받았을 때, 예시문이다.

■ **긍정적인 표현의 예**

영희: 철수야, 리포트 정리하는 것 좀 도와줄래?

철수: 선배님, 지금은 어머니 심부름 때문에 그러니 마치고 할 수 있어요. 조금만 기다리세요.

영희: 고맙구나. 아직은 시간이 있다. 신경쓰지 말고 다녀와.

대화할 때는 긍정적인 표현을 사용하는 것이 상대방에게 좋다는 것이다. 만약 "지금은 시간이 없어서 안 돼요"라고 답변하는 것보다 상대방에게 좋은 인상을 남기게 된다는 것이다. 부정적인 표현보다 긍정적인 표현을 사용하여 말하는 것을 긍정화법이라고 한다.

■ 레어드 화법

심리학자 레어드(Phillip Johnson Laird)가 주장한 화법이다. 한마디로 레어드 화법이란 명령형의 말을 의문형, 의뢰형으로 바꿔 주는 것이다. 예를 들면, "~해라"라는 표현보다 "해 줄래?", "이거 좀 복사해"보다 "이거 좀 복사해 줄래?", "복사해 줄래요?"로 "잠시만 기다려"를 "잠시만 기다려 줄 수 있어?", "잠시만 기다려 줄래?"로 "이것 좀 전해 줘"를 "이것 좀 전해 줄래?", "이것 좀 전해 줄 수 있어?"라고 바꾸어 주는 것이 좋다. 인간은 누구나 남의 명령에 따라 일하는 것을 싫어하는 경향이 있다. 인간은 자유의지가 있기 때문이다. 명령하면 반드시 저항감이 생기기 때문이다.

레어드 화법은 상대방에게 저항감을 주지 않고 결정권을 넘김으로써 자신의 의견을 피력할 수 있게 만든다. 따라서 의뢰형 문장이나 부탁하는 형식의 말로 바꾸어 부드럽게 표현하면 나를 존중하고 있다는 인상을 받기 때문에 오히려 성과를 달성할 수 있다.

■ 쿠션(Cushion)화법

평소에 저 아이는 말하는 게 "manner가 전혀 없어"라거나, 성격이 좋지 못하다 등의 말을 듣거나 지적받는 경우가 종종 있을 것이다. 또한, 이를 통해 스트레스를 받고 어떻게 해야 할지 모르겠다고 생각하는 사람들이 많다. 쿠션화법은 이러한 문제를 가진 사람에게 필요한 인간관계에 좋은 화법이다. 말 그대로 여러분이 평소에 알고 있던 쿠션처럼 푹신푹신하고 편안함을 주는 화법이다.

주로 부정적인 말을 하거나, 딱딱한 말할 때 적절하게 응용(應用)하면은 더욱 부드러운 인상을 주게 된다. 부탁이나 거절, 강압적인 말 등 여러 상황에서 도움이 되는 게 쿠션 화법이다. 예를 들면, "이해해 주신다면", "괜찮으시다면", "실례하지만", "바쁘시겠지만", "죄송합니다만", "번거로우시겠지만", "공교롭게도", "불편하시겠지만", "어려우시겠지만" 등의 여러 가지가 있다.

이러한 표현은 어딘지 모르게 상대방에게 예의를 갖추고 존중한다는 기분을 줄 수 있거나 받을 수 있다는 느낌이다. 예로부터 어른들은 아이를 혼낼 때 같은 말을 하더라도 "어" 다르고 "아" 다르다고 말했는데 이는 말투에 예의가 없음을 빗대서 한 말이다. 쿠션(Cushion) 화법을 사용하면 부정적인 말을 하였을 때보다 상대방의 감정을 덜 상하도록 하면서 manner가 있고, 공손한 느낌으로 친절하고 배려 있는 사람이라는 인상과 인식을 남길 수 있다.

예) 바쁘시겠지만 제 업무가 많이 밀려 있어서 조금만 더 시간을 주시면 감사하겠습니다.

고객센터(+yes 화법)

예) 네! 실례합니다만 개인정보 동의를 해주셔야만 통화가 가능하기 때문에 전화가 어려울 것 같습니다.

인간은 언제라도 자신과 주위를 떠나서는 살 수가 없다. 사회생활을 하려면 대화를 통해 공감대와 정감이 형성되기 때문에 신경을 써야 하고 자칫 말 한마디로 친구나 상대방과의 사이가 틀어지거나 싸움으로 번질 수 있다는 것을 유념해야 할 것이다.

■ **Yes/But 화법**

살다 보면 대화를 나누는 동안 상대의 의견과 반대되는 이야기를 해야 할 때도 있다. 반대 의견도 필요에 따라선 분명히 전달하는 게 옳다. 하지만 상대의 감정이 상하지 않도록 상대의 의견을 수렴한 후 반대 의견을 개진하는 이른바 'YB(Yes, but) 화법'을 사용하는 게 좋다. 무조건 "그건 아닙니다"라고 말하는 것보단 "네 그렇습니다. 하지만~"으로 말을 꺼내면 반대 의견이더라도 신뢰도를 높여 상대를 설득할 가능성이 있다.

대화를 성공적으로 이끌려면 상대방의 이야기에 동의해 주는 'yes'로 일단 말을 하고 난 후에 "그러나(하지만) 내 생각은 이렇습니다."라는 식으로 대화한다면 성공률이 높다는 것이다. 이를 Yes/But 화법이라 한다. 이는 상대방의 기분을 상하지 않게 하면서 자기 생각을 피력하는 방법이라 할 수 있다.

다음과 같은 예를 가지고 분석해 보자.

"'당신의 말은 옳지 않다'라는 말과 '당신의 말도 일리는 있다. 하지만 내가 알고 있는 사실은 이렇습니다'와는 어떤 차이가 있을까?"이다. 이는 같은 말이라도 전자는 비판하는 단어가 섞인 말이 되므로 상대방을 언짢게 만들 수 있다는 것이고, 후자는 상대의 의견에 공감하고 존중하면서 자신의 의견을 피력하면서 상대방과 다르다는 이야기이다. 여러분은 어느 쪽을 선택할 것인가?

그러나 주의할 점은 "아니요/No"라는 말의 사용을 자제해야 한다는 것이다. 이 말은 독선적인 말로 들리기 때문이다. 상대방의 의견을 존중해 주는 표현이 적절하다. 예를 들면, "네 의견에도 일리는 있지만~"으로 시작하는 것이 좋다. "안 돼", "안 됩니다" 이러한 용어는 대화에서 자제해야 할 것이다.

어떤 말이나 상황에 대해서 일단 한 발짝 물러서는 것이 첫 단계요, 그것을 수용한 다음 멋있게 되받아치는 것이 두 번째 단계이다. 첫 단계에서는 여유와 아량이 필요하고 두 번째 단계에서는 순발력과 명쾌한 논리가 필요하다.

여기에서 재미있는 화법에 대한 예를 설명하고자 한다("성공하는 리더를 위한 유머 기법 7가지" 중에서 건설 현장 안전교육).

〈문〉 애꾸눈이 어떻게 국제정세를 파악하느냐는 야당 의원의 비난에 대한 일본 외상의 답변

〈답〉 (Yes) 의원께서 말씀하신 대로 전 애꾸가 맞습니다. (But) 그러나 일목요연이란 말도 못 들어보셨습니까?

〈문〉 외국인들과 함께 귀국했으니 '사대주의자'라는 공격에 대한 DJ의 답변
〈답〉 공항에서 그들이 날 따라서 나왔으니 난 사대주의자가 아니다.

〈문〉 들창코라고 놀리는 동료에 대한 어느 여직원의 답변
〈답〉 들창코는 남들보다 마음이 넓은 법이야. 남들은 눈이 마음의 창이지만 나는 코까지도 마음의 창이니까.

〈문〉 사윗감의 체격이 왜소하다고 걱정하는 장인에 대한 예비사위의 답변
〈답〉 마른 장작이 화력이 좋은 법입니다. 따님은 행복할 겁니다.

상대를 돌아보며 지금의 상황에 대한 겉치레의 말을 한 다음 뒤돌아서서 속에 있는 진심을 독백 형식으로 드러내는 것이다. 다음에는 상대가 같은 방식으로 내게 자기의 겉과 속을 드러내는 것이라 할 수 있다.

세상을 살다 보면 종종 마음에도 없는 말을 할 때가 있다. 내가 그러니 남들 역시 마찬가지일 것이다. 그것은 때로는 예의의 표현이고 때로는 위선의 표현이며 때로는 계략이나 술수에 이용되기도 한다. 어떤 경우 간에 남의 속마음을 정확히 꿰뚫는 것이 대인관계나 화술, 혹은 유머에서 꼭 필요한 능력이다. 마음 읽기에 능숙한 사람은 남의 말에 휘둘리지 않고 늘 마음의 균형을 유지할 수 있다.

■ 아론슨(Elliot Aronson) 화법

이 화법을 연구한 사람이 아론슨(Aronson) 이어서 이러한 이름을 명명하였다. 마치 '레어드 화법'처럼 말이다. 우리는 대화할 때 긍정의 내용과 부정의 내용을 혼합해서 사용하는 경우가 있다. 이 경우에는 먼저 부정적인 말을 한 후 긍정적인 말을 하는 것이 아론슨 화법이다.

이는 결론적으로 긍정적으로 마무리하여 긍정적인 느낌을 주는 화법이다. 다음은 아론슨 화법의 대표적인 예시문이다.

■ **회사에서**

A: 김주임은 업무처리가 신속(+)하긴 한데, 실수가 많아(−).
B: 김주임은 실수(−)가 많긴 한데, 업무처리가 신속해(+).

■ **판매할 때**

A: 이 제품은 내구성이(+) 좋긴 한데, 고가입니다(−).
B: 이 제품은 고가이긴 한데,(−) 내구성이 좋습니다(+).

■ **병원에서**

A: 이 검사는 정밀검사로 질병의 조기발견율이 높지만(+), 검사비가 비쌉니다(−).
B: 이 검사는 검사비가 비싸지만(−), 정밀검사로 질병의 조기발견율이 높습니다(+).

A: 오늘 회의가 5시에 있지?
B: 나 오늘은 회의에 참석하지 못할 것 같아, 대신 프로젝트 미팅 발표는 내가 맡을게.

(비싼 고가품을 사려는데 가격이 비싸서 머무르는 고객을 보며)
A: 이 제품은 너무 비싼 것 같은데, 퀄리티는 확실히 괜찮아요.

A: 이 아이보리 코트 예쁜데 너무 비싸네요.
B: 고객님, 말씀하신 대로 이 제품은 가격대가 나가는 제품인데요. 고급스러운 소재로 구김이 잘 가지 않고 한정으로 들어온 디자인이라 이 가격으로 다른 데서 사려면 어려우실 거예요.

이러한 감정을 느끼게 되는 이유는, '최신효과와 반전효과' 때문이다. '최신효과'란 가장 나중에 또는 가장 나중에 전달받은 정보를 더 잘 기억하는 현상을 말한다. 한마디로, 10분 후 '말'이라는 단어를 가르쳐 주고 20분 후 '당근'이라는 단어를 가르쳐 줬을 때, "아까 내가 뭐라고 했지?"라고 물어본다면 '당근'이라고 대답할 확률이 높다는 이야기이다.

결과적으로 최신효과로 인해, 전에 받아들인 정보(−)보다 후에 인지한 긍정적 정보(+)만이 그 제품에 대한 특성이라 믿게 되고 더불어, 극(−)과 극(+) 정보의 반전 효과를 통해 고객이 긍정적인 정보를 있는 그대로보다도 더 크게 받아들이게 됨으로써 직원의 말에 설득당하게 되는 것이다. 제품 구매를 설득하거나 제품 설명할 때 정말 유용하지만, 상황에 따라 조심해서 사용해야 한다.

긍정적인 요소를 전달해야 할 상황에서, 아론슨 화법을 너무 남발하면, 단점은 더 부각이 되어 설명에 대한 신뢰도를 떨어뜨릴 수 있다. 따라서 단점은 적당하게 언급하면서 신뢰할 수 있을 만한 분위기를 형성하려는 노력이 필요하다. 이것이 주의할 사항이다.

2) '나' 메시지(I–message)와 '너' 메시지(You–message)

■ '나' 메시지(I–message)

자기표현 기술의 하나인 나 전달법은 상대방의 행동에 대한 자신의 감정을 기술하고 거기에 대한 자신의 반응을 표현하는 방법이다. 이는 상대방에 대한 평가나 해석이 아니라 내가 느끼는 감정과 경험을 표현하는 것이라 할 수 있다(이경리 외, 2021). 나–메시지 혹은 나–전달법 그리고 나–진술문(statement)은 P.E.T의 창시자인 토마스 고든(Thomas Gordon)이 창안한 용어이다.

다시 말하면, 대인관계 커뮤니케이션에서 나 전달법(I-message) 또는 나 진술

(I statement)은 말하는 사람의 감정, 신념, 가치 등에 관한 주장이며, 일반적으로 '나(I)'로 시작하는 주어 문장으로 표현된다. 반대로 '너 전달법(You-message)' 또는 '너 진술(you-statement)'은 '너'라는 단어로 시작하여 듣는 사람에게 중점을 두게 된다. 심리학자 고든이 1960년대에 어린이들과 토머스 기차놀이 치료를 하면서 이 용어를 만들었다.

나-전달법은 주어를 '나'로 하여 그 느낌이 있게 된 책임이 상대방에게 있지 않고 자신에게 있다는 것을 전제로 하면서 자신의 느낌을 표현하는 것이다. 예를 들면, "네가 이 문제를 나에게 의논하러 와서 기분이 좋아", "네가 나의 말을 들어주니까 일이 빨리 끝나 기분이 좋구나" 등이 있다. 이 문장을 분석하면 주어는 나라는 것을 명시하고 책임과 느낌은 "내가 기분이 좋구나"라는 것이다. 이는 나에게 어떤 영향을 주었는지를 이야기하는 화법으로서, 표현하는 형식은 상황(상대방의 행동)—결과(나에게 미친 영향)—느낌(나의 느낌)이 된다.

나 전달법(I-message)은 상대방을 비난하지 않고 자신의 진실한 마음과 감정을 드러낼 수 있으며 상대방의 잘못된 행동을 긍정적으로 알리는 효과를 줄 수 있다. 따라서 나쁜 상황을 피하고 원만한 인간관계를 형성하는 데 유용한 화법이다.

■ 나-전달법의 구성요소는

첫째, 수용할 수 없는 행동에 대한 비판이나 비난 없는 서술(문제를 유발하는 자녀의 행동은 무엇인가?)

둘째, 그 행동이 나에게 미치는 구체적인 영향(그 행동은 당신에게 어떤 영향을 끼치고 있는가?)

셋째, 상대방의 행동이나 구체적인 영향에 대한 나의 감정이나 느낌(당신은 그 결과에 대해 어떤 느낌을 가지고 있는가?), 행동, 감정, 구체적인 영향이 구성요소이다.

■ **나-전달법의 요령은**

첫째, 당신이 문제점으로 오는 행동이나 상황을 오는 그대로 말한다.
둘째, 그 상황에 관해서 당신이 느끼는 바를 말한다.
셋째, 나의 이유를 진술한다.
마지막으로 내가 원하는 바를 구체적으로 말한다.

또 다른 예를 하나 제시하면 다음과 같다.

1. 나는 수간호사가 근무표를 완성하지 않는 걸 보니(행동), 좀 당황스럽네(느낌). 그로 인해 내가 해야 할 일들을 어떻게 해야 할지 모르겠으니 말이다(영향).
2. 오토바이를 문 앞에 가져다 놓으면(행동), 나는 문을 열 수 없다(영향). 자꾸 이런 일이 반복되니 황당스럽고 짜증이 난다(느낌).
3. 내가 드라마를 보고 있는데 네가 자꾸 떠들어 대면(행동), 나는 신경질이 난다(감정). 왜냐하면, 나는 재미있는 드라마의 내용을 알아들을 수 없기 때문이다(영향).

'나-전달법'은 상대의 행동을 수용할 수 없다고 느낄 때 특별히 활용할 수 있다. 상대의 행동을 비난하지 않고 당신의 진실한 마음과 감정을 드러내기 때문에, 부모가 자녀의 도움이 필요하다는 것을 깨닫게 되어 방어적이지 않으면서도 자녀가 책임감을 느끼게 해 준다. 그리하여 부모가 수용할 수 있는 방향으로 자녀가 행동하게끔 영향을 줄 수도 있다.

자녀의 행동을 수정하기 위해서는 '나-전달법'을 말하는 것이 당신의 감정을 적합하게 표현해 줄 수 있다. 따라서 평가하는 것보다는 차라리 당신의 느낌을 이야기하는 것이 좀 더 상호 간에 만족스러움을 줄 수 있음을 인식해야 한다.

나-메시지는 미국의 심리학자 토마스 고든 박사가 제시한 대화법으로 부모가 '나'를 주어로 아이에 대해 자신의 감정이나 생각을 솔직하게 표현하는 것이다. 아이의 자존심과 인격을 건드리지 않으면서 아이의 행동 변화를 촉구할 수 있는 것이 '나－메시지'의 핵심이다. '나－메시지'는 상황, 영향, 감정 등의 3가지가 포함돼야 한다. 문제가 되는 '상황'을 아이에게 설명한 뒤, 그것이 나(부모)에게 어떠한 '영향'을 미쳤는지 말하고, 그것에 대한 부모의 '감정'을 솔직히 표현하는 것이다.

예를 들어, 아이가 학교에서 말도 없이 늦게 온 상황을 가정해 보자. "왜 말도 없이 늦었어? 도대체 시간관념이 있어야지. 앞으로 똑바로 해!"라고 말했다면 아이는 듣지도 않을뿐더러 반발심만 거세질 것이다. 이를 행동, 영향, 감정 3요소에 맞춘 '나－메시지'로 바꿔 보자. "학교 끝나고 연락도 없이 집에 돌아오지 않아(상황), 엄마는 이리저리 널 찾았단다(영향). 너한테 혹시 무슨 일이 생겼는지 엄마는 많이 걱정했단다(감정)." 아이를 비난하거나 감정을 상하게 하지 않으면서 아이의 행동 때문에 부모의 감정이 어떻다는 것을 말하는 것이다. 또 아이가 자신의 행동 때문에 부모의 기분이 상하진 않았는지 스스로 생각해 볼 기회를 제공하는 효과도 있다. 아동 청소년 상담전문가 신철희 소장은 "아이가 잘못했을 때 인격을 존중하는 태도로 대한다면 거부감 없이 아이의 행동 변화를 유도할 수 있다"라고 조언했다(올리브의 육아 스토리, http://mania.ezday.co.kr/ddolgange).

■ '너' 메시지(You－message)

'너' 메시지(You-message)는 '나' 메시지(I-message)와 달리 상대방에게 초점에 맞추어 그 행동에 대한 비난, 비평 그리고 평가의 의미를 전달하는 의사소통의 한 방법이다. 즉, 비난, 남 탓, 자기 입장만 이야기, 원망, 책임 전가, 불신 등을 전가하는 의사소통의 방법이다.

우리는 이러한 전달법에 익숙해졌을 것이다. 어렸을 때 부모에게서 항상 들은 소리였기 때문이다. 당시는 '너' 메시지(You-message)에 대해 몰랐지만 "너는 왜 항상 그 모양이니?", "그렇게 말했는데 아직도 못 알아듣니?" 부모들이 아이를 야단칠 때 흔히 쓰는 표현들이다. 그러나 아이에게 교육상 효과적이지 못한 야단법이다. 잘못된 원인과 책임을 아이에게 돌려 아이의 자존심에 깊은 상처를 줄 수 있기 때문이다. 아이의 행동이 바뀌기만 강요할 뿐 부모의 말 하나하나가 아이들에게 큰 영향을 미친다는 사실을 간과한 것이다.

이처럼 '너'를 주어로 상대방을 탓하고 책임을 돌리는 방식의 대화법을 '너-메시지(You-Message)'라고 한다. 아이를 혼낼 때 '너-메시지'를 쓰면, 부모가 잘못한 아이의 행동을 비난하고 아이 자체에 문제가 있다고 몰아붙이는 꼴이 된다. 심할 경우 부모가 자신의 인격과 자존심을 부정하고 있다고 느끼게 된다. 제일 가까운 부모로부터 무시당했다는 생각에 다른 곳에 가서도 자신감을 가지는 데 어려움을 느끼거나 후에 자신감을 회복하기가 어렵다. 자연스럽게 반발감마저 생겨서 교육상 어려움을 겪을 수 있다.

'너-메시지(You-Message)'는 공격적일 수 있다고 했다. 따라서 "당신"이 들어간 문장은 대체로 사용을 자제해야 할 것이다. 예를 들면, "당신이 가져야 해", "당신은 항상~", "당신은 결코~", "~해" 식의 표현은 상대에게 명령이나 비난 혹은 불신 등의 말로 들리기도 하여 상대를 방어적으로 만들기 때문이다.

Chapter

13

직업생활에 있어서 언어적 의사소통의 실제: 분노 관리하기, 요청하기, 거절하기

13
Chapter

직업생활에 있어서 언어적 의사소통의 실제: 분노 관리하기, 요청하기, 거절하기

1. 분노 관리하기

하루하루 뉴스를 시청하거나 신문 등을 보면, 왠지 모르는 화나 분노가 일상적으로 치미는 현실이 매우 안타까운 실정이다. 정치, 경제, 문화 등 모든 생활 전반에 있어 분노가 표출되는 혼탁한 시대를 살아가면서 우리는 매번 행복할 수만은 없는 게 현실이다. 때로는 즐거우면서 때로는 화를 내면서 생활하는 존재이다. 문제는 살아가면서 화를 내면서 혹은 참아 가면서 살아가는 것이다. 이를 분노라고 한다. 인생에 있어서 분노는 정신적, 육체적으로 매우 심각하게 질병을 유인하는 원인이라고 본다.

우선 분노라는 개념은 자기의 욕구나 목표를 달성하고자 하는 행동이 방해받거나 스트레스를 유발하는 사건에 당면에서 경험하게 되는 불쾌한 정서적, 생리적 반응(이경리 외, 2021)이라는 것이다. 살면서 화내지 않고 사는 사람은 없다. 단지 있더라도 그것을 그냥 지나칠 뿐이다.

우리는 분노 혹은 화(火)는 단순히 부정적으로 인식하고 있다. 그러나 우리가 알고 있는 분노는 긍정적, 부정적인 감정이 아니라 인간이라면 누구나 가지고 있는 자연스러운 감정이다. 이는 단지 분노를 자기 자신이 부정적으로 인식하고 있었고 그렇게 다루어 왔다는 것이다. 따라서 인간은 누구나 짜증, 신경질, 고함, 욕설 등으로 인하여 분노의 감정이 생기는 것은 당연하다고 볼 수 있다. 따라서 누구나 가지고 있는 자연스러운 감정으로서 분노를 다루는 데는 어떻게 다루느냐가 문제이다.

우리는 자연스럽게 분노 혹은 화를 가지고 있으며 이를 긍정, 부정적으로 만들고 조절하는 것은 전적으로는 우리가 할 몫이라 할 수가 있다. 대체로 분노를 다루어야 하는 근본 목적은 스트레스를 차단하기 위함이고 평소 이를 어떻게 다루었는지를 살펴보아야 할 것이다.

스트레스라는 개념은 영어권에서 먼저 사용하기 시작했다. 이 말은 압력, 물리적 압박으로 15세기에서 시작되어 17세기경에는 역경, 곤란이라는 의미로 공학이나 건축 분야에서 일반화되기 시작했다. 이어 20세기에는 의학계에서 질병이나 정신질환의 일종으로 사용하기 시작했다(김윤재 외, 2012).

우리는 누구나 화를 갖고 있지만, 그것에 대하여 정확하게 모른다는 것이다. 따라서 이러한 분노나 화를 적절히 통제하지 않으면 누구나 사회생활을 하는 데 어려움을 겪을 것이다. 분노는 일부 사람들이 일상생활에서 가장 빈번하게 느끼고 경험하는 매우 기본적인 정서 중 하나라는 것이다. 그러나 한국인들은 희로애락(喜怒哀樂)의 기본 정서 중에서 특히 분노는 표현하지 않고, 억압하는 것을 미덕으로 여겨 왔다. 그러나 분노를 무조건 억압하게 되면 우울, 불안의 원인이 되고, 개인의 건강한 삶을 방해할 뿐 아니라, 외부적으로는 파괴적 폭력 행동으로 표출되어 사회적으로도 많은 문제를 일으키는 요인이 된다. 절제되지 않은 분노는 한 사람의 인생뿐 아니라 주변 사람들까지도 힘들게 한다는 것이다.

학술적 용어로는 '자신의 욕구 실현이 저지당하거나 어떤 일을 강요당했을 때, 이에 저항하기 위해 생기는 부정적인 정서 상태'를 의미한다. 일반적으로는 자신의 이익을 침해당하거나, 손해를 강요당하거나, 위협을 당하거나 등등 여러 불합리한 상황에서 생길 수 있다. 흔한 감정이지만, 원초적이고 강렬한 감정이다 보니 어떤 인간이라도 분노를 통제하기 힘들다. 화 또는 성이라고도 한다. 짜증, 스트레스, 어그로(aggro, 분쟁, 도발, 불량소년들의 싸움, 다툼, 굉장한, 최고의, 적극적인) 등과도 연관이 있다.

가톨릭에서는 7대 죄악 중 하나로 7대 주선(主善)의 인내와 반대 개념이다. 그런데 인내를 너무 감내(堪耐)하다 보면 곧 터질 분노의 크기가 커지는 게 함정이다. 불교에서도 탐진치(貪瞋痴) 중 하나이며 오계 중 하나로 일컬어진다. 각종 종교에서도 분노를 최악의 행위로 꼽는다. 물론 이것도 예외가 되는 경우가 많은데 아래를 참조하라. 특정 사람에게 분노가 발생하고 이를 해소하지 않을 시 결국은 증오의 감정으로 연결되는 경우가 많다.

우리가 일상생활에서 누군가에게 분노할 때도, 누군가가 나에게 분노를 표할 수도 있다. 그리고 그 분노 속에는 아이러니(Irony)하게도 걱정, 두려움, 불안, 안타까움 등이 포함되어 있다. 예를 들면, 저녁 8시에 술 마시러 간 딸이 새벽이 되어서도 들어오지도 않고, 그렇다고 부모와 전화 연결이 되지도 않는 상황에서 술 다 마시고 새벽 6시에 들어왔다고 하자. 당신이 부모라면 딸의 이런 행동에 대해서 화가 안 날까? 당연히 화가 날 테고 그 분노 속에는 딸에 대한 걱정과 딸에게 무슨 일이 있는 것이 아닐까 하는 초조함이 숨어 있는 것이다.

또 다른 예로 범죄자를 들자면 중범죄를 저지르다가 경찰에게 심하게 제압당하고 붙잡히는 과정에서 악을 쓰며 발악하고 분노하는 범죄자는 겉으론 분노하고 있지만, 그 숨겨진 이면에는 자신이 이제 완전히 박살 났다는 것에 대한 극도의 두려움, 경찰에게 붙잡힐 수 있겠다는 것에 대한 불안감이 분노로 표출된 것이다. 이렇게 분노에는 숨겨진 본질적 감정이 있다는 아이러니함이 있다(백과사전).

고대 철학자인 아리스토텔레스는 "누구나 화를 낼 수 있으나 사람은 대부분 화나 분노를 다룰 줄 모른다."라고 했다. 동서양을 통틀어 다루기 힘든 과정이—특별한 사람을 제외하고는—'분노감'이나 '화'이다. 또한, 우리가 생각하고 있는 화는 스스로가 파괴성을 가지고 있어서 결국에는 폭력으로 진전되는 것이 문제이다.

따라서 '화'는 경고성으로 우리에게 알리는 역할을 하고 있다. 이러한 경고성인 '화'가 우리에게 다가온다는 것이 인간에게는 더욱 위험한 신호일 것이다. 즉, 생존과 관련이 있어서 특별하게 대처할 필요가 있다. 이는 화는 누구에게나 다가오는 것이므로, 부정적으로만 보지 말고 이에 대처하는 방법이나 훈련해야 한다는 것이다. 분노를 피하는 것만이 능사는 아닐 것이다.

1) 분노를 조절하지 못했을 때 입게 되는 피해

(1) 분노(憤怒)의 대상이 되는 특정 인물과의 인간관계가 매우 어려워질 수 있다

우리는 화가 나면 그 대상이 미워진다. 그 정도면 다행이다. 그 미움이 증오로 변하고 종국에는 폭력이나 살인까지 갈 수 있다는 것이다. 계급사회 아니 조직사회에서 살아가는 현대인들은 언제든 분노를 표출할 수 있는 계기가 발생할 수 있다. 예를 들면, 후배가 선배에게 화를 내거나 분노를 표출하면 결과는 뻔하다. '그놈은 욱하는 성질을 가지고 있으니 퇴출해야겠다.'라고 할 것이다. 더 크게 확대하면 군대에서 그 같은 일이 발생하면 하극상으로 영창까지 갈 수 있다는 것이다. 반대의 경우도 마찬가지라 할 수 있다. 만약 선배가 후배에게 화를 잘 낸다면 그들은 그 선배의 말을 존중하지 않고 자신을 따르지도 않는다는 것이다. 이를 방지하기 위해서도 분노감이 생기면 취미를 통해 승화시키는 것이 좋다.

(2) 복수가 복수를 낳을 수도 있다

상대방에게 분노를 표출하다 보면 오히려 역으로 상대방 복수의 칼날에 희생될 수 있다는 것이다. 또한, 엉뚱한 사람이 희생양이 될 수 있다는 것이다. 우리는 신문, 방송에서 불특정 다수를 향해 분노를 표출하는 것을 종종 들을 수 있다. 이 역시도 누구에게 화를 표출할지 몰라서 엉뚱한 사람에게 화풀이하는 경우이다. 얼마 전까지만 해도 애인이 변심했다는 이유만으로 길가는 여성에게 복수의 칼을 휘두르는 사건이 발생하였다. 이는 자신만 피해를 보는 것이 아니라, 이리하여 가족이 붕괴가 된다. 괜히 '방구석 여포'라는 신조어가 있는 게 아니라는 것이다.

'방구석 여포'라는 말은 2016년 이후로 자주 쓰이는 신조어로서 예전에는 '넷상일진'이라는 표현이 있었지만 2016년 이후로 방구석 여포로 대체되는 분위기이다. 이 용어는 일상적일 때는 매우 소심하지만, 인터넷 또는 특정 집단에서만 위풍당당한 사람을 일컫는 것으로 『삼국지연의』에서 위세가 대단했던 여포를 빗댄 것이다. 여포가 굉장한 무력에 비해 철저한 보신주의자에다 겁쟁이였다는 생각을 하면 의외(意外)이다. 악플러나 어그로를 비꼴 때 자주 사용한 단어이다.

이 용어의 어원은 2016년경 어느 user가 국내 야구 갤러리에 '야갤러들 특징'이라는 제목으로 '집 밖의 유선과 집안의 여포'라는 글이 흥하면서 유행된 것으로 추측된다. 동의어로 '방구석 찐따', '방구석 찌질이' 등이 있으며 '방구석 히틀러', '방구석 대장군'이라는 표현도 자주 사용되는 편이다. 유행이 시작되던 시기에는 '밖근혜', '집두환' 드립도 잠깐 흥했는데 이후로는 '방구석 여포'만 쓰이고 있다.

옛날부터 전해져 오는 속담 중에서도 이와 유사한 단어는 많다. '다리 부러진 장수 성안에서 호령(號令)한다', '이불 안에서 활개 친다', '호랑이 없는 골에 토끼가 왕이다'와 같은 관용어가 있다.

우리나라의 지방 방언 중에 '숫기가 없어서 많은 사람 앞에서는 못하고 집안에서만 큰소리치는 짓을 이르는 말'이라는 뜻을 지닌 단어로 '방안 퉁수'라는 게 있다. 네이버 사전의 경우 전라남도 담양에서 주로 쓰인다고 서술되어 있다. 다만 '방안 퉁수'의 경우 표준국어대사전에는 기재되어 있지는 않다. 경상도에서는 '구들목 장군'이라는 표현이 있다.

(3) 분노를 감추지 못하면 사회적 압박을 강하게 받을 수 있다

자신이 분노의 대상이 아니더라도 곁에 있는 걸 꺼린다. 언제 그 분노의 대상이 자신이 될지 알지 못하고, 감정을 조절하지 못하는 사람으로 인식하기 때문이다. 그리고 타인들이 그를 '이상한 사람, 반사회적인 사람, 가까이에 두지 말아야 할 사람, 피할 사람, 우습고 하찮은 사람'으로 취급하게 된다. 아무 말을 하지 않더라도 태도, gesture, 표정, 경직된 자세를 통해 분노가 드러나더라도 대인관계에 피해를 가져오게 될 것이다.

2) 분노로 인한 질병

분노와 스트레스는 매우 관련이 있다. 즉, 각종 질병의 원인 중 대부분이 스트레스에서 온다고 한다. 생활 속에서 일어나는 많은 사건이 우리에게 스트레스를 느끼게 하는데 사람들은 심하게 스트레스를 느끼지 않을 경우, 사회생활에 쉽게 적응하지만, 끊임없이 갈등과 좌절을 경험하면 스트레스가 심각한 문제로 발전될 수 있기 때문이다.

스트레스의 원인으로는 좌절감, 과잉 부담, 갈등 등이 있다. 좌절감이란 원하는 목표가 지연되거나 이루지 못하는 경우로 이러한 경험에서 오는 부정적인 정서 상태에서 스트레스가 오게 된다는 것이다. 다시 말하면, 욕구좌절에서 온다는 것이다. 과잉 부담이란 개인은 모두 다 같지는 않다. 즉, 개인차가 존재하기 때문에 각자의 능력에는 한계가 있다. 따라서 여기에 미치지 못하는 욕구나 자극이 심하면 스트레스가 발생한다는 것이다. 이러한 과잉부담에는 여러 가지가 있으나 개인이 주로 느끼는 것이 시간상의 압력, 지나친 책임감, 주변인들의 지나친 기대 등이 있다. 현대인들은 산업의 발달로 인하여 인간소외를 느끼는 동시에 과잉부담으로 인한 스트레스로 인하여 몸살을 앓고 있다.

또 하나의 요인은 갈등이다. 갈등이라는 용어는 한자로 '葛藤'이라고 적는다. 이러한 갈등을 분석하여 보면 한자는 '칡나무 갈(葛)'이라는 단어와 '등나무 등(藤)' 자로 칡과 등나무가 서로 얽힌 상태를 말한다. 즉, 두 가지 요소가 서로 얽혀서 스트레스를 유발할 수 있다는 것을 말한다. 여기에 대해서는 마지막 장에서 다시 논의하기로 하자.

이러한 스트레스가 분노로 인하여 스트레스 호르몬이 분비되어 혈압상승과 심장박동수가 증가하여 신체의 변화를 가져와 질병으로 발전한다는 것이다. 따라서 물건을 부수거나, 폭력을 행사하거나, 소리를 지르거나, 물건을 닥치는 대로 던지는 등의 공격적 행동으로 나타나서 사회적으로 문제를 일으키게 된다.

이러한 경우를 우리는 '화병'이라고 한다. 한국인에게만 존재한다는 '화병'이란 도대체 무엇일까? 통계에 따르면 화병은 국내 인구의 약 5%가 '화병' 증상을 보인다고 한다. 남자보다는 여자가, 특히 30~40대 기혼자에게서 많이 보인다고 한다. 한의학에서는 '화병'을 "억울한 마음을 삭이지 못하여 머리와 옆구리가 아프고 가슴이 답답한 증상과 더불어 잠을 잘 자지 못하는 병"이라 정의하였고, 이는 '울화병'이라고도 불린다. 자하연한의원 황은영 원장은 "가슴속의 응어리가 각종 스트레스에 의한 반응으로 분노를 직접 발산하지 않고 무의식적으로 억압한 결과 이것이 신체 증상으로 나타나게 되는 것"이라 말하고 있다(온라인뉴스팀). 이를 통해 '분노조절장애'라는 질병으로 나타난다는 것이다. 즉, 사회생활에서 지나친 경쟁과 압박, 스트레스로 인하여 분노가 쌓여 '화병'이 진행되는데 이것이 질병으로서 '분노조절장애'라는 것이다. 이러한 증상을 정리하여 놓았다.

**화병이란 정확히 말하면 우리나라 문화와 관련한 정신 의학적 증후군이다. 서양 의학의 진단 분류체계상으로 우울증과 신체화 장애(身體化障碍), 범불안 장애(凡不安障碍), 공황장애(恐慌障碍), 공포증 및 기분 부전증(氣分不全症) 등의 혼합을 뜻한다.

■ **화병의 몇 가지 특징적 증상**

① **특징적 감정반응**: 속상함, 억울함, 분함, 화남, 증오 등
② **신경증 증상**: 우울, 불안, 불면, 소화장애, 두통, 신체적 통증 등
③ **기타 특징적 증상**: 답답함, 열기, 입마름, 치밀어 오름, 가슴 뜀, 목, 가슴의 덩어리 뭉침, 한숨, 뛰쳐나가고 싶음, 잦은 하소연 및 한숨 등

'화병'의 전개 상황은 3가지로 구분이 된다.

첫째는 '충격기'로써 화가 날 만한 충격을 받은 시점을 말하며 분노라고 표현하는 것이 맞을 것이다. 상대에 대한 배신감, 증오심 등이 분노에 앞서 격하게 일어나 심지어 살의까지도 품게 되는 극한의 감정 상태가 된다.

이러한 분노를 처리하는 데는 두 가지 유형이 있다. 감정을 그대로 표현하여 파괴적이며, 문제의 근본적인 해결을 위하여 적극적으로 행동하는 경우와 감정 표현이 직선적이지 못하고 모든 것을 덮어 두려 하고 근본적인 해결에도 소극적인 경우다.

둘째는 '갈등기'로써 급성 충격기를 지나 격한 감정이 어느 정도 진정되고 이

성을 회복하기 시작하면 비로소 고민에 빠진다. 그러나 이런 생각은 오래가지 않는다. 체면을 중시하고, 사회윤리의식이 강하기 때문에 감히 괴로워도 참고 견딜 수밖에 없다는 결론에 이르거나, 화가 해소되거나, 화난 일이 해결된 것도 아니라서 심각한 갈등에 빠지며 불안증이 나타나며 심리적 방어기제도 아주 단순해서 격한 분노를 억제하는 것만으로 버텨 나간다.

셋째는 '체념상태'로써 환자들은 근본적인 문제해결보다는 차츰 자신의 불행을 그런대로 받아들이는 자세가 되어 가며, 즉 운명이라든가, 팔자라든가 하는 등으로 자기의 불행을 초자연에 투사함으로써 화를 중화시키는 체념상태가 된다. 그렇다고 상대를 용서하는 그러한 관용은 거의 볼 수 없고, 다만 체념을 통해 상대와 감정적 관계를 맺지 않는 상태로 진행될 수 있다(온라인뉴스팀).

앞에서 우리는 분노는 "자연스럽고 누구나 가질 수 있는 감정"이라고 하였다. 어쩌면 복잡하고 다양한 현대사회가 우리의 분노에 더욱 불을 질러 병을 양산해서 매우 애석하다. 왜냐하면, 우리 사회는 분노를 표출하는 것은 부정적 이미지로 보기 때문이다. 예를 들면, 분노를 표출하면 "별것도 아닌데 화를 내니", 혹은 "억울해도 참아라, 그것이 이기는 일이다", "쟤는 성격상 문제야" 등으로 분노는 부정적 정서로 낙인되어 참도록 유도한다는 것이다. 따라서 분노에 대한 이러한 감정은 결국, 어떻게 처리할지를 몰라 참고 있다가 더 큰 사회적 문제나 개인적 문제로 폭발한다는 것이다. 따라서 우리는 분노를 긍정적으로 승화시키는 훈련이 필요하다는 것이다.

우리는 분노는 참으면 된다는 인식이 많다. 참으면 화병으로 변하여 결국에는 합병증으로 이어진다. 상처를 그냥 두면 분명히 곪아서 터지게 되어 있듯이 마음의 병인 화병은 그냥 내버려 두면 심각한 질병을 가져온다. 가슴 통증, 협심증, 심근경색, 심혈관 질환으로 번져 생명을 앗아갈 수도 있는 무서운 병이 될 수 있다. 옛날 어른들의 "화병으로 죽겠다"라는 말이 사실로 나타날 수 있다는 것이다.

그러면 화병을 참아야 하는가? 그렇지는 않다. 분노를 조절하는 예방법이 필요하다. 쉽게 말하면 인간의 본능적인 공격성을 분노로 표출함으로써 신체적, 정신적으로 안정시켜 적절한 분노로 표출될 수 있도록 훈련이 되어야 한다는 것이다.

세상에는 다시는 돌아올 수 없는 것이 세 가지 있다.

> 첫째는 우리 입에서 나간 실언이며(세치 혀의 잘못),
> 둘째는 휘둘러 버린 폭력이며(잘못된 행동)
> 셋째는 화해와 용서를 뒤로 미루어 생긴 큰 골이다(너그러움의 부족).

자신이 납득(納得)하지 못하는 상태에서 분노를 억지로 참으면 '화병'이 난다. 따라서 취미, 주변인과의 인간관계 등으로 승화시키는 게 좋다. 따라서 이러한 분노를 통한 '분노조절장애'가 의심될 때는 정신과 전문의에게 치료받는 것이 좋을 것이다. 요즈음은 약물치료도 가능하기 때문이다.

3) 분노의 감지 및 예방법

첫째, '화병'이나 '분노'는 반드시 징후가 있다. 처음에는 신체에 경고 사인을 보낸다는 것이다. 즉, 신체 변화가 반드시 이를 감지하고 있으니 자기의 감정 상태를 유심히 체크해 볼 필요가 있다. 신체적 변화는 혈압, 심장박동수, 얼굴의 창백 여부, 맥박 증가, 진땀의 발생, 가슴 떨림, 얼굴이 붉어지는 현상이 나타나거나 심지어 호흡 곤란까지 발생하여 생명을 위협한다는 것이다.

따라서 신체 변화가 감지되면 흥분한 마음을 가라앉히는 데 신경을 써야만 한다. 이를 위해서는 호흡 명상과 이완훈련이 필요하다. 이를 위한 방법은 다음과 같다.

■ 호흡 명상

첫째, 눈을 감고 의자에 앉아서 숨을 들이쉬고, 내쉬기를 천천히 한다.
둘째, 이것을 반복해서 10~12회 한다.
셋째, 이때 숨쉬기에만 집중한다.

■ 이완훈련

첫째, 의자에 앉아 머리부터 발끝까지 각 부위를 긴장시켰다, 이완시켰다 한다.
둘째, 눈을 감고 들숨을 쉴 때 호흡을 멈추고 이마를 찡그린다.
셋째, 숨을 내쉬면서 이마를 느슨하게 편다.
넷째, 차례로 발끝까지 여러 차례 반복한다.

이 방법을 통하여 산소량을 증가시키고 심박수와 혈압을 낮추고 두려움과 고통에서 벗어나게 하는 것이다. 간접적인 훈련방법은 실제로 훈련을 통해 분노를 방출하는 방법인데, 예를 들면 화가 날 때는 어떤 물건(깨지지 않는 물건이면 좋다)을 방바닥에 힘껏 던지거나 혹은 베개를 주먹으로 치거나 목욕탕에 들어가 샤워기를 틀어놓고 소리를 지르는 것도 흥분을 가라앉히는 데 많은 도움을 줄 것이다.

둘째는 과거 일에 집착하지 말자는 것이다. 다시 말하면, 화가 나는 이 순간만 생각하자는 것이다. 흔히 우리는 어떤 일에 화가 잔뜩 나면 그전 일까지 들추는 습관이 있다. 예를 들면, A라는 친구가 미울 때 그 순간의 잘못만을 추궁하는 것뿐만이 아니라, 예전 일까지도 들춰내어 분노를 표한다는 것이다. 이러한 경우는 과거 일 때문에 지금의 일이 묻히는 결과를 가져와서 지금의 주제에서 벗어나 오히려 역효과를 가져올 수 있다.

오히려 과거 일까지 더하여 별것이 아닌데도 더 큰 분노를 일으키게 되어 상대방으로부터 더 큰 반감을 살 수 있다는 것이다. 따라서 "너 예전에도 그랬잖아", "전에도 똑같이 잘못했잖아" 등의 표현은 삼가는 것이 좋다.

셋째는 힘겨루기에 말려서는 안 된다는 것이다. 어느 정도 감정을 정리한 다음 어떤 행동을 할 것인지를 결정하라는 것이다. 따라서 너무 흥분되면 그 상황을 벗어난 뒤 후에 다시 만나 그 문제에 대하여 다시 거론하는 것이 좋다.

예를 들면, 친구와 말다툼하였다고 가정하자. 당시 분노가 너무 끓어오르면 15분 정도 감정을 추스르고, 한 시간 후나 그다음 날 만나서 서로 이야기하면 좋다는 것이다.

넷째는 화를 참지 말고 표출하거나 조절해야 한다.

앞에서 인간이 공격성을 가지고 있는 것은 어쩌면 당연하다고 하였다. 이는 분노는 참는 것이 아니라 적당하게 표출해야 한다는 것을 말한다. 어쩌면 화를 참는 것은 가식적인 행동일 수 있다. "화병이 나서 죽겠다"라는 옛말이 있다. 죽으면 무슨 소용이 있겠는가? 참을 수 없는 상황이 다가오면 화를 표출하라.

친구 관계도 마찬가지이다. 상대방과 친해지려면 속에 있는 말을 참지 말고 적당하게 표출하는 편이 좋다. 우리가 분노를 표출할 때는 어느 정도 한계에 다다를 때이다. 무작정 표출하면 그는 정신병자일지도 모른다. 따라서 시기와 강도를 잘 조절하면 오히려 문제가 잘 해결될뿐더러 상대방의 진심을 알아차리는 데 오히려 도움이 될 것이다. 이경리 등(2021)은 화를 다스리는 방법에는 "화를 기록하는 것"이 있다고 하였다. 이는 화를 못 참을 정도가 되면 그 문제에 대하여 종이에 기록하고 무엇이 어떻게 되었으면 좋았을지, 자신이 어떻게 하면 좋았을지, 왜 화가 났는지를 적으며 자신의 화를 이해하려고 노력해야 한다고 한다. 그렇게 하면 분노를 유발한 일에 대하여 조금 더 냉정하고 객관적으로 바라볼 수 있게 된다. 또한, 화풀이 방법들을 실제로 옮겼을 때 어떠한 결과를 가져올지를 평가하고 화풀이 방법을 선택하는 것이 더 좋은 방법이라 하였다. 이러한 방법이 여의치가 않을 시에는 화를 다른 곳으로 유도하는 것도 좋다.

다섯째, 다음과 같이 네 가지 질문의 답이 'YES'라고 하면 그때 자기주장을 해야 한다.

질문 1) 이 일이 나에게 중요한 일인지를 살펴야 한다. 만약 'NO'라고 생각되면 이 일을 덮어 두는 것이 좋다. 'YES'라면 두 번째 질문으로 옮겨라.

질문 2) '이 일에 대해 내가 느끼는 분노가 적절한가? 만약 다른 사람들이 나와 똑같은 상황에 있을 때 똑같이 화를 느낄 것인가?'를 묻고자 하는 질문이다. 이 질문은 화를 내는 것이 정당한가를 묻기 위한 것이다. 이 역시도 만약 'NO'라고 생각되면 이 일을 덮어 두는 것이 좋다. 'YES'라면 세 번째 질문으로 옮겨라.

질문 3) '지금 상황보다 더 잘 개선할 수 있는가?'의 여부이다. 즉, '지금 상황에서 변화를 가져오느냐?'가 여부(與否)이다. 아무런 영향을 미치지 못한다면 그냥 넘어가는 것이 좋고 'YES'라면 마지막 질문으로 넘어가라는 것이다.

질문 4) 가치의 여부를 묻고자 하는 질문이다. 이 일이 행동을 취할 가치의 여부이다. 여기에서 'YES'라는 생각이 들면 '화'를 내라는 것이다. 이러할 경우 자기주장을 펼쳐 상대의 행동에 변화를 주도록 노력해야 한다는 것이다.

여섯째, 흔히 우리가 분노한다는 것은 어떠한 욕구가 좌절되었을 때 일어나는 것이라 하였을 때 그 욕구가 무엇인지 찾아서 그것을 채워야 한다는 것이다. 다시 말하면, 숨은 욕구를 찾아 해결해야 한다는 것이다. 그러면 분노가 사라질 뿐만 아니라 오히려 자기실현이 이루어질 수 있다는 것이다.

화의 원인을 추적해 보면 결국 자신이 원하는 것이 이루어지지 않을 때 일어나는 데 중요한 건 가치의 문제이다. 가치의 중요도에 따라 화의 정도가 달라지기 때문이다. 물론 작은 것에도 화는 내지만 정도가 다르다는 것을 의미한다. 사람들은 중요하지 않은 문제는 오히려 그냥 지나치게 마련이다. 따라서 원하는 바를 알지 못하면 혹은 채워지지 않으면 그 욕구는 사라지지 않아서 결국 분노로 표출될 수밖에 없다는 것이다.

일곱째, 분노하고 있다는 것을 과감하게 밝혀야 한다. 우리는 화는 참아야 한다고 은연중에 교육받고 있는지도 모른다. "뭐 그런 걸 가지고 그래", "별것도 아닌 것 같은데 참아라!", "말을 많이 하면 안 돼"라는 말 속에는 '참아야 한다.'라는 속뜻이 포함되어 있다. 한 예로 과거 근대 이전의 시기 아니 1970년대까지만 여성들은 "암 닭이 울면 집안이 망한다."라는 미명(美名) 아래에 울분을 모두 삼키는 시기가 있었다. 얼마나 많은 여성이 한(恨) 많은 세월을 견디며 살았을까?

오늘날에는 다르다. 남성이든 여성이든 누구든지 화가 나면 솔직하게 알려야 한다. 솔직하게 알리되 이유에 대해 정확하게 말하고 표현도 정확해야 상대방이 알아듣고 고치려고 노력할 것이다. 따라서 화났다는 것을 알리는 데는 '나'－전달법을 사용하는 것이 상대방에게 상황과 느낌 그리고 상처받았다는 것을 정확하게 전달할 수 있다는 것이다.

한 예를 가지고 설명해 보자. "내가 드라마를 보고 있는데 네가 떠들면(행동) 드라마 내용이 무슨 뜻인지 알아들을 수 없어서(구체적 영향) 나는 정말 짜증나(감정)"라는 '화냄'을 표현한다고 하자. 이렇게 표현하면 자신이 화난 상황을 오해 없이 정확하게 알아들을 수 있다는 것이다. 즉, 이러한 전달법은 관찰을 통해 느낌을 인식하고 자신의 욕구와 요구 등을 찾아낸 후 상대에게 바라는 구체적인 행동을 요구하는 대화법이다.

나 전달법은 분노 감정을 전달할 때 상대방이 오해하지 않고 정확하게 이해할 수 있게 한다는 것인데 이때 극단적인 표현과 감정은 자제해야 한다. 예를 들면, "나 같으면 그렇게 안 해", "아직도 너는 그런 식이냐!" 등과 같은 표현은 피해야 할 것이다. 이러한 표현은 오히려 상대방을 자극하여 더욱 인간관계를 파멸의 길로 몰아갈 수 있기 때문이다. "말 한마디에 천 냥 빚을 갚는다"라는 말이 있다. 말 한마디로 남의 가슴에 칼을 들이대는 극단적인 표현을 삼가라는 이야기이다.

마지막으로 상대를 배려하고 용서하자는 것이다. 예수가 구원자로서 이 땅에 내려왔을 때 용서와 사랑이라는 아름다운 말을 남겼다. 용서라는 말뜻에는 사랑이 포함되어 있다. 자신을 분노하게 한 상대방을 진정으로 용서한다는 것이다. 과거 나치가 유대인을 학살하였을 때 유대인들은 "그들을 용서한다. 그러나 기억은 잊지 않는다."라는 유명한 말을 했다. 자신에게 부당하게 피해를 준 장본인들이 인정하였을 때 용서하라는 것이다. 이것이 분노를 해결하는 최선의 방법이다. 분노를 승화시키는 방법이다.

2. 요청하기

1) 요청하기란?

아리스토텔레스는 "인간은 정치적 동물"이라고 하였다. 이는 혼자서 살 수 없고 서로를 의지하고 생활하면서 소통의 과정을 통해 살아가는 존재이다. 그러나 인간은 다른 사람에게는 인색하게 하려고 하는 보이지 않는 이기심이 존재하고 있다. 역으로 말하면 이기심이 있다는 것은 자신에게도 남에게도 인색할 수 있다는 것을 의미한다.

그러나 인간은 서로 간에 협력하며 살아간다면 어떠한 문제도 쉽게 해결할 수 있다. 서로 간의 협력이라고 한다면 결국 어떤 문제를 해결하기 위해 타인에게 요구할 때 이에 대처하는 기술이 필요하다는 것이다. 이것이 의사소통에 있어서 요청하기의 기술이다. 서로 간에 협력은 사회생활을 긍정적으로 할 수 있게 만들 뿐만 아니라 다른 사람의 도움을 통하여 모든 일에 있어서 좋은 결과를 도출할 수도 있다. 이는 타인으로부터 적절한 도움을 받음으로써 문제를 해결하거나 문제 상황을 악화시키는 어리석음을 줄일 수 있다는 것이다.

타인으로부터의 도움은 이러한 효과가 있음에도 불구하고 부탁하는 데 어려움을 겪는다. 이유는 부탁하는 기술과 체면, 용기가 부족하기 때문이다. 남에게 부탁한다는 것이 자신의 열등감을 드러내기 때문이라 생각해서 더욱 어려워하고 있을지도 모른다. 또 하나는 상대방을 배려하기 때문으로, 자신이 부탁함으로써 상대방을 힘들게 한다고 생각하는 것이다. 이러한 경우는 드물 것이다. 이보다는 솔직히 두려움이 앞선다는 것이다. 이것이 솔직한 마음일지도 모른다. 이러한 두려움은 부탁했는데 단칼에 거절당하면 어쩌나 하는 얄팍한 자존심과 상대에게 부탁하면 자신이 무능하다는 소리를 듣는다는 두려움이 앞서기 때문이다.

예를 들면, 현대사회는 물질주의가 판을 치는 세상이다. 물질주의는 재화 등을 최고의 가치로 인식하여 그것에 집중하는 것을 뜻한다. 이러한 사회에서 살다 보면 개인의 역할이 거의 분업화되어 서로 간의 이익을 위해 살아갈 수밖에 없다고 할 수 있다. 이러한 이익을 추구하기 위해서는 서로 간에 도움을 요청할 수밖에 없는 것이 현실이다. 왜냐하면, 이익을 추구하는 데 혼자 해결하는 것보다는 그 이익을 추구하는 사람들이 모여서 자신들의 기술과 능력을 활용하면 더욱 쉬워지기 때문이다. 이러한 유리함 때문에 의사소통 시에 필요한 기술 중 하나인 대안기술이 필요하다는 것이다. 여기에서 필요한 기술은 '요청하기'라는 것이다. 즉, 부탁하는 기술이 필요하다는 것이다.

'요청하기'에 있어서는 자신감을 가지고 정확하게 표현할 필요가 있다. 다시 말하면, 거절당해도 괜찮다는 편안한 마음으로 예의를 갖춰 부탁하면 될 것이다. 왜냐하면, 부탁했을 때 모두 성공한다는 보장은 없기 때문이다. 부탁받는 사람이 반드시 부탁을 들어주어야 한다는 법은 없기 때문이다.

예를, 하나 들어보자. A와 B는 어렸을 때부터 친하게 지낸 죽마고우(竹馬故

友)였다. A가 B에게 일금 1천만 원을 빌려달라고 부탁했는데 B가 거절했다. 여러분이 A라면 어떠한 기분이 들까? B에게 거절당했다고 '기분이 좋지 않다'라기보다는 '당연하다'라는 마음이 먼저 필요하다는 것이다. 이래야 성숙하고 건전한 인간관계가 성립될 수 있다는 것이다.

'요청하기'를 할 때 잊지 말아야 할 점은 상대방에게 반드시 예의를 차려야 한다는 것이다. 즉, 상대방의 능력을 인정하면서 도움받은 후에는 항상 감사 표시를 해야 할 것이다. 감사 표시는 '금전적인 것'—선물, 재화—등을 말함이 아니라, 진심이 담긴 감사를 말한다. 우리는 도움받는 데도 인색하지만, 감사 표시에도 인색한 편이다. 이는 어렸을 때부터 이와 같은 교육을 받는 데 인색했다는 것을 뜻한다. 따라서 남의 도움을 당연하게 여기는 우리의 마음 자세도 고쳐야 할 것이다.

2) 요청할 때의 유의점

첫째, 먼저 상대방의 상황을 마음속으로 계산해라. 즉, 상대방이 나의 요청을 들어줄 수 있는 상황인지를 먼저 알아야 할 것이다. 인생은 항상 Timing이 있다는 사실을 알아야 한다. 즉, 속도, 강도 등을 고려해야 한다는 것이다. 어떠한 문제를 해결하기 위해 도움 요청을 할 때는 상대방이 요구를 들어줄 수 있는 마음 상태, 적절성, 시간 등인지를 고려하여 부담을 느끼지 않을 상황인지를 먼저 체크를 해야 할 것이다.

따라서 상대방의 형편과 상황을 먼저 물어보거나 공감을 표현하면서 정성을 들여 부탁하는 것이 효율적이다. 예를 들면, "요즈음, 병원 생활과 학업 때문에 바쁘지?"라는 표현하면서 부탁하는 것이 효율적이라 할 수 있다.

둘째, 부탁은 간단하고 명확하게 해야 한다. 즉, 시간, 장소 등 원하는 것을 분명하게 해야 한다. 이것을 구체적으로 하지 않는다면 후에 분쟁의 소지가 있다는 것이다. 서로 도움을 주고받을 때 의리상 이것을 간과하는데 이는 매우 위험하다. 이러한 위험은 후에, 인간관계에 금이 갈 수 있는 원인을 제공할 수 있기 때문이다.

수업 시간에 학습 목표의 내용과 행동을 구체적으로 명시하듯이 부탁하고자 하는 내용과 행동을 분명하게 전달하고 상대방이 이해했는지를 반드시 확인할 필요가 있다. 이렇게 하는 이유는 결과를 산출하는 근거를 주기 때문이다.

셋째, 상대방의 도움이 왜 필요한지를 구체적으로 설명해야 할 것이다. 우리는 어떠한 문제들을 해결하기 위하여 자신의 상황을 설명하고 상대방이 왜 도움을 주어야 하는지를 분명하게 어필해야 한다. 이렇게 하면 상대방의 허락을 받는 데 도움이 된다는 것이다. 이를 위해서는 상대방의 능력을 높이 평가할 것이며 그에 대한 반사이익을 함께 제공해 주는 것도 괜찮은 방법이다. 그런데 이는 상대방의 능력이 미칠 수 있는 부탁이어야만 성사되기 쉽다. 능력 밖의 일이라면 부탁해서는 안 된다. 잘못하면 상대에게 부담만 줄 수 있으며 결국 좋지 않은 결과만 나타날 뿐이기 때문이다.

또한, 부탁할 때 바빠서 아무리 쫓기더라도 조급함을 주어서는 안 된다는 것이다. 어떤 일을 할 시에는 'Timing'이 중요하다고 하듯이 상대방의 입장을 고려해야 할 것이다. 당장 'YES'의 답을 듣기 전에 시간적 여유를 두고 설명해야 할 것이다. 상대방이 여유를 갖고 생각할 시간을 주어야 한다는 것이다. "지금 당장 답하기가 곤란하다면 내일까지 생각해서 답을 주시면 고맙겠습니다"라는 'ment'를 날리는 것이 더욱더 효율적이다.

넷째, 상대방에게 도움을 청할 시에는 '나' 전달법을 사용하고 감사 인사하는 것을 잊지 말자. 상대방에게 도움을 요청할 때 일방적으로 전달하는 것은 피해야 한다. 즉, "내일까지 ~해라!"라는 식의 전달은 반드시 피해야 할 것이다. 이는 상대방의 감정을 무시하는 결과로 도움을 받을 수 없게 만드는 요인이 될 것이다. 윗사람이 아랫사람을 부리는 듯한 용어는 피해야 할 것이다.

상대방이 'YES'라고 했다면 "도움을 주셔서 감사합니다."라는 말을 항상 잊어버려서는 안 된다. 설혹 상대방이 사정이 있어서 도움에 응하지 못했다면 "들어주셔서 감사합니다."라는 말도 잊지 말아야 한다. 왜냐하면, 다음에 부탁할 때 성공률을 높이는 결과를 낳기 때문이다.

만약 상대가 도움을 주어 어떤 문제가 해결되었을 때도 추후 다시 한번 감사의 말을 하는 것이 좋다. 도움을 받아서 무사히 문제를 해결했다면 "덕분에 무사히 해결되어서 고맙습니다."라는 결과 보고를 해야 한다는 것이다. 이를 통해서 도움을 준 사람은 자신이 한 일이 남에게 도움을 주었다는 일종의 대리만족을 느끼게 되어 후에 인간관계가 더욱 발전하는 계기가 되기 때문이다.

마지막으로 자신의 편에서 다시 생각해 보자는 것이다. 즉, '나라면 이러한 부탁을 손쉽게 들어 줄 수 있을까?'라는 생각을 해 보자는 것이다. 이는 상대방도 거절할 수 있으니 준비하고 다음 대안을 찾을 수 있어야 한다. 즉, 어떤 일에 있어서 계획과 준비성이 있어야 할 것이다. 자신도 상대에게 요청할 권리가 있듯이 상대방도 거절할 권리가 있다는 것을 인식하고 서운함을 가져서는 안 된다.

3. 거절하기

'거절하기'라는 말은 상대방으로부터 요청이 들어왔을 경우 부탁을 들어주지 않고 물리치는 것을 말한다. 따라서 '거부'라는 말과는 다르다. '거부'라는 것은 완강하게 손사래 치는 것을 말하며 강도 높은 거절을 뜻한다. 사회생활을 하다 보면 거절할 경우가 생기게 마련이다. 누구라도 상대방의 요청을 모두 들어줄 수는 없다는 것이다. 그러나 거절할 때와 도움을 줄 때 여러분은 갈등을 느끼게 될 것이다. 여기에는 여러 가지 이유가 있는데 그중에서 사회생활에서의 거절은 역효과가 날 것이라는 인식 때문일 것이다.

곤란한 부탁이나 능력 부족으로 상대방의 요청을 들어주지 못한 경우가 많이 있었을 것이다. 따라서 여러분은 가슴앓이를 피하고 거절하는 방법이나 기술을 훈련받을 필요가 있다. 친구로부터 요청을 받았을 때 이를 거절하지 못하여 심한 부담감을 느낀 적이 있을 것이다. 친한 사이일수록 거절하는 것을 어려워한다. '이 사람이 얼마나 급하면 나한테 부탁할까, 그리고 만약 내가 거절하면 서운하면 어쩌냐!'라는 생각을 하게 되어 자신에게 부담스러운 부탁에도 응하게 된다. 이러하였을 때 후에 나쁜 결과를 낳기 때문에 신중해야 할 필요가 있다.

사람들이 거절하지 못하는 이유는 대부분 이러한 고민 때문이다. 인간관계 혹은 다른 사람과의 갈등을 피하고자 한두 번 부탁에 응하게 되면 거절해야 하는 상황이 될 때 거절하지 못하게 된다. 따라서 부담스러운 부탁은 거절하는 연습이 필요하다.

부담스러운 부탁은 어느 순간 선을 넘으면 스트레스가 되면서 상대방은 항상 'YES' 하는 당신을 보고 그 문제를 쉽게 해결할 수 있는 능력이 있다고 오해할 수도 있다. 부담스러운 부탁은 웃으면서 거절해 보자. 가능하다면 할 수 '있다.', '없다.'가 아니라 잠시 생각해 보겠다고 말한다면, 상대방은 그 시간 사이에 부탁을 들어줄 다른 누군가를 찾을 수도 있고 혹시나 자신이 문제를 해결할 수도 있을 것이다(의정부 심리상담센터, 2022).

1) 거절하는 요령과 순서

우리는 왜 거절을 어려워하는가? 일반적으로 사람들이 거절을 어려워하는 이유는 타인의 시선 때문이다. 즉, '타인이 나를 나쁘게 보면 어떡하지'라는 생각 때문에 거절을 잘 못한다는 것이다. 이를 사회생활 영속성의 일환(一環)으로 보고 있다. 이 말은 '반은 맞고 반은 틀린 말'일 수도 있다. 그보다 진짜 이유는 '자기의 내면(內面)의 목소리를 듣지 못해서'이다. 내가 뭘 원하는지 잘 모르니까 계속 다른 사람들의 시선과 목소리에 신경을 쓸 수밖에 없고 그렇게 신경을 쓰다 보면 그 목소리에 계속 휩쓸리게 되는 악순환이 발생하는 것이다.

그러다 보면 결국에는 내가 원하는 삶이 아니라 타인들이 원하는 삶을 살 수밖에 없다. 결국에는 실존적 삶을 사는 것이 아니라 타인을 위한 삶을 살게 된다는 것이다. 우리는 자신의 의지대로 살아가는 존재라고 착각한다. 세상에 태어나 자신의 의지대로 살아가고 있는지 생각해 보자. 그렇지 않을 것이다. 본래적인 삶을 살아야 한다.

사회생활을 하면서 남의 부탁을 받으면 여러 가지 이유로 인해 거절할 경우를 경험하게 된다. 따라서 인간관계에 해가 되지 않을 정도로 상대방의 부탁을 정중히 거절하는 방법을 배울 필요가 있다.

첫째, 부탁을 들어주기 어려우면 말하는 도중에 거절하여도 된다. 즉, 아무리 어려운 이야기라도 상대방의 이야기를 끝까지 들어준 후에 'NO'라는 말을 사용해서는 안 된다. 왜냐하면, 상대방을 무안하게 만들어 나중에 인간관계가 손상될 수 있기 때문이다. 자존심이 상하지 않는 선까지 들어준 뒤에 정중히 거절하는 것도 좋다.

둘째, 부탁을 들어주지 못할 경우는 사과부터 정중히 하라는 것이다. 상대방의 요청에 대하여 진지한 마음으로 들어준 후 거절할 때는 "도움을 주지 못하여 죄송합니다."라는 말을 사용하라는 것이다. 즉, 'NO' 대신에 'SORRY'라는 용어가 적당하다. 그 이유는 상대방이 덜 섭섭하기 때문이다. 이것이 부드러운 거절법이라 할 수 있다.

셋째, 거절하는 이유와 애매모호(曖昧模糊)한 거절은 피해야 한다. 상대방의 요구나 부탁을 들어주지 못하는 경우 왜 들어주지 못하는가에 대한 이유를 분명하게 알려 줄 필요가 있다. 이때 주의할 점은 부드럽고 정중하게 거절하는 것이다. 이유가 분명하지 않으면 상대방이 오해할 소지가 있으며 인간관계의 단절을 가져올 수 있기 때문이다. 따라서 상대방이 상처를 입지 않도록 솔직하게 있는 그대로 거절해야 할 것이다.

또한, 상대의 부탁을 거절할 때도 애매하고 모호한 답변을 해서는 안 된다. 다시 말하면, 모호한 대답은 상대에게 기대감을 주어 거절하면 오히려 역효과를 주기 때문이다. 상대의 부탁을 들어주지 못하는 경우 상대와의 관계로 인하여 쉽게 거절이 안 되는 경우가 있다. 이럴수록 'YES', 'NO'를 확실하게 해 주어야 한다. 즉, 여운을 남겨서는 안 된다는 것이다. 누구나 상대성을 가지고 있어서 현재는 불편하더라도 후에 더 큰 상처를 남기게 되므로 무엇이든 확실하게 매듭지을 필요가 있을 것이다.

따라서 피치 못할 거절을 할 시에는 정확하게 이유를 설명함과 동시에 다음을 기약하는 인사는 꼭 남겨야 할 것이다. 또한, 나 자신 이외에 능력 있는 사람을 추천하거나 다른 대안을 조심스럽게 비치는 것도 좋은 방법이다. 물론 사전에 추천할 수 있는 인물에 대하여 양해를 구하는 것이 더욱 효과가 있다.

종합적으로 거절할 때 "검토해 보겠다."라는 표현을 쓰지 말고 정중하게 "너의 말은 충분히 이해했어." 그러나 "미안하지만 안 되겠어"라는 말을 사용하면서 상대방이 무안하지 않도록 부드러운 어투를 사용하는 것이 좋다는 것이다.

마지막으로 샌드위치 기법을 사용하라는 것이다. 사람은 누구나 '싫어', 'NO'라는 거절을 들으면 감정을 상하게 된다. 즉, 자신의 존재감이 상실될 수 있기 때문이다. 따라서 상대방의 공격적 반응을 불러올 수 있어서 현명하게 거절하는 법을 알아야 할 것이다. 예를 들면, 연인과 외식하자고 하였을 때 돈이 없어서 혹은 기분이 그럴 상황이 아니라면 어떻게 말할 것인가? 이럴 때 무심코 'NO'라는 말이 흘러 나갈 것이다. 그럴 경우는 상대방이 무시당하는 느낌이 되어 관계가 오래가지 않을 것이다. 이렇게 답하여 보자.

남자: 나도 그 식당에 정말로 가고 싶어. 맛있다고 소문 난 집이지?
하지만 오늘은 입맛이 없어서 너와 맛있게 먹을 수 없을 것 같아.
기왕이면 너 하고의 식사인데 그러면 되겠어? 주말에 가는 게 어때? 그러면
시간상 느긋하게 너와 맛있게 먹을 수 있을 것 같아.

얼마나 운치 있는 말인가? 상대방은 이 말을 듣고 가자는 소리 못할 것이다. 이런 대화법을 샌드위치 기법이라고 한다. 샌드위치 기법은 상대방의 거절을 단도직입적으로 자르는 것보다 앞과 뒤에 긍정적인 말을 덧붙이는 것을 말한다. 즉, 긍정적인 말 사이에 거절을 끼워 넣는 방식을 말한다. 따라서 다음과 같은 경우를 생각해 보자. 연인이 지나치게 비싼 명품 가방을 사달라고 조르는 경우 "미쳤어? 우리 형편에 그럴 돈이 어디 있어? 정신 차려"라고 말하면 위험하다. 이런 말 대신, 다르게 말해 보라! "나도 저걸 사서 예쁜 친구에게 주고 싶어. 하지만 지금은 살 형편이 아니잖아. 조금 기다렸다가 사면 어때?"라고 예쁘게 말하는 것이 상대방이 덜 기분 나쁘게 받아들일 수 있다는 것이다.

2) 거절할 경우와 거절하지 못했을 경우의 결과

상대방의 요청을 거절할 때, 매번 모두 거부할 수는 없다. 자신도 상대방의 도움이 필요하기 때문이다. 그렇지만 모든 일을 받아들이기 어려운 때가 있다. 따라서 이를 방지하기 위해 거절해야 할 때 원칙이 있는데 이는 다음과 같다.

첫째, 상대방의 부탁이 자신의 원칙에 위배될 때는 어떠한 경우라도 부탁을 들어주어서는 안 된다. 이는 자신의 신념을 붕괴시켜 나중에 삶이 망가질 수도 있기 때문이다. 따라서 자신은 착한 사람이라는 생각을 잊어버려야 한다. 누구의 부탁이라도 모두 다 들어주는 착한 사람이라는 데서 벗어나라는 얘기다. 이러한 경우이다. 만약 '부모님께 거짓말을 하면 안 된다'라는 원칙을 가진 형이

있다. 그러나 가부장적인 가정에서 자란 형은 동생에게 거짓말을 해서 허락을 맡아 달라는 상황이다. 여러분은 어떻게 해야 하는가?

이러할 경우 만약 동생이 거짓말을 하면 형의 자존심과 형에 대한 존경심은 사라지게 될 것이다. 그러면 후에 동생의 어이없는 부탁을 들어주어야 하는 상황이 온다는 것이다.

둘째, 상대방의 이기심으로 인해 상대를 이용하는 경우의 부탁일 때도 들어주지 말아야 할 것이다. 예를 들면, 만약 친구가 애인하고 해운대에 놀러 갈 목적으로 자기 보고서를 부탁하는 경우이다. 상대방이 보고서를 사적으로 이용하거나 자신도 보고서를 쓸 시간이 없을 때의 상황에 봉착했을 때이다. 이 같은 부탁을 들어줄 시에는 자신의 시간과 여유가 사라지게 되어 두 사람 모두 다 손해를 보는 일이 발생하게 될 것이다.

상대방의 요구로 자신이 피해를 보는 경우도 사양해야 한다. "부모님에게도 보증은 서지 말아야 한다."라는 옛말이 있다. 따라서 친구가 은행에 보증해 달라고 요청할 경우 과감하게 그 이유를 설명하고 'NO'라고 해야 할 것이다. 만약에 그 친구가 부도를 당해서 갚지 못할 경우를 생각하라. 후에 더 큰 인간관계에 상처를 남기게 될 것이다. 이는 '친구 잃고 돈도 잃는' 경우라 할 수 있다. 결국 이러한 상황이 오면 화병으로 정신적, 신체적, 경제적으로 본인이 어려움에 봉착할 수 있다는 것이다. 따라서 나중에 상황이 더 어려워지는 것을 막을 수 있기 때문이다.

앞에서 말했듯이 상대방에게는 부탁할 권리가 있듯이 나 또한 거절할 권리가 있다는 것이다. 역으로 말하면 부탁을 꼭 들어줄 의무는 없다는 것이다. 따라서 거절할 때 상대방이 불쾌감이 없도록 해야 하며, 침착하게 의사를 확실히 밝히면서 대처 방법이 있을 때까지 보류하는 편이 좋을 것이다. 즉, "미안하지만 ~ 할 수 없습니다", "그것에 대해 좀 더 생각해 보겠습니다"라고 답할 수 있어야 겠다.

13-1 연습문제

분노조절장애 TEST

순서	내 용
1	성격이 급하며 금방 흥분하는 편이다.
2	내가 한 일이 잘한 일이라면 반드시 인정받아야 하며 그러지 못하면 화가 난다.
3	온라인 게임에서 본인의 의도대로 되지 않아 화난 적이 여러 번 있다.
4	자신이 한 일이 풀리지 않으면 쉽게 포기하고 좌절감을 느낀다.
5	타인의 잘못을 그냥 넘기지 못하고 꼭 마찰이 일어난다.
6	다른 사람들이 나를 무시하는 것 같고 억울하다는 생각이 자주 든다.
7	화가 나면 상대방에게 거친 말과 함께 폭력을 행사한다.
8	화가 나면 주변의 물건을 집어던진다.
9	분(憤)이 쉽게 풀리지 않아 우는 경우가 종종 있다.
10	내 잘못도 다른 사람의 탓을 하면서 화를 낸다.
11	중요한 일을 앞두고 화가 나 그 일을 망친 적이 있다.
12	분노의 감정을 어떻게 해야 할지 모르겠다.

문항을 체크하자. 이 중에서 몇 개가 나에게 해당되는지를 알아보고 이에 대한 대책을 강구해 보자.

문항의 체크 항목이 1~3개의 항목에 체크가 된 사람은 어느 정도 안정된 상태이다. 그러나 4~8개가 체크가 된 사람은 분노 조절능력이 부족한 상태이며, 이 중 9개 이상에 해당되는 사람은 분노 조절이 힘들며 공격성을 가지고 있어서 반드시 전문가와의 상담이 필요하다.

Chapter

14

직업생활에 있어서 언어적 의사소통의 실제: 사과하기, 감사하기

14
Chapter

직업생활에 있어서 언어적 의사소통의 실제: 사과하기, 감사하기

1. 사과하기의 중요성

어느 종교 수행자의 이야기이다.

“사람들은 자기의 잘못을 인정하지 않고 남의 잘못만을 말합니다. 내 탓이라 생각하지 않고 남 탓이라 여기니 마음이 정화되고 성장이 되지 않습니다. 나의 부족함을 인정하지 않게 됨으로써 부족함이 채워지지 않으니, 마음속에 많은 악은 계속 축적되게 됩니다. 언젠가 남편이 제게 했던 말이 떠올랐어요. ‘당신은 고집도 세고 잘못했어도 미안하다고 안 하는 것 같아’, ‘제가, 제 잘못을 인정하지 않았던 거죠. 그런 일들이 하나씩 생각날 때마다 얼굴이 화끈거렸어요’, 참수행법을 배우면서는 자신에 대해 사색해 보기 시작하였습니다. 이제는 제 잘못도 되도록 빠르게 인정하려 하고 반성도 하면서 바뀌려고 노력 중이랍니다(운이 좋은 수행자, "사람들은 자기의 잘못을 인정하지 않습니다", 2021에서 발췌)."

정말 미안하게 되었을 때 진심이 느껴지는 사과면 사람의 마음을 움직일 수 있다. 사과는 결코 패자의 언어가 아니라 승자의 언어이며, 존경과 신뢰를 받기 위해 갖춰야 할 가장 중요한 덕목이다. 사과도 잘하는 것이 중요하다. 어설픈 사과는 안 하느니만 못한 상황을 만들 수도 있으니 말이다. 최고의 위기관리 언어는 바로 사과라고 말한다. 자신들의 잘못을 인정하지 않고, 순간의 말실수로 그동안 쌓아 온 명성과 신뢰가 한순간에 무너져 버린 기업들의 사례도 익히 보았지만, 사실을 인정하고, 임원들이 발 빠르게 대처하면—이때 CEO가 직접 인정하고 사과한다면—그 효과는 배가 된다고 하였다.

사과(謝過)라는 용어는 자기의 잘못을 인정하고 용서를 비는 행위를 말한다. 인간은 누구나 잘못하면서 살아가기 마련이다. 누구나 본의 아니게, 고의로 잘못을 저지르게 된다. 누구나 잘못하지만 잘못 이후의 문제가 더 중요하다. 만약 실수를 저질렀다면 진심을 담아 재빠르게 사과해야 한다. 자신의 실수와 잘못 때문에 타인이 피해를 보았기 때문이다. 그 사람이 받을 상처를 재빨리 다독여 주어야 할 것이다. 사과할 때 단순히 혹은 건성으로 "잘못했습니다"가 아니라 무슨 일로, 그리고 어떻게 해야 할지, 지금의 반성 상태를 담아 진솔하게 해야 한다는 것이다. 그것이 신뢰를 쌓는 일이다. 이러한 사과에 대하여 공자와 제자 간에 나눈 대화가 있다.

子之武城 聞弦歌之聲 夫子莞爾而笑曰 割鷄焉用牛刀

(자지무성, 문현가지성, 부자완이이소왈, 할계언용우도)

子游對曰 昔者 偃也 聞諸夫子曰 君子學道則愛人 小人學道則易使也

(자유, 대왈, 석자, 언야, 문저부자왈, 군자학도즉애인, 소인학도즉이사야)

子曰 二三子 偃之言 是也 前言戲之耳

(자왈, 이삼자, 언지언, 시야, 전언희지이)

공자께서 무성이라는 마을에 가서 음악 소리를 듣고 웃으며 말씀하시길, "닭 잡는 데 소 잡는 칼을 썼구나"라고 하셨다. 자유(子游)가 대답하기를 "예전에 저는 공자께서 군자는 도를 배우면 사람을 사랑하고, 소인은 도를 배우면 부리기 쉽다고 하시는 말을 들었다"고 하였다.

공자께서 "얘들아, 자유(子游)의 말이 옳다. 앞에 말은 농담이었다(論語)"라고 말씀하셨다.

천하의 공자라도 자기의 잘못을 바로잡는 제자의 말에 실수를 인정하는 구절이다. 이 구절의 내용을 자세히 보면 어느 평화로운 작은 마을에 놀러 가 보니 작은 고을임에도 너무 힘써 다스려 마을 주민들이 평화로운 모습을 보며 농담으로 한 말이었다. 그러나 그 제자인 자유(子游)가 스승님은 지위고하(地位高下)를 따지는 것 없이, 도를 가르쳐야 한다고 말씀하셨는데 왜 그런 식으로 말씀하시느냐고 추궁하였다.

이 말은 들은 공자는 비록 농담이었지만 잘못했다고 사과했다는 것이다. 만약 우리에게 제자가 스승에게 대꾸하여 추궁하면 당장 "스승의 그림자도 밟지 않는데 어딜 건방지게"라고 하면서 제자를 나무랐을 것이다. 그러나 공자는 자기 잘못을 바로 인정하였고 오히려 '자유(子游)'에게 가르친 바를 실천하였다고 칭찬하고 있다. 제자와 스승 간의 믿음이 여기에서 나온다고 할 수 있다. 다시 말하면, 자기 잘못을 인정하는 스승과 제자 간의 소통으로 인하여 더욱 믿고 학문에 정진하게 되었다는 것이다. 그만큼 한마디의 사과는 그 사람의 인격을 좌우한다는 것이다.

사과는 말로만 하는 게 아니다. 그렇다고 해서 보상으로 하라는 이야기는 아니다. 사과할 때는 미안한 마음을 '행동'으로 표현함으로써 자신에게서 피해 본 사람에게 최소한의 피해와 사태를 막아 보자는 것이다. 이러한 사과를 했음에도 불구하고 사태가 복잡해지면 누군가의 도움을 구해야 할 것이다.

한국인의 약점은 잘못을 알고 있음에도 불구하고 표현하는 데 익숙하지 않다는 것이다. 즉, 감정표현이 서툴다는 것이다. 이러한 행위는 온전히 잘못된 것이다. 마음에만 담아 놓으면 본의 아니게 "파렴치하다.", "~없다.", "이기적이다"라고 여겨져 결국은 자기 자신에게 되돌아온다는 것 또한 잊지 말아야 할 것이다.

이와 달리 미국이나 유럽 사람들은 사과나 감사 표현을 하는 데 매우 익숙한 습관을 갖고 있다. 따라서 외국 사람들은 한국에 거주하면서 이러한 습관에 익숙하지 않아서 "한국인은 이상해"라는 말한다. 물론 사과하는 건 어려운 일이다. 사과한다는 것에는 "자존심이 상한다"라는 의미와 "나는 저 아이한테 졌다"라는 의미가 내포되어 있기 때문이다. 이는 잘못된 인식이다. 잘못하였을 때 순수한 마음을 가지고 정중하게 예를 표할 필요가 있다.

1) 사과는 어떻게 진행되는가?

첫째, '사과할 준비를 하는 것'이다. 사과 방법은 상대방의 성격에 따라 달라질 수 있다. 관계 회복을 잘하기 위해 상대방의 성격을 먼저 고려해야 한다. 그리고 내가 관계 회복을 하기 위해 어떻게 말할 것인지 미리 적으면서 정리하는 것도 도움이 될 것이다.

이는 상대방에게 잘못을 저지르는 경우 상대방이 어떠한 신념이나 태도 그리고 감정의 기복 등을 겪었는지를 잘 살피거나 주위 사람의 조언을 구하여 미리 파악하고 이에 따라 어떻게 사과할지를 기록하거나 계획을 세워야 할 것이다.

둘째, '적절한 장소와 타이밍'이 있어야 한다. 관계 회복을 위해 싸운 후 무작정 바로 사과한다면 상대방에게 오히려 안 좋은 감정만 생길 수 있다. 서로 간에 시간을 갖고 적절한 사과 방법을 찾은 후 충분히 대화할 수 있는 시간과 장소를 준비해야 한다.

처음에 우리가 잘못했을 때 당황하는 경험은 누구나 가지고 있다. 언제 사과해야 할지 고민하다가 타이밍을 놓치는 경우가 허다하다. 이로써 차일피일(此日

彼日) 미루다가 서로 감정이 격해져 인간관계가 단절되기까지 하는 사태가 발생하기도 한다. 따라서 적당한 시간에, 적당한 장소에서 다양한 방법을 통해 사과하는 것이 매우 효과적이라 하겠다.

셋째, 행동으로 '사과'하는 것이다. 이때, 관계 회복을 위해 긍정적인 소통방법이 필요하다. 겸손하고 열린 마음으로 소통해야 하며 관계가 틀어진 원인에 대해 해결책을 제시하면 좋을 것 같다.

사과하는 마음을 가지고 있지만 사과하는 방법을 몰라서 일을 망치는 경향이 있다. 왜냐하면, 어떻게, 무엇을, 어떤 내용으로 하는 데 있어서 제대로 된 교육을 받지 못하였기 때문이다. 그렇다고 해서 당황하지 말자. 부드럽고 공손하고 서로가 이해할 수 있는 영역 내에서 열린 마음으로 하면 이상이 없다는 것이다. "미안합니다"라는 말보다 "무엇 때문에, 어떻게 해서, 차후에 어떻게 하겠다."라는 식으로 차근히 상대방의 기분을 파악하면서 진행하면 된다는 것이다.

이렇게 하기 위해서는 먼저 '인정'을 해야 한다. 즉, 솔직하고, 정직하게, 공개적으로 자기 잘못을 상대방에게 알리는 것이다. 두 번째는 '후회'하는 모습을 보여 주는 것이다. 여기에는 그와 같은 잘못을 다시 되풀이하지 않겠다는 표현도 같이 있어야 한다. 또한, 자기 잘못에 대한 부끄러움과 각오도 있어야겠다.

다음 단계는 '해명'으로서 잘못한 이유와 배경에 대한 설명이 분명히 있어야 할 것이다. 해명과 변명은 분명히 다르다. 해명은 사실과 차이가 있는 부분을 짚어 가는 것이고 변명은 자기의 잘못을 정당화하는 차원이기 때문에 사과하기에는 도움이 되지 않을뿐더러 오히려 사태를 악화시킬 수 있다.

네 번째는 '보상' 단계로써 피해보상은 어떻게 하겠다는 식으로 분명하게 물질적, 정신적 보상이 뒤따라야 할 것이다. 마지막으로는 '용서 구하기'로써 상대방에게 진실한 마음으로 용서를 바란다는 메시지가 있어야 할 것이다. 이를 정리하면 인정 → 후회 → 해명 → 보상 → 용서 구하기 순으로 사과하는 것이 마땅하다.

2) 사과하기 표현은 어떻게 해야 하는가?

앞에서는 사과하기의 중요성과 단계에 관하여 설명하였다. 그러면 사과는 어떠한 방법으로 어떤 내용으로 하는지에 관하여 설명해 보겠다.

(1) 자기가 잘못한 부분에 대해 핵심적인 내용을 정확히 표현한다

우리는 사과할 때 그냥 "미안해"라고 아무 일 없었던 것처럼 말하는 경우가 많다. 친구들끼리인데 "그냥 미안해, 한마디만 하면 될 걸 가지고 그래"라고 하면서 화해를 중재하는 경우가 다반사이다. 이는 아주 좋지 않은 방식이다. 사과하는데 무엇 때문에 하는지도 모르고 한다면 안 하는 것보다 못하다. 왜냐하면, 상대의 기분을 모르고 하는 방식이기 때문이다. 오히려 화를 부추기는 결과만 양산할 것이다.

따라서 상대방에게 "미안해"보다는 "미안합니다. 제가 당신의 노트에 낙서했습니다"라고 구체적으로 표현하는 것이 가장 좋다는 것이다. 그런데 이러한 방식은 피해야겠다. "당신의 몸을 건드려서(……) 버스가 복잡해서 밀리다 보니 그렇습니다. 제 책임은 아닙니다만(……)"이라는 식의 표현을 하면 안 된다. 자기 책임이 아닌데 사과해서 매우 억울하다는 표현이 되기 때문이다. 사과할 때는 반드시 "미안합니다(……) ~때문에", 혹은 "~때문에, 미안합니다"라고 구체적으로 핵심을 짚어 표현하는 것이 알맞다.

(2) 즉시 사과하기는 진심으로 표현하자

칭찬하기와 마찬가지로 사과할 경우는 즉시 미안함을 표현하라는 것이다. 왜냐면 시간이 늦어지면 감정의 골이 깊어지게 마련이기 때문이며 결국은 인간관계의 단절을 가져오기 때문이다. 그러나 그렇지 않을 경우도 있다. 양쪽의 감정이 서로 격해질 때는 그 상황을 잠시 미루고 서로의 시간을 갖거나 중재자를 통해 사과하는 'timing'을 조절해야 할 것이다.

보통 중재자를 통해 간접적으로 사과하는 것은 좋지 않은 방법이다. 특별한 상황이 아니라면 직접 만나서 사과하면 상대방의 기분이 누그러질 것이다. 이것이 대면의 효과이다. 또한, 직접 만나면 의외로 "미안해"라는 단어를 쓰지 않아도 자연적으로 해소되는 경향이 있다. 그 이유는 비언어적 표현이 이를 발휘하기 때문이다.

우리가 사과받는 것은 물질적으로 어떤 보상을 받기 위한 것은 아니다. 요즘 같은 사회에서 꼭 그렇지는 않지만, 그래도 만나서 그 사람의 진심(眞心, 盡心) 담긴 한마디를 듣고 싶어서이다. 우리는 착각하고 있다. 내가 사과하는 게 더 편하다고 하는데 내가 편하기 위해서 사과하는 것은 아니라는 것이다. 사과는 '상대방을 위해서' 하는 것이지 나를 위한 것이 아니라는 것이다. 따라서 나의 진심이 담긴 사과 한마디가 상대방에게 전달되도록 하라는 것이다.

친구들에게 사과하는 상황을 보면 매우 이상하다는 생각이 든다. "미안해"라고 한 친구가 사과하자, 상대방은 기분이 풀어지지 않았음에도 불구하고 쉽게 풀어지지 않자 "미안하다고 했잖아"라고 말하는 것은, 잘못된 방법이다. 이 한마디로써 풀린다면 세상은 평화로움으로 넘치게 된다. 다시 한번 기억하자. 사과는 내가 편하기 위해 하는 것이 아니라 상대방이 나로 인해 상한 기분을 회복시키기 위한 것이라고 분명히 기억하자.

(3) 변명하지 마라

친구끼리 하는 말이 있다. 만약 실수했을 경우 변명해서는 안 된다는 것이다. 어떤 실수는 있는 그대로 인정하고 후에 반복하지 말라는 것이다. 예를 들어, "조별 과제를 늦게 내서 미안해", "내 분량이 제일 많았잖아"라는 표현을 친구들

간에 쉽게 한다. 이와 같은 사과에는 '너희들만 작은 분량이고 나는 많잖아'라는 비난이 섞여 있다. 이러한 표현보다는 "조별 과제가 약속보다 늦어져서 미안해"라는 말이 더욱 훌륭한 사과하기이다. 즉, 사과했으면 그다음에 다른 말이 필요 없다는 것이다. "미안합니다, 제가 잘못했습니다. 하지만(……)"이라고 시작하면 상대방의 기분을 상하게 할뿐더러 오히려 상황만 악화시킬 수 있다. 사과의 말 뒤에는 접속사 붙이는 것을 조심해야 할 것이다.

(4) 상대의 말을 끝까지 듣되, 사과할 경우는 신체 언어를 이용하는 것이 좋다

만약 자기의 잘못으로 인하여 상대방이 화가 났을 경우 그의 분노나 억울함, 불만 등에 대한 표출을 끝까지 들어야 한다는 것이다. 상대방의 기분이 자신의 기분과 동일(同一)하지는 않다는 것이다. 따라서 상대의 불만을 듣는 도중에 과하거나 기분이 언짢더라도 반박하거나 끼어들지 말아야 한다. 인내심이 필요하다. 상대방의 불만이 어떤 이유인지를 충분히 파악하고 비언어적 표현인 눈으로 사과하는 방법을 터득하라는 것이다. 상대에게 최대한 감성적인 눈빛을 보내 진지한 모습을 보여야 한다.

우리는 말로만 사과하고 끝내는 경우가 많다. 그러기보다는 태도를 공손히 하며 상대방을 자극하지 않는 범위 내에서 온몸을 동원하여 상대에게 미안함을 표현하는 것이 좋다.

만약 언어적 표현을 사용한다면 자극이 될 만한 언어는 피하는 것이 좋다. 예를 들면, "피해를 주었다니까. 일단 잘못했어."라는 말과 같은 비아냥이 섞이거나 책임을 상대에게 전가하는 용어의 사용은 피해야 할 것이다. 즉, 공손한 언어를 사용하라는 것이다.

(5) 용서를 구하면서 재발 방지를 약속하라. 그리고 약속은 꼭 지키는 것이 현명하다.

사과라는 말은 나의 잘못과 실수를 상대방에게 용서해 달라는 것이다. 사과와 용서는 상대성을 가지고 있다. 사과는 의무감으로써 반드시 해야 하지만 용서는 상대방의 몫이다. 따라서 상대방이 용서할 준비가 되지 않았다면 화를 추스르고 난 뒤에 용서를 구하는 것이 현명한 것이다. 그래야 문제해결이 빠를 수 있다.

그리고 사과할 때 반드시 재발하지 않는다. 이러한, 재발 방지는 사과에서 가장 중요한 핵심 사항이다. 개선 의지를 보여 줌으로써 그 사람과의 인간관계를 유지하고자 하는 바람을 표현해야 하고 덧붙여 보상도 첨가하는 것이 좋을 것이다. 예를 들면, “미안해, 보고서를 늦게 제출해서. 다음에는 빨리 끝낸 뒤에 너희 것들도 도와줄게”라는 식으로 하면 좋다.

또한, 사과하고 용서를 구하고 재발 방지를 약속했더라도 그 약속을 지키지 않는다면 무용지물(無用之物)이다. 자신이 약속한 내용을 행동으로 옮기지 않으면 그 사람에 대한 신뢰성이 추락될 것이다. 자기 사과가 퇴색되지 않게 약속한 내용은 지키도록 한다.

(6) 사과하는 경우 자신과 함부로 타협할 생각을 해서는 안 된다

항상 인간은 누구나 실수한다는 생각은 있을 수 있으나 실수가 당연하다는 생각은 버려야 할 것이다. 흔히 가벼운 실수를 하고는 ‘이 정도쯤이야 괜찮겠지’ 하면 큰 오산이다. 상대방이 ‘이 정도’라고 하는 것이 자신에게는 어떻게 다가올지도 모르고 그것은 상대방을 배려하는 모습이 아니라는 것이다. 작은 것이라도 가볍게 넘기지 말아야 하며 엄격하게 다루어야 할 것이다. 왜냐하면, 가벼운 실수라고 해도 실수는 잘못된 것이기 때문이다. 이러한 생각에 집착하면 사과할 기회가 없어지거나 지나치게 되는데 이래서는 안 되며, 오히려 더 크게 사과할 필요가 있을 것이다. 아무튼 사과하기할 때 정당화해서는 안 되며 '그런데'라는 접속사를 쓰면 안 된다. 여기에는 '나는 잘못이 없으니 당신 잘못이야'라는 뜻이 내포되어 있기 때문이다.

(7) 그 외의 다양한 사과법

앞에서 사과하는 요령과 방법에 관하여 이야기하였다. 그러나 사과할 때 피해야 하거나 주의할 사항이 있다. "말 한마디로 천 냥 빚을 갚는다"라는 속담이 있다. 그만큼 말할 때 생각하고 하라는 이야기이다. 우리는 이를 유념하여 건전한 인간관계를 수립하고 갈등을 피해야 한다.

첫째, "내가, 무슨 잘못을 했는지 모르지만, 하여튼 미안해"와 같이 애매한 사과법을 피하라는 것이다.

둘째, 수동적인 사과 태도를 버려라. 예를 들면, "본의 아니게 실수를 했어"라는 회피형의 사과법이다. 당장 일어난 문제를 미루어 뒤늦게 받게 될 상처에 대한 무책임한 대응책만으로는 갈등상황을 해결할 수 없다는 것이다. 한국 사회에서 일어나는 갈등 현상이 이와 많이 닮아 있다. 사회 전체의 모습에는 국가의 힘이 강력하고 이후 경제성장을 이루어 가면서 시장이 활성화되고, 재벌의 입지가 강화됨에 따라 시장을 중심으로 하는 갈등이 강렬하게 일어났다. 사회변동과 함께 경제성장의 급격한 변화가 시민 정서에 익숙하지 못할 정도로 빠르게 성장을 이루었다는 것이 어쩌면 지금 곳곳에서 발생하는 바람직하지 못한 사람들의 갈등 대처방식과 갈등을 회피형으로 해결하려는 방식과 닮아 있다. 갈등의 시작은 이해 전달의 오류와 잘못된 정보 해석으로 인한 감정싸움으로 번져 해소되지 못할 시 갈등상황을 넘어 폭력적인 다툼으로까지 이어질 수 있다. 실제 사례를 들면, 2014년 세월호 사건을 들 수 있는데, 시간이 지나도 대한민국의 국민이라면 모두가 기억해야 할 잊지 못할 사건 중 하나로 꼽히고 있다.

셋째, 상대방이 피해당했다고 의심하는 식의 사과 방법도 피해야 할 것이다. "억울하다고 하니까(……)"라는 식의 '사과하기'이다. 이러한 사과법을 피해야 하는 이유는 '내가 보기에는 별로 억울한 것 같지 않다'라는 의미가 내포되어 있어서 진정성이 의심스럽다는 것이다.

넷째, 교만한 태도 방식이라 할 수 있다. 사과는 상대방에게 용서를 구하는 것이라고 하였다. 실수를 만회하기 위하여 상대방에게 사과한다는 것이다. 그렇다면 상대방보다 우위에 있으면 더욱 안 된다. 예를 들면, "억울하게 피해를 주었다니 대단히 유감입니다"라는 식의 사과 태도는 적절치 않다. 이런 태도는 상급자가 하급자에게 하는 형식의 사과이고 유감이라는 것은 실질적인 사과가 아니라는 것을 말한다.

유감(遺憾)은 '마음에 차지 아니하여 섭섭하거나 불만스럽게 남아 있는 느낌'을 의미하는 단어다. 비슷한 의미로는 '안타깝다', '섭섭하다', '불편하다' 등이 있다. "너, 나한테 유감 있냐?"는 말은 "너 나한테 뭐 안 좋은 감정이 있냐?"라는 뜻으로, 일상에서도 흔히 사용되고 있다. 한국어 중에서 자주 사용되면서도 애매모호한 표현인데, '마음이 복잡하다', '섭섭하다', '안타깝다'라는 식의 표현은 맥락에 따라 다양한 의미로 해석할 수 있기 때문이다.

예를 들어 고인에 대해 '유감을 표함'은 고인의 죽음에 관한 안타까움과 슬픔의 의미, 다른 누군가가 힘들어할 때 쓰는 '유감이다'라는 표현은 상대에 대한 위로의 표현이다. 그리고 이를 책임회피용으로 이용하는 경우이다. 자신이 잘못한 일로 상대가 힘들어하는데도 상대에게 '유감스럽다'라고 표현하는 case가 있다. 즉, 자신이 잘못한 일이 아님을 은연중에 각인시키는 책임회피, 유체이탈 화법이다(백과사전).

우리나라 말에는 이와 유사한 표현이 여러 가지 있다. 따라서 상황에 따라 적절하게 선택하여 사용할 필요가 있다.

- 유감하다: 마음에 차지 아니하여 섭섭하다.
- 미안하다: 상대방에게 마음이 편치 못하고 부끄럽다.
- 죄송하다: 죄스러울 정도로 황송하다.
- 죄스럽다: 죄지은 듯하여 마음이 편하지 아니하다.
- 황송하다: 분에 넘쳐 고맙고도 송구하다.

다섯째, '사과(謝過)'할 때는 '사과자체(謝過自體)'에 방점을 두어야 한다.

만약 친구들 사이의 말다툼이 확대되어 싸움으로 번져서 서로 간에 신체적 상처를 입은 상황에 이르면 친구 부모님에게 상처 낸 부분에만 사과하는 부모님도 있다. "치료해라, 병원비는 얼마라도 좋아"라는 식이다. 이러한 사과 방식은 오히려 화를 부추기게 된다. 즉, 사과의 방점을 정신적, 물질적 피해에만 집중하고 배상해 주면 끝이라는 식의 사과이다. 따라서 상대방에게 이러한 피해를 사과하려면 말로만 하는 것이 아니라, 반드시 처분이 따르는 사과와 재발 방지를 위한 사과 방법을 택해야 할 것이다. 그렇게 하면 오히려 피해를 본 쪽이 '미안해' 하는 경우를 볼 수 있을 것이다. 옛말에 "자식이 싸우면 자기 자식부터 혼내라"는 말이 있다. 진심으로 사과하면 상대방에게도 전달될 것이다.

여섯째, 사과할 때 피해야 할 사과 방법은 "만일 실수가 있었다면(……)", "네가 화가 났다니(……)"라는 식이다. 이러한 방식의 사과는 조건부이다. 이것은 자기는 잘못이 아니고 혹은 자기 잘못을 애매하게 만들어 상대방에게 혼란을 주는 사과 방법이다. 이러한 사람은 자기 잘못은 별것이 아닌데 '네가 속이 좁아서'라는 인상을 풍기게 된다. 즉, 조건부의 사과는 변명에 불과하다. 사과는 변명이 아니라고 했다. 자기의 잘못을 인정하고 상대방에게 알리고 용서를 구하는 부탁이라는 사실을 잊지 말아야 한다. 조건부 사과는 자기변호가 될 뿐만 아니라 일시적인 비난을 피하기 위한 사과이기 때문이다.

또 하나는 '나도 일부분 잘못이 있는데 너도 잘못했잖아'라는 식의 사과도 하지 말아야 한다. 이러한 사과법은 상대방에게 책임을 전가하는 몰상식한 방법이라 할 수 있다. 이러한 경우의 예는 어린 나이일수록 나타나는 경향이 있다. 성인이 되어서는 피해야 한다. 초등학교 수준의 사과법이기 때문이다.

일곱째, 상대방이 준비되었을 때 사과하는 것이 좋다.

앞에서 사과는 "상대방에게 용서를 구하는 행위"라고 하였다. 따라서 사과할 때 상대에게 용서를 구하라는 것이다. 상대방이 잔뜩 화가 나 있을 때나, 사과받을 준비가 되어 있지 않을 경우 역시 피해야 한다. 역으로 말하면 본인이 사과할 준비가 되지 않았는데 건성으로 사과하는 것은 반드시 피해야 할 것이다. 이러한 성급한 사과는 말만으로 사건을 마무리하려는 의도가 내포되어 있기 때문이다.

그러나 상대방의 상처가 깊거나 복잡하게 얽혀 있는 문제라면 일단 사과를 먼저하고 후일을 기약해야 할 것이다.

2. 감사하기

1) '감사하기'란

1982년 봄, 강원도에서 자라서 고등학교를 마치고 부푼 꿈을 안고 처음 대구로 유학을 오게 되었다. 고3까지만 해도 내가 살던 강원도에서는 당연한 삶이라 생각하여 유학을 오게 된 데 대한 감사함을 전혀 모르고 살았다. 이러한 삶은 나에게 당연한 것으로 느껴졌다.

그러나 이러한 생각은 대학교 진학을 하면서 바뀌게 되었다. 당시 대구에 와서 구수한 경상도 사투리를 섞어 쓰며 이야기하는 친구들을 보면 매우 신기했고 나도 아름다운 미래를 꿈꾸며 살고 싶었기 때문이다.

당시는 12.12 군사 반란과 광주민주화운동이 일어난 지 얼마 지나지 않은 시절이라 모든(교육, 정치, 경제 등) 게 군사정권의 그늘에서 이루어지고 있었다. 그 당시를 떠올리면, 학교에서의 생활은 학업보다도 민주화 시위로 매일매일 숨가쁘게 돌아가고 있었다.

대학에 갈 때만 해도 몰랐던 사실을 알고부터는 모든 것이 감사하다는 생각뿐이다. 당시 내 또래 학생들은 약 13% 정도만 종합대학에 입학할 수 있었고 여학생들은 여러 사정으로 대학 진학률이 높지 않은 시절이었다. 그렇게 세월이 흐르자 나는 언제부터인가 아침에 책을 보고 있었고 하루하루 학생들을 교육하고 있는 나 자신을 보면서 하루하루 감사하며 살고 있다.

또한, 과거의 군사독재 시절보다는 좋은 여건이고, 교육에만 전념할 수 있어서 감사하다. 경제성장의 발전으로 인하여 누구나 교육받을 권리가 있는 이 나라에서 태어났다는 자체가 매우 감사하다. 그리고 여전히 미비하지만, 교육여건이 조금씩 발전하고 있다는 것에도 매우 감사하다.

그리고 계속 진행형인 한국의 모든 상황이 과거로 회귀하지 않았다는 것도 자랑스럽다. 민주주의, 각종 제도가 점점 향상되고 있다는 데에도 감사하다. 사회적 약자가 없는 세상을 만들고자 하는 노력에 관심을 두는 자체에만도 매우 감사하다.

아프면 각종 의료보험제도의 혜택을 받을 수 있고, 돌팔이가 없고 명의(名醫)가 더 많은 사회에서 사는 것, 또한 교육을 잘 받고 사회에 진출한 좋은 간호사들이 많은 세상에 태어나 매우 감사하다. 하루하루 매일 보이지 않는 것을 생각하며 감사한 마음으로 살 수 있는 세상이 오기 때문에 감사하다는 것이다.

감사한 마음으로 산다는 것은 자기 삶을 가치 있게 느낀다는 것을 말한다. 다시 말하면, 자신의 존재가치를 스스로 느끼고 있다는 것이며 자기 삶 자체가 행복이고 긍정적으로 살고 있다는 것을 스스로 증명한다는 것이다. 즉, 자기 삶에 대한 가치를 알고 주인의식을 가졌다는 것을 의미하며 자신의 정체성을 알아가고 있다는 것이 진정한 감사라고 할 수 있다.

우리는 타인과 더불어 살아가는 존재이다. 더불어 사는 삶이야말로 성공적이면서 건전한 인간관계를 형성할 수 있는 것이다. 여기에는 감사하는 마음이 밑바탕에 있어야 성공적인 인간관계를 형성할 수 있다.

'누군가에게', '무엇에게' 감사하다는 것은 행복과 밀접한 관계가 있다. 즉, 행복하다는 것은 무엇인가에 대한 감사함을 의미하므로 긍정적인 인간관계를 맺을 수 있다. 예를 들어, 상대방에게 감사함을 느끼고 있다면 그의 행동이나 말에서 소중함을 느낄 수 있으므로 결국은 개인의 행복을 갖게 하는 데 놀라운 힘을 가진다. 이러한 놀라움으로 대화의 장을 넓힐 수 있다.

타인에게 감사하고 있다면 결국 대화법에도 많은 영향을 미치게 된다. 이러한 대화법은 상대방을 이해하고 모든 행동과 말들을 긍정적으로 보게 함으로써 문제해결에 많은 도움을 준다는 것이다. 다시 말하면, 서로에게 상처를 주기보다는 사랑으로 변화시킬 수 있는 놀라운 힘을 가지고 있다는 것이다.

'감사하다'라는 표현과 '고맙다'라는 말은 비슷하지만, 차원이 다른 언어이다. 즉, 감사에는 '고맙다'라는 말 이상의 의미가 내포되어 있다. 감사함이 주는 여러 가지 유익함에 관심을 가진 연구는 많이 있는데 "끊임없이 감사하는 사람들은 상대적으로 더욱 행복하고 활기차며 희망적이고 긍정적인 감정을 더 자주 경험한다는 사실이 밝혀졌다. 또 감사하는 기질이 미약한 사람들보다 남에게 도움을 더 많이 주고 잘 공감하며 더 영적이고 종교적이며 더 용서를 잘하며 덜 물질적인 성향을 보인다고 하였다. 나아가서 감사한 마음을 가질수록 우울하거나 외롭거나 질투하거나 신경증적인 양상을 보일 가능성이 줄어든다(이경리 외, 2021)"라고 한다.

누군가에게 도움을 받았을 때 막연하게 '고맙다'라는 말을 자연스럽게 한다. 즉, '고맙다'라는 말은 감사하다는 표현이다. 감사하다는 것은 그 대상이나 인물의 가치를 인정하고 소중한 존재라는 것을 의미하며 이것은 마음속에서 우러나오는 자연스러운 감정이라 할 수 있다. 이를 위해서는 자기 내면 상황이나 주변에 대한 긍정적인 마음 자세가 필요하다.

따라서 '고맙다'라고 할 경우에도 마찬가지로 고마운 이유를 더 정확하게 밝혀야 한다. 이는 앞에서 설명한 '사과하기'와 같은 이유 때문이다. 고마운 말을 전하고 싶을 때 '누구에게', '무엇을', '어떻게' 할 것인가를 생각해서 진지하게 전달해야 한다. 약간의 언어적 표시가 나중에 더 큰 보상으로 돌아올 것이다.

2) 감사는 왜 행복을 가져오는가?

2017년 OECD가 발표한 '워라밸지수(행복지수)'에서 한국의 행복도지수는 세계 32위에 해당하였다. 국내총생산을 지칭하는 GDP는 세계 11위이지만 소득수준이 우리보다 하위에 있는 네덜란드, 덴마크, 스페인 등은 세계에서 행복지수가 가장 높은 나라들이다. 이를 보면, 소득수준이 높다고 행복한 것은 아니다(김숙복 외, 2020).

행복(幸福, happiness)은 "희망을 그리는 상태에서 좋은 감정으로 심리적인 상태 및 이성적 경지 또는 자신이 원하는 욕구와 욕망이 충족되어 만족하거나 즐거움과 여유로움을 느끼는 상태, 불안감을 느끼지 않고 안심"하는 것을 의미한다. 그 상태는 주관적일 수 있고 객관적으로 규정될 수 있다. 또한, 행복은 철학적으로 대단히 복잡하고 엄밀하며 금욕적인 삶을 행복으로 보기도 한다. 한편 광의로 해석해, 사람뿐만 아니라 여러 생물에도 이에 상응하는 상태나 행동, 과정이 있을 수 있다. 생물의 행복감에는 만족감의 요소가 가장 큰 비중을 차지하나 인간의 경우 만족감 외에도 다양한 요소가 행복감에 영향을 미친다.

따라서 행복이나 불행은 주관적일 수 있다고 하겠다. 어떤 일을 받아들이는 마음에 따라 다르다는 것이다. 세계 1위의 행복지수를 가지고 있는 나라들도 경제적으로는 세계 최고가 아니더라도 삶에 관한 행복을 받아들이는 데 차이가 있다는 것이다. 즉, 경제 형편과 행복은 별개라는 뜻이 된다. 행복지수 상위권의 나라들은 우리보다 더 많은 세금을 내서 당장 삶이 불편하지만, 그것을 받아들이는 자세가 우리와는 다르다는 것이다. 그 증거로 우리의 경제구조는 세계 10위권이라지만 자살률은 세계 1위로서 이 순간에도 많은 사람이 죽어 가고 있다. 따라서 자살률이 높다는 것은 '삶에 대한 감사의 마음이 없다'라는 것을 반증하고 있다. 따라서 불행하게 살아갈 수밖에 없다는 것이다.

앞에서 '행복한 사람이 훨씬 세상을 긍정적으로 바라보며 더욱 감사하는 경향이 있다'라고 했다. 따라서 누군가에게 하루하루 감사하는 마음으로 살아가면 본인뿐만 아니라 상대방도 행복한 삶을 살 수 있게 되는 것이다. 항상 감사하는 습관을 갖기 위해 노력해야 할 것이다. 감사가 행복을 가져오는 이유는 다음과 같다.

첫째, 자신의 가치가 상승한다는 것이다. 감사 표현을 하면 자기의 가치와 자존감이 강화된다는 것이다. 이는 자신이 감사받았을 경우를 생각하면 알 수 있다. 다른 사람이 나에게 도움을 얼마나 주었는지, 그것을 통해 얼마나 많은 것을 달성했는지를 알았을 때 자신이 유능하고 성실하고 자신감이 커졌다는 것을 알게 된다는 것이다. 사람들은 이기적이기 때문에 자신의 실패와 좌절을 타인에 대한 원망으로 돌리는 경향이 있다. 또한, 자신이 받은 상처도 타인에 대한 원망과 그로 인한 집착으로 돌리는 경향이 있다. 이는 매우 어리석은 행동이다. 감사하는 습관을 통해 이러한 행위를 없애야 할 것이다.

둘째, 신체적, 정신적 발달에 유익하다. 다시 말하면, 신체적으로는 스트레스를 예방하고 정신적 외상을 치료하는 데 도움이 되며, 도덕적인 행동을 일으키게 된다는 것이다. 부정적인 마음보다 긍정적인 마음 자세가 상식적으로 스트레스의 영향을 덜 받는다. 따라서 실패나 실망이 큰 상태에서는 다른 일에 대한 감사 표현이 적어질지도 모르지만 새롭게 인생을 충전하는 데는 활력소가 될 것이다. 또한, 누군가의 도움을 받거나 도움을 주었다면 보답하기 위해서나 자기를 격려하기 위해 노력할 것이다. 따라서 다른 사람을 도와주어야겠다는 마음이 생기게 된다. 반대로 자기가 받은 것에 대한 감사를 느끼게 되어 소유욕이 없어짐으로써 도덕적인 행동으로 변화하는 계기를 마련해 줄 수 있다.

감사하기가 신체적 건강에 미치는 효과에 대해서 캘리포니아 의과대학의 오시니(Osinni) 박사는 이렇게 말했다. "건강에 미치는 의학적 변수는 부지기수로 많지만, 존중과 감사보다 더 큰 요인은 보지 못했다. 다이어트, 흡연, 운동, 스트레스, 유전적 특징, 약물 처방, 외과시술 등을 모두 비교해 보아도 존중하고 감사히 여기는 태도와 비교가 안 된다. 삶의 질, 발병률, 건강한 신체, 조기 사망의 예방 등 어느 기준에서 보더라도 그렇다(이경리 외, 2021에서 재인용)."

또 하나의 예를 들면, 미국 Duke University 의료센터의 자료에서 심장 수술을 받은 환자들을 대상으로 분석한 결과 '심장 수술을 받게 되어 매우 감사하게 생각한다'라고 표현한 사람들이 그렇지 않은 사람보다 식사도 더 잘하고 약의 부작용도 적었다고 한다. 결과적으로 감사하게 생각한 환자들의 심장 상태가 이례적으로 호전될 뿐만 아니라 수면도 연장되었음이 관찰되었다(이경리 외, 2021에서 재인용).

감사하기가 정신적 건강에 미치는 효과에 관한 연구 결과를 보면 그 효과가 대단하다는 것을 알 수 있다.

성인 남녀 201명을 대상으로 한 워릭대의 연구에서는 '삶을 감사하게 여긴다'라는 사람은 '나는 불행하다'라고 응답한 사람에 비해 우울증 증세를 보인 경우가 절반 가까이 낮게 나타났다고 발표했다(이경리 외, 2021에서 재인용).

셋째, 삶을 긍정적으로 바라보고 그러한 경험을 음미하며 기존의 인간관계를 강화시키는 데 유익할 뿐만 아니라 새로운 인간관계를 형성하는 데 많은 도움을 준다. 삶의 긍정적인 경험을 음미한다는 것은 타인에게서 받은 감사라는 감정을 더욱 느끼고 즐거움을 가질 수 있어서 더욱 감사함을 끌어낼 수 있다는 것이다. 이는 자신에게 주어진 삶에 대한 감사를 통해 즐거움을 최대한 맛보게 한다는 것이다.

따라서 이러한 음미는 자신에게 긍정적인 강화로 돌아와서 더욱 상대방에게 잘해 주고 싶다는 생각이 들게 되어 결국에는 인간관계를 더욱 원활하게 해 준다. 이러한 사람들은 대체로 또 다른 인간관계를 쉽게 형성할 수 있을 것이다.

카네기(Carnegie)의 『인간관계론』에서는 사람들을 대하는 기본적인 원칙 중 하나가 '감사하기'라고 하였고 많은 연구에서 상사와 직원 관계에서 감사를 표현하고 감사의 감정을 촉진하는 것이 직원들에게 의욕과 동기를 주는 데 도움이 되며 더 협력적이고 관대한 근무 문화를 만들어 낼 수 있다고 밝혔다(이경리 외, 2021).

넷째, 실천하고자 하는 감사 표현은 부정적인 감정을 억제하는 데 일익을 담당한다. 예를 들어, 누구인가에 대한 감사하다는 표현은 상대방에 대한 분노, 탐욕, 노여움, 괄시 등의 마음이 생길 수 없게 한다. "도움을 주셔서 감사합니다"라는 말에는 긍정적인 감정 요소가 내포되어 있다는 것이다. 따라서 감사한다는 것은 또 다른 자신을 바라보게 됨으로써 타인에 대한 배려를 상승시키는 효과가 있어서 봉사활동으로 발전하는 데 도움을 준다. 즉, 현실에 안주하지 않는다는 것이다.

다섯째, 감사를 표현하면 다른 사람과의 비교를 억제하는 경향이 나타난다.

이는 자신이 가진 것, 자신의 현재 상황에 관하여 감사하게 됨으로써 타인이 가진 것에 대한 관심이 줄어든다는 것이다. 결국은 현대인들이 취약한 물질만능주의를 타파하는 데 도움을 줄 수 있다.

3) 감사하기의 표현 방법에는 어떠한 것들이 있는가?

'감사하기'란 누군가에게 도움을 받았을 때 그 감사에 관한 호의를 표하는 것이다. 이를 위해서는 다음과 같은 과정을 거쳐야 감사하기를 표할 수 있다. 먼저 인정 → 긍정적인 반응 → 감사를 표현하는 방법 → 감사 표시 → 타인의 행동 변화의 순으로 이어지게 된다.

인정의 단계는 말 그대로 상대방에게서 도움을 받았다는 것을 알아차리는 일이다. 즉, "잘 되면 내 탓 잘못되면 남의 탓"이라는 생각을 버려야 할 것이다. 이러한 마음을 가지면 죽을 때까지 감사 표시는 필요 없게 된다.

긍정적인 반응의 단계는 상대의 도움을 받았다는 것을 알아차리면 감사라는 긍정적인 반응이 일어나게 된다는 것이다. 이러한 감정이 일어나지 않는다면 굉장히 이기적인 사람이라고 할 수 있다.

이러한 감정을 표현하는 것이 '감사하기'인데 이것도 꾸준한 훈련과 기술이 필요하다는 것이다. 오늘날 대한민국의 사회에서는 이러한 표현에 인색하다. 따라서 이러한 표현력은 선천적으로 가지고 나올 수는 있으나 대부분 사회생활을 하면서 익혀 나가고 있다. 이러한 방법으로 꾸준하게 노력하다 보면 타인에게 긍정적인 반응을 주어 다른 사람의 행동에 변화를 주는 데도 도움을 줄 것이다. 누군가의 도움을 받을 때 감사해 하는 것도 중요하지만 스스로가 매일 반성하면서 감사한 일을 찾는 것도 하나의 방법이라 할 수 있다. 세상을 넓게 보면 감사할 일들이 많다.

(1) '감사하기'를 할 때는 진솔하게 미소 지으면서 '감사합니다'라는 말을 직접 하라는 것이다. 우리는 감사하기를 표현하는 데 있어 매우 인색하다고 하였다. 그 이유는 여러 가지가 있으나 주로 내성적인 성격을 가지고 있어 표현하는 데 익숙하지 않다는 것이다. 내면으로는 감사를 표현하고 싶지만, 겉으로 표현하면 '나 자신이 드러내 보일까' 하는 생각 때문이다. 다시 말하면, '아부(阿附)'라는 인

상을 주기 때문에 꺼리고 있다.

그러나 감사 표시는 제삼자에 의해 하는 것이 아니라 직접 "고맙습니다", "감사합니다"라고 표현하는 것이 옳다. 자신이 표현하지 않는 감사 표시는 무용지물이고 제삼자의 감사 부탁도 들어주면 안 된다.

(2) 감사 표시가 어렵다면 감사 카드나 메모를 남겨 두는 것이 좋은 방법이다. 감사의 표현을 대면으로 하는 방법이 부담으로 작용할 경우는 감사 메모를 남겨 놓는 것도 하나의 방법이다. 즉, 감사를 표현하는 문자나 카드는 또 다른 효과를 발휘할 수 있다.

(3) 감사하는 습관을 훈련한다. 항상 감사 표현을 생활화할 수 있어야 한다는 것이다. 이를 위해서는 꾸준한 연습과 노력이 필요하며, 다음과 같은 방법을 사용해 보자.

첫째, 하루에 잠깐이라도 감사하는 시간을 갖자는 것이다. 하루의 일과를 마치거나 휴식시간을 이용하여 약 5분 동안 감사한 것을 찾아 생각해 보는 시간을 갖는 것도 하나의 방법이다. 시간은 비록 짧지만, 이 시간을 통해 삶을 긍정적으로 바라보게 되며 나만의 시간을 가짐으로써 편안한 휴식을 즐길 수 있을 것이다. 이때 편안한 휴식이라는 말은 생산적 휴식을 갖는다는 의미이다.

둘째, 정기적으로 감사 편지를 한 번씩 써 보자. 주말이나 주중 혹은 매달 누군가에게 감사하다는 편지를 써 보는 것이 도움이 된다. 편지를 써 봄으로써 타인과의 관계를 강화시킬 뿐만 아니라 감사 편지 쓸 사람이 없다면 찾으려고 노력하기 때문이다. 이렇게 함으로써 도덕성 향상에 도움을 줄 것이다. 혹시 편지를 쓰는 것에 익숙하지 않다면 감사한 일들에 대해 매일 일기 형식으로 남겨 두는 것도 좋을 것이다. 이러한 일기는 후에 인간관계를 재고하는 데 매우 유익할 것이다.

감사 일기를 쓰는 것은 어렵지 않다. 일기를 쓸 때 공통적인 것은 아니지만 4가지로 주요 내용을 구성해 보았다.

인간관계 → 일상의 주변 환경 → 생각나는 것 → 어제 일어났던 일 등의 순으로 편한 대로 쓰면 된다는 것이다. 이를 중심으로 예시를 제시해 보았다.

- 오늘 옛 친구를 만나서 오랜만에 이야기를 나누고 내 삶과 친구의 삶을 느끼게 되고 관계가 더욱 소중하게 된 점에 관하여 감사합니다.
- 오늘도 기분 좋은 아침을 맞이하여 하루를 무사히 마치게 해 준 것에 대한 감사를 드립니다.
- 오늘도 어제보다 더욱 알차게 지내게 된 점에 관하여 감사드립니다.
- 어제 부모님과의 전화에서 부모님이 건강하게 잘 지내고 계셔서 매우 감사합니다.

셋째, 나를 괴롭혔던 사람들에게 감사하는 표현도 익혀야 한다. 이 말은 우습게 들릴지 모르지만, 나를 새로운 시각으로 보게 하는 데 도움을 주었기 때문이다. 역지사지(易地思之)의 말이 있듯이 나를 다른 사람의 처지에서 바라볼 수 있게 했기 때문이다. 다시 말하면, 내가 다른 관점으로 상황을 바라보게 하는 법을 가르쳐 주었다는 사실에 감사한다는 것이다.

다른 관점에서 보면, 인내심과 차분함을 가지게 하였고 그들을 다시 한번 생각하는 기회를 주었다는 것에서 감사의 글을 남기는 것도 매우 훌륭하다.

넷째, 말이나 글로써 남기는 것도 좋은 방법이지만 상황에 따라 다른 방법을 찾아보자. 감사는 일반적으로 말이나 글로써 표현한다. 그러나 다른 방법도 있다는 사실을 인식하자. 예를 들어, 다른 사람이 매우 힘들어할 때 글과 말은 위로가 되지 않는 경우가 있다. 이때 조용한 장소로 여행을 가거나 분위기를 쇄신할 수 있는 여행지를 선택하여 함께 거니는 것 또한 훌륭한 방법이다. 혹은 괴로운 일들을 떨쳐 버릴 수 있도록 여행 티켓을 선물하는 것도 하나의 방법이다.

다섯째, 감사하기를 찾기 어려울 때는 다음과 같은 방법을 생각해 보자. 그 순서는 사람 → 경험 → 나로부터 생각하기 → 우연 → 감사로부터 찾기의 순서로 편안하게 작성하면 된다. 그것을 자세하게 설명하면 다음과 같다.

첫째, 감사한 내용은 사람에게서 찾아야 한다. 오늘 나에게 가장 고마웠던 사람이 누구였는지 그리고 오늘 나에게 자극이나 인사이트를 제공해 준 사람이 누구였는지도 생각해 보아라. 그리고 오늘 만났던 사람 중에서 가장 배우고 싶은 사람은 누구였는지도 생각해 보자.

둘째, 경험에서 찾자. 오늘 어떤 경험이 나를 더 발전하게 해 줬는지 떠올려 보자. 오늘은 어떤 뉴스가 나를 감사하게 하는지, 오늘 생활 속에 숨어 있던 작은 감사가 있었는지도 생각해 보자. 예를 들면, "저는 오늘 아침에 맛있는 아침을 먹어서 매우 감사했어요"라는 식이다.

셋째, 나로부터 생각하기이다. 나의 재능 중 오늘 감사하게 된 것에는 어떤 것이 있는가? 아니면, 나의 신체, 성격 중 오늘 감사하게 된 것은 무엇인지 생각해 보자. 그리고 나의 언행 중 오늘 특별히 감사하게 된 것은 무엇인지도 떠올려 보자. 예를 들면, "저는 남들처럼 말을 재밌게 하지는 못해요. 하지만 자료를 읽고 요약하는 재능을 가지고 있어서 감사하다고 생각했어요."라고 말이다.

넷째, 우연에서 찾자. 오늘 뜻밖의 우연에 감사할 것이 있었다면 그걸로 감사일기를 적어 놓자는 것이다. 오늘 내가 눈치채지 못했던 그런 감사가 있는지 곰곰이 떠올려 봐도 좋다. 예를 들면, "저는 오늘 아침에 개운하게 잘 일어나서 너무나 감사해요. 몸도 건강하고 마음도 건강하게 일어나서 오늘 하루도 너무나 감사하고요"라는 식이다.

마지막 방법은 감사로부터 찾기이다. 오늘의 감사가 어떤 모습으로 나에게 다가왔는지 생각해 보자. 그리고 오늘의 감사를 통해서 느꼈던 또 다른 감사가 없었는지 생각해 보자. 예를 들면, "저는 오늘 감사를 통해서 오늘 하루가 더 행복해질 느낌을 받았기 때문에 더 감사해요"라고 말이다.

14-1 연습문제

평소에 감사했던 사람에게 감사 편지를 한번 작성하여 봅시다.

○○○에게

14-2 연습문제

다음 상황에 직면했다면, "당신은 어떻게 설득할 것인가?"를 설명하고 기록하여 보자.

급한 일이 생겨서 나에게 돈을 빌리려고 친구가 찾아온다면	

나는 S사의 컴퓨터를 사고 싶은데 L사보다 가격이 비싸서 사는 것을 머뭇거릴 때	

14-3 연습문제

아래 상황이 발생하였을 경우 당신은 어떻게 사과하겠는가?

철수는 자신을 이해해 주는 여자친구와 동료들에게 고마움을 표시하기 위해 점심 약속을 하였다. 그러나 맛있는 점심을 먹은 후 계산대로 가서 계산하려다 멈칫하였다. 왜냐하면 지갑을 집에다가 놓고 왔기 때문이다.
문제는 여자친구의 당황스러운 눈초리가 마음에 걸렸다. 당신의 대처 방법을 적어 보시오.

참고문헌

강성률(2016). **이야기 서양철학사**. 경기: 살림출판사.

강재태, 배종훈(2000). **진로 지도 워크북**. 서울: 교육과학사.

강정일(2005.05.12.). 조선시대 여성들의 삶은 과연 어떠했을까. 여성신문.

국사편찬위원회 편(2018). **한국사 데이터베이스**. 경기: 국사편찬위원회.

권금정, 정두배, 조창영, 홍지명, 정수애, 서동기, 조혜영, 김회엽, 신봉호, 전상준(2023). **예비 직업인을 위한 직업윤리**. 경기: 양서원.

구병삭(1983). **헌법학 I**. 서울: 박영사,

구병삭(1984). **신헌법 원론**. 서울: 박영사,

권숙표 외(1973). **공해와 대책**. 서울: 중앙경제사.

권숙표 외(1982). **환경과학**. 서울: 형설출판사.

권숙표 외(1983). **환경공학**. 서울: 보성문화사.

권영성(1986). **헌법학원론**. 서울: 법문사.

김경희, 강리리, 김지영(2019). **인간관계와 의사소통**. 서울: 현문사.

김보경(2007. 11. 20.). 한국인의 직업 귀천 의식은 선진국보다 훨씬 심해. 연합뉴스.

김봉근 외(2003). **(고등학교) 독서**. 서울: 금성출판사.

김숙복 외(2020). **근 · 현대로 떠나는 서양철학사**. 경기: 백산출판사.

김영혜, 손현미, 안민순, 오진아, 이영은, 이지원, 정향미(2013). **인간 성장 발달과 건강증진**. 경기: 수문사.

김재운, 최진태(1997). **현대인의 윤리학**. 서울: 대영문화사.

김철수(1982). **헌법학개론**. 서울: 박영사.

김청송, 오세진, 신맹식, 양계민, 이요행, 이장한, 이재일, 정태연, 조성근, 조수현, 현주석(2015). **인간행동과 심리학**. 서울: 학지사.

김청자(2014). **교육심리학의 이해**. 서울: 동문사.

김태임, 김희순, 신영희, 심미경, 오원옥(2014). **성장발달과 건강**. 경기: 교문사.

김형진(2011. 09. 04.). 생존을 위한 살인 선원 사회 선 무죄, 사회 선 유죄. 중앙선데이.

니혼게이자이신문사(2005). **일한다는 것**. (이규원 역). 서울: 웅진씽크빅(리더스북).

동화창작연구회(2010). **명가: 나눔을 실천하는 사람들**. 서울: 꿈꾸는 사람들.

민영규(2018. 12. 23.). '성 상품화 논란' 베트남 비엣젯항공…내년 달력도 비키니 도배. 연합뉴스.

박명림(2023. 06. 01.). 교육 흥국에서 교육 망국으로. 경향신문.

박병원(2016). **일철학: 직업적 인간을 넘어 일이 있는 인간으로**. 서울: 판미동,

박영식(2008). **서양철학의 이해**. 서울: 철학과 현실사.

박형근, 은예린(2023). **창의, 인성, 직업윤리**. 서울: 양서원.

손인수(1976). "오륜 사상의 현대 교육학적 이해", **한국 유학사상과 교육**. 서울: 삼일각.

안상윤, 문상식, 오상환(2014). **의료커뮤니케이션**. 서울: 보문각.

안효자, 이영내, 권윤희, 김명자, 김미진, 김효정, 박수인, 박정화, 송민선, 송지현, 양수정, 양지원, 유시연, 조금이(2021). **인간관계와 의사소통**. 경기: 수문사.

윤기은(2021. 7. 15.). 아마존은 더 이상 지구의 허파가 아니다 (...) 네이처 논문 탄소 배출량이 흡수량보다 많다. 경향신문.

이경리(2014). **인간관계와 의사소통**. 서울: 포널스출판사.

이경리, 고현남, 김경란, 김승미, 김정선, 김정호, 김지현, 송지현, 장미영(2021). **인간관계와 의사소통의 기본원리**. 경기: 수문사.

이명랑(2017). 심리학개론. 서울: 더배움.

이성진 외(2007). **교육심리학**. 서울: 방송통신대학교.

이재호(2021. 02. 19.). 성관계 중 몰래 콘돔 빼기 '스텔싱'에 100만원 손해배상 판결. 한겨레신문.

이재희, 김경진, 이상익, 권은주, 김정일(2018). **직업윤리**. 경기: 양성원.

이재희, 임영수, 금진호, 김미선, 박연희, 김경진(2018). **UP 의사소통 능력**. 경기: 양성원.

이종원, 김윤배, 최경희(2023). **직업윤리**. 경기: 양서원.

임숙빈, 김덕희, 김현숙, 박광희, 박영숙, 배정이, 손행미, 장선주(2018). **재미있게 배우는 의사소통의 실제**. 서울: 현문사.

임현영(2006. 04. 21.). 베트남 처녀, 희망의 땅 코리아로. 조선일보.

장상필, 이규은(2023). **(직업윤리의 이해와 실천을 위한) 직업과 윤리**. 서울: 동문사.

장지연, 부가청(2003). 숨겨진 선택: 기혼여성 노동자의 일과 자녀 양육. **여성연구**, 65, 149-179.

장현철, 권경희, 권성민, 김영희, 김은영, 노미라, 이대현, 이소영, 최윤희, 김이영(2020).

NCS기반 작업 기초능력 직업윤리. 경기: 수양재.
정석용, 이규은(2016). 인간과 사회윤리. 서울: 동문사.
정현주(2021. 04. 24.). 생명 경시 풍조—기독교 칼럼. 온누리신문.
조성미(2020. 01. 26.). 연애 · 성관계 · 결혼 · 출산 모두 거부…'4B'를 아시나요. 연합뉴스.
표형종(2014). 취업 체크리스트. 서울: 진서원.
한국민족문화대백과사전 편찬부(1991). 한국민족문화대백과사전. 경기: 한국정신문화연구원.
한삼희(2016. 12. 27.). 딸아, 農高가라. 조선일보.
황경상(2010. 3. 11.). 길 잃은 88만원 세대 온몸으로 '저항 선언'. 경향신문,
Aristoteles(2009). 정치학. [Politika] (천병희 역). 경기: 숲.
McManus, M. (2004). 가슴 두근거리는 삶을 살아라. [Source] (인트랜스 역). 서울: 시대의창.
Schweitzer, A. (1999). 나의 생애와 사상. [Aus meinem Leben und Denken] (천병희 역). 서울: 문예출판사(원저출간: 1931).
Urban, H. (2019). 긍정적인 말의 힘. [Positive words, powerful results: simple ways to honor, affirm, and celebrate life] (박정길 역). 서울: 웅진씽크빅(원저출간: 2004).
『경국대전』.
고등학교「진로와 직업」교사용지도서.
국제노동기구(ILO)의『표준직업분류』, 1988년 개정.
『니코마코스 윤리학』
『맹자』
『삼강행실도, 三綱行實圖』세종 13년(1431).
정약용,『여유당전서, 기예론』.
『조선왕조실록』세종실록.
한겨레 신문, 2007.
한국산업인력공단, 2016.
『한서, 漢書』지리지(地理志).
Platon,『국가』.

찾아보기

인명

내용

저 / 자 / 소 / 개

■ 김숙복

계명대학교 대학원 교육학과에서 철학전공으로 석, 박사과정을 수학하였고, 동대학교, 대학원에서 교양 및 교직을 강의하였다. 또한, 영남외국어대학, 계명문화대학, 가톨릭상지대학, 대경대학교에서 강의하였다. 현재는 문성대학교, 경북과학대학교 간호학과에서 후학을 양성하고 있다. 대표적 저서로는 『학교폭력의 예방과 대책』, 『생명 존중을 위한 자살 예방론』, 『고대, 중세로 떠나는 서양철학사』, 『근대, 현대로 떠나는 서양철학사』, 『대학생들을 위한 손자병법』, 『국제사회와 인권』, 『인간관계와 의사소통』, 『한국사의 이해 1』, 『한국사의 이해 2』, 『한국사의 이해 3』, 『철학이야기』 등이 있다.

■ 정윤화

계명대학교 대학원에서 석, 박사과정을 수학하여 학위를 취득하였고, 동대학교 간호학과, 가톨릭 상지대학교에서 강의하였으며, 현재는 경북과학대학교에 재직 중이다. 칠곡군 정신건강심의(심사)위원회 위원, 칠곡군 정신건강복지센터 운영위원, 칠곡군 간호사회 부회장, 법무부 청소년 범죄예방 칠곡군 지구위원회 위원으로 활동하고 있다. 대표적인 논문은 "다양한 교육방법을 적용한 정신 간호학 수업 경험이 간호대학생의 대학 생활 적응, 문제 해결 능력, 셀프 리더십, 의사소통 능력에 미치는 영향", "대면-비대면 하브루타 교수법을 적용한 수업이 간호대학생의 의사소통 능력, 대인관계, 셀프 리더십에 미치는 영향", "간호대학생의 폭력 예방 프로그램 중재 후 경험(포커스 그룹 인터뷰)", "간호대학생의 폭력 경험, 대처 양식 및 회복 탄력성이 정서 반응과 임상 실습 스트레스에 미치는 효과", "간호대학생의 간호 전문직관, 문제 해결능력, 의사소통 능력 및 전공 만족도가 대학 생활 적응에 미치는 영향" 등이 있으며, 저서로는 『정신간호학실습(1) 실습지침서. 2021학년도(2019학번) 학생용』, 『한국사의 이해 1』, 『한국사의 이해 2』, 『한국사의 이해 3』, 『인간관계와 의사소통』, 『철학이야기 1』,『인간관계와 의사소통의 이론과 실제』 등이 있다.

■ 정일동

연세대학교 대학원에서 정치학을 전공하였고, 계명대학교 대학원에서 교육학 박사과정 중에 있다. 국회 국방위원 정책 토의에 참가, 다국적군 전투실험 국제컨프런스에 참석하였으며 인성교육진흥협회에서 활동하였다. 한국연구재단 위원으로 활동하였으며, 현재 경북과학대학교에서 군사학과장으로 재직하고 있다. 저서로는 『생명 존중을 위한 자살 예방론』, 『근대, 현대로 떠나는 서양철학사』, 『인간관계와 의사소통』, 『철학 이야기』 등이 있으며 논문으로서는 "작전 실시간 대대급 전장 상황 파악 수준 향상 방안", "미래 보병부대 방어작전 간 기동수단을 활용한 전투 수행", "적 상황에 대한 전장가시화 향상 방안", "대대급 지휘통신 운영의 효율성 증대 방안" 등이 있다.

예비 직업인을 위한
직업과 윤리

1판 1쇄 인쇄 ― 2024년 8월 5일
1판 1쇄 발행 ― 2024년 8월 9일

저　　자 - 김숙복 정윤화 정일동
발 행 인 - 강철원
발 행 처 - 양성원
주　　소 - 경기도 파주시 검산로 173번길 29-12
전　　화 - 031-946-3861(代)
팩　　스 - 031-946-3864
이 메 일 - tnwpub@naver.com
홈페이지 - tnwpub.co.kr
출판등록 - 2015년 8월 31일 제 2015-000211 호

ISBN 979-11-6126-592-6

정가 23,000원